Le guide *de conversation* du routard

en collaboration avec LAROUSSE

HACHETTE

Remerciements

Pour les dictionnaires bilingues Larousse
Direction éditoriale : Ralf Brockmeier

Édition : Giovanni Picci

Rédaction : Luca Basili, Nassira Bellamine, Chloé Bourbon, Nadia Mondeguer, Manar Rouchdy

Les textes de *L'égyptien dans tous ses états* sont dus à la plume de Nadia Mondeguer

Informatique éditoriale : Dalila Abdelkader, Ivo Kulev
Avec
Monika Al Mourabit
Aurélie Prissette

Conception graphique : Jean-Charles Dart

Composition : Ingénierie Graphisme Services, Angoulême

Couverture : Thibault Reumaux

Pour le Guide du routard
Directeur de collection : Philippe Gloaguen

Pour Hachette Tourisme
Responsable de collection : Catherine Julhe

Imprimé en Italie par L.E.G.O. S.p.a. - Lavis (TN)
Dépôt légal février 2015
Collection n° 18 - Edition n° 03
24/4039-4
I.S.B.N. 978.2.01.244039-5

مـطـعـم Restaurant

1) Pouvons-nous voir la carte ?
▸ **mom**-ken né-**shouf** qa-**é**-met‿el ma'-kou-**lât** ?

2) Pourriez-vous nous recommander un bon vin ?
▸ **mom**-ken té-waS-**Sî**-na ɛa-la né-**bît** yé-**koun** kw**a**y-yes ?

3) À point, s'il vous plaît !
▸ yé-**koun** mes-**té**-wi law sa-**maHt** !

4) L'addition, s'il vous plaît !
▸ el Hé-**sâb** law sa-**maHt** !

تـاكـسـي Taxi

1) Pourriez-vous m'appeler un taxi, s'il vous plaît ?
▸ **mom**-ken toT-lo-**bou**-li t**a**ks men faD-**lo**-ko ?

2) Combien je vous dois ?
▸ **kâm** law sa-**maHt ?**

3) À l'aéroport, s'il vous plaît.
▸ **ɛa**‿l ma-**Tâŕ** men **faD**-lak

4) Arrêtez-vous au feu.
▸ **o**-af **ɛand**‿el i-**shâ**-ŕa

5) Pourriez-vous m'attendre quelques minutes ?
▸ **mom**-ken ten-té-**Zeŕ**-ni dé-i'-**tên ?**

Restaurant مطعم

1) ممكن نشوف قائمة المأكولات؟

2) ممكن توصينا على نبيت يكون كويس؟

3) يكون مستوي لو سمحت!

4) الحساب لو سمحت!

Taxi تاكسي

1) ممكن تطلبولي تاكس من فضلكو؟

2) كام لو سمحت؟

3) ع المطار من فضلك

4) اوقف عند الاشارة

5) ممكن تنتظرني دقيقتين؟

Amis lecteurs

C'est décidé, vous partez en voyage au Proche-Orient...

Mais comment converser avec les habitants ? Comment trouver le mot ou la phrase qui sauve ? Comme il est extrêmement difficile de maîtriser la langue arabe dans ses moindres détails, et, dans un premier temps, « dépaysant » de découvrir son alphabet, nous avons tout fait pour vous faciliter la vie : nous avons créé l'outil indispensable pour que vous trouviez tout de suite la formule correspondant à la situation du moment. Ce guide, qui va à l'essentiel, vous aidera à comprendre et à vous faire comprendre.

Le guide de conversation du routard sera le compagnon idéal le temps de votre voyage. Pour trouver rapidement un mot précis, servez-vous en comme d'un lexique. À partir de chaque mot, nous avons sélectionné une série de phrases-clés qui vous aideront dans toutes les situations, même les plus désespérées !

Comme vous le savez, le Proche-Orient est constitué d'un grand nombre de pays. Nous avons choisi l'arabe égyptien comme langue de référence, car celui-ci est compris dans tous les pays de cette région. Ceci est dû en particulier au « rayonnement » du cinéma égyptien, qui a connu et connaît toujours un immense succès dans tous les pays arabophones, et a ainsi joué un rôle fondamental dans la diffusion de l'arabe égyptien.

La partie français-égyptien, intitulée « les phrases du routard », contient les expressions dont vous aurez besoin pour vous débrouiller. Nous avons passé au crible toutes les situations vécues au cours d'un voyage. Les phrases utiles ont été minutieusement choisies... Et pour vous simplifier la vie, nous vous proposons, à la suite de chaque phrase, une transcription phonétique très simple qui vous permettra de vous faire comprendre facilement.

Vous trouverez en fin d'ouvrage « les fiches du routard », que nous vous conseillons de détacher et de porter toujours sur vous. Faites votre choix et montrez ce que vous voulez dire !

Sommaire

Prononciation

Afin de faciliter la prononciation de l'arabe égyptien au plus près, sans l'aide extérieure d'un enseignant, nous avons adopté pour ce guide de conversation un système de transcription qui se veut simple et cohérent. Cependant, celui-ci n'a pas toujours pu respecter les élisions ni les transformations si nombreuses du parler.

L'arabe égyptien comporte évidemment des sons qui peuvent effrayer un francophone, mais le dépaysement passe également à travers la langue et c'est à un beau voyage au pays des sons portés par le langage que nous vous convions. Le dialecte égyptien, si l'on y prête attention, est un parler très musical, bien rythmé. Pour être complet dans cette présentation, ajoutons que cet arabe dialectal égyptien est celui que l'on nomme *le parler du Caire*.

Explication de certains signes

-	Le trait d'union sert à marquer l'enchaînement des syllabes à l'intérieur d'un mot, qu'il faut lire d'un trait tout en évitant les réflexes de la syllabe en français : il n'y a pas de combinaison de deux consonnes à l'intérieur d'un mot. Les syllabes de base sont : Consonne/Voyelle et Consonne/Voyelle/Consonne.
‿	Ce signe marque la liaison entre les mots.
e	Le dialecte égyptien, fortement vocalique, ne supporte pas trois consonnes à la suite et, dans l'enchaînement des mots, il met instinctivement une voyelle de jonction (**e** dans la plupart des cas) : elle ne se prononce que dans l'enchaînement des mots.
^	L'accent circonflexe sur une voyelle marque une longue.

Prononciation

L'accent tonique

Nous avons essayé de respecter au maximum l'accent tonique, en marquant en gras la syllabe qui le prend.

Présentation des consonnes

- Certaines consonnes ne présentent pas de problèmes particuliers : **b**, **d**, **f**, **k**, **l**, **m**, **t**, et enfin **j** (pour les mots d'emprunt, comme dans **pyjama**, **beige**).

- Mais attention aux consonnes suivantes :

g dur	celui de *gare* et non celui de *âge*
s sifflé	comme dans *molester* et jamais comme dans *musique*
w	comme dans *watt* ou *ouate* et jamais comme dans *wagon*
y	comme dans *yéti* et jamais comme dans le prénom *Yvonne*

- Deux lettres pour un son :

kh	son de la *jota* espagnole, sinon sorte de raclement de gorge
sh	chuintement comme dans *chut*

- Une lettre et sa variante pour deux sons distincts :

r	dit « grasseyé » ou français
ŕ	dit « roulé » : un coup de langue dans le palais suffit à le produire. Si vous n'y arrivez pas, ce n'est pas vraiment un problème. C'est surtout le « r » grasseyé qui doit être bien prononcé.

- Des majuscules pour des lettres dites emphatiques : **S**, **D**, **T**, **Z** (emphatiques de **s**, **d**, **t**, **z**). Le son vous paraîtra le même et c'est normal. C'est la syllabe et les timbres de voyelles qui changent : les timbres sont plus « gras » !

Les sons particuliers à l'arabe

Deux « h » soufflés

H	souffle d'air naturel que vous produisez lorsque vous êtes essoufflé. Réprimé en français, il doit absolument être exprimé en arabe. Ne pas l'exprimer reviendrait à ne pas prononcer les « r » des mots français ! Notons qu'il vaut mieux porter l'effort sur cette lettre plutôt que de le mettre sur le roulement du « r ».
h	marqué en minuscule, celui-ci est également soufflé. On le prononce comme dans les mots anglais *home* ou *had*.

Même si vous n'arrivez pas à les distinguer, mettez du souffle, c'est ce qui importe !

Le « coup de glotte »

'	l'apostrophe marque un blocage de la syllabe, appelé « coup de glotte ». Il s'agit d'un blocage bien net en attaque, comme dans le mot *attention*, ou en fermeture de syllabe, comme dans **ma-sâ'** (*soir*). Vous marquerez la présence de l'apostrophe en détachant bien la voyelle et en la prononçant avec fermeté.

Deux lettres à domestiquer

q	profond dans la gorge, plus arrière que le « k ». Le son a disparu ou s'est transformé dans la plupart des mots quotidiens de l'arabe égyptien : prononcé comme un coup de glotte au Caire et dans les grandes villes du Delta, il est prononcé « g » dur dans le Sud.

ε	c'est par l'epsilon grec que nous transcrivons ce son qui n'a pas son équivalent en français ou dans d'autres langues européennes. C'est un son du larynx que l'on obtient en jouant des mâchoires de gauche à droite ou inversement. La consonne laisse croire qu'il s'agit d'une voyelle « a ». Mais ne vous inquiétez pas si vous n'arrivez pas à la saisir : ne pas la prononcer n'empêche pas de reconnaître le mot.

Les voyelles

Les voyelles sont au nombre de cinq brèves, transcrites par les lettres (a-e-i-o-ou), avec une correspondance longue (â-ê-î-ô-oû).

Avec ces indications et la possibilité de faire lire par un natif la partie en graphie arabe, vous pourrez personnaliser votre dictionnaire en ajoutant vos propres signes. Bonne chance !

Nombres cardinaux

0	٠	صِفْرْ	[Sefŕ]	12	١٢	إتناشَرْ	[etnâshaŕ]
1	١	واحِدْ	[wâHed]	13	١٣	تَلَتَاشَرْ	[talatâshaŕ]
2	٢	إتْنِينْ	[etnên]	14	١٤	أَرْبَعْتَاشَرْ	[aŕbaεtâshaŕ]
3	٣	تَلاَتَة	[talâta]	15	١٥	خَمَسْتَاشَرْ	[khamastâshaŕ]
4	٤	أَرْبَعَة	[aŕbaεa]	16	١٦	سِتَّاشَرْ	[settâshaŕ]
5	٥	خَمْسَة	[khamsa]	17	١٧	سَبَعْتَاشَرْ	[sabaεtâshaŕ]
6	٦	سِتَّة	[setta]	18	١٨	تَمَنْتَاشَرْ	[tamantâshaŕ]
7	٧	سَبْعَة	[sabεa]	19	١٩	تِسَعْتَاشَرْ	[tésaεtâshaŕ]
8	٨	تَمَانْيَة	[tamanya]	20	٢٠	عِشْرِين	[εeshŕîn]
9	٩	تِسْعَة	[tesεa]	50	٥٠	خَمْسِين	[khamsîn]
10	١٠	عَشْرَة	[εashaŕa]	100	١٠٠	مِيَّة	[meyya]
11	١١	حِدَاشَرْ	[Hédâshaŕ]	1000	١٠٠٠	أَلْف	[alf]

Nombres ordinaux

1er	الأَوَّلْ	[el awwel]	12e	الإِتْنَاشَر	[el etnâshaŕ]
2e	التَّاني	[et tâni]	13e	التَّلَتَاشَرْ	[et talatâshaŕ]
3e	التَّالِتْ	[et tâlet]	14e	الأَرْبَعْتَاشَر	[el aŕbaεtâshaŕ]
4e	الرَّابِعْ	[eŕ ŕâbéε]	15e	الخَمَسْتَاشَر	[el khamastâshaŕ]
5e	الخَامِسْ	[el khâmes]	16e	السِّتَّاشَرْ	[es settâshaŕ]
6e	السَّادِسْ	[es sâdes]	17e	السَّبَعتاشَر	[es sabaεtâshaŕ]
7e	السَّابِعْ	[es sâbéε]	18e	التَّمَنْتَاشَرْ	[et tamantâshaŕ]
8e	التَّامِنْ	[et tâmen]	19e	التِّسَاعْتَاشَرْ	[et tésaεtâshaŕ]
9e	التَّاسِعْ	[et tâséε]	20e	العِشْرِينْ	[el εeshŕîn]
10e	العَاشِرْ	[el εâsheŕ]	100e	المِيَّة	[el meyya]
11e	الحِدَاشَرْ	[el Hédâshaŕ]			

Poids

milligramme	mg	مِلِّيجْرَام	[melligŕâm]
gramme	g	جْرَام	[gŕâm]
kilo(gramme)	kg	كِيلوجْرَام	[kilogŕâm]
tonne	t	طِنْ	[Tenn]

Longueur

millimètre	mm	مِيلِيمِتْر	[mellimétŕ]
centimètre	cm	سَنْتِيمِتْر	[santimétŕ]
mètre	m	مِتْر	[métŕ]
kilomètre	km	كِيلُومِتْر	[kilométŕ]

Temps

Les jours de la semaine

lundi	الإتْنين	[letnên]
mardi	التّلات	[et talât]
mercredi	الأرْبَع	[el aŕbaεe]
jeudi	الخَميس	[el khamîs]
vendredi	الجُمْعَة	[eg gomεa]
samedi	السَبْت	[es sabt]

Les saisons

printemps	الرّبيع	[eŕ ŕabîεe]
été	الصِيف	[eS Sêf]
automne	الخَريف	[el khaŕîf]
hiver	الشِتا	[esh shéta]

Les mois

janvier	يَنَاير	[yanâyeŕ]
février	فِبْرَاير	[fébŕâyeŕ]
mars	مَارِس	[mâŕés]
avril	إبْريل	[abŕîl]
mai	مَايُو	[mâyo]
juin	يُونْيَه	[yonyo]
juillet	يُولْيَه	[yolyo]
août	أغُسْطُس	[orosTos]
septembre	سِبْتَمْبِر	[sebtambeŕ]
octobre	أكْتُوبَر	[oktobaŕ]
novembre	نُوفَمْبِر	[novembeŕ]
décembre	دِيسَمْبِر	[disembeŕ]

Dans la semaine

le matin	الصُبْح	[eS SobH]
la matinée	الصُبْحِيَة	[eS SobHeyya]
l'après-midi	بَعْد الضُهْر	[baεd eD Dohŕ]
le soir	بِلْلِيل	[bel lêl]
la soirée	السَهْرَة	[es sahŕa]
la nuit	بِلْلِيل	[bel lêl]
avant-hier	أوّل إمْبَارِح	[awwel embâŕeH]
hier	إمْبَارِح	[embâŕeH]
hier matin	إمْبَارِح الصُبْح	[embâŕeH eS SobH]
hier soir	إمْبَارِح بِلْلِيل	[embâŕeH bel lêl]
aujourd'hui	النَهَارْدَة	[en nahaŕ da]

ce matin	اِلْنهَارْدَة اِلْصُبْحْ	[en naharí da-S SobH]
ce soir	اِلْنهَارْدَة بِلْلِيلْ	[en nahaŕ da bel lêl]
demain	بُكْرَة	[bokŕa]
demain matin	بُكْرَة اِلْصُبْحْ	[bokŕa-S SobH]
demain après-midi	بُكْرَة بَعْد اِلْضُهْرْ	[bokŕa baɛd eD Dohŕ]
après-demain	بَعْد بُكْرَة	[baɛdə bokŕa]
après-demain matin	بَعْد بُكْرَة اِلْصُبْحْ	[baɛdə bokŕa-S SobH]
la veille	لِيلِتْها	[lélet-ha]
le lendemain	تَاني يُوم	[tâni yôm]

Les phrases du routard

Guide français-égyptien

A

à *(lieu)* في [fi] *(ne s'emploie pas avec les verbes de mouvement)*

- j'habite à Paris أنا ساكن في باريس [**sâ**-ken fi ba-**ŕîs**]
- il va à la maison يروح البيت [yé-**ŕouH**‿el **bêt**]
- à plus ! أشوفك بعدين! [a-**shou**-fak baɛ-**dên** !]
- à jeudi ! أشوفك يوم الخميس! [a-**shou**-fak **yôm**‿el kha-**mîs** !]

abîmer يبوظ [yé-**baw**-waZ]

- ma valise a été abîmée pendant le voyage شنطتي باظت في السفر [shan-**Té**-ti **bâ**-Zet f‿es **sa**-faŕ]

abonnement اشتراك [esh-té-**ŕâk**], عمل أبونيه [**ɛa**-mal a-bo-**nêh**]

- existe-t-il des cartes d'abonnement ? فيه اشتراكات؟ [fih esh-té-ŕa-**kât** ?]

abricot مشمش [**mesh**-mesh]

accélérateur دواسة بنزين [daw-**wâ**-set ban-**zîn**], أكسلاتير [ak-sé-la-**tèŕ**]

accepter يقبل [**ye'**-bal]

- acceptez-vous les traveller's cheques ? بتقبلوا الشيكات السياحية؟ [bé-te'-**ba**-lou‿sh shi-kât‿es si-ya-**Hey**-ya ?]

accès مدخل [**mad**-khal]

- y a-t-il un accès pour handicapés ? يا ترى فيه مدخل للمعاقين؟ [ya ta-ŕa fih **mad**-khal l‿el mou-ɛa-**qîn** ?]

accessible ممكن نوصله [**mom**-ken new-**Sal**-lo]

- est-ce accessible en voiture ? يا ترى العربية ممكن توصل؟ [ya ta-ŕa‿l ɛa-ŕa-**bey**-ya **mom**-ken **tew**-Sal ?]

accident حادثة [**Had**-sa]

- accident de voiture حادثة عربية [**Had**-set ɛa-ŕa-**bey**-ya]
- j'ai eu un accident عملت حادثة [ɛa-**malt**ᵉ **Had**-sa]

accompagner ييجي معايا [**yî**-gi ma-**ɛâ**-ya], يوصل [yé-**waS**-Sal]

- pourriez-vous m'accompagner jusqu'à... ? ممكن تيجي معايا ل...؟ [**mom**-ken **ti**-gi ma-**ɛâ**-ya lé... ?]

▶ merci de nous avoir accompagnés شكرا علشان جيتم معانا [**shok**-ŕan ɛa-**shan** **gê**-tom ma-**ɛâ**-na]

accord موافقة [mou-**waf**-'a]

▶ je suis d'accord avec toi أنا متفق معاك [a-na met-**té**-fe' ma-**ɛâk**]

accueil *(bienvenue)* استقبال [es-te'-**bâl**]

▶ merci beaucoup pour votre accueil شكرا جزيلا على استقبالكم [**shok**-ŕan ga-**zî**-lan ɛa-la‿s-te'-**bal**-kom]

acheter يشتري [yesh-**té**-ŕi]

▶ où peut-on acheter à manger à cette heure-ci ? نشتري منين أكل في الساعة دي؟ [nesh-**té**-ŕi mé-**nên** **akl**‿es sa-**ɛâ** di ?]

acompte عربون [ɛaŕ-**boun**]

▶ faut-il verser un acompte ? يا ترى لازم أدفع عربون؟ [ya ta-ŕa **lâ**-zem **ad**-faɛ ɛaŕ-**boun** ?]

acteur ممثل [mo-**mas**-sel]

addition *(note)* حساب [Hé-**sâb**]

▶ l'addition, s'il vous plaît ! الحساب من فضلك! [el Hé-**sâb** men **faD**-lak !]

adorer يعشق [yéɛ-**shaq**]

▶ j'adore le cinéma باعشق السينما [**baɛ**-sha' es **si**-né-ma]

adresse عنوان [ɛen-**wân**]

▶ adresse électronique عنوان اليكتروني [ɛen-**wân** é-lek **tŕô**-ni]

▶ est-ce que vous pouvez m'écrire l'adresse ? ممكن تكتب لي العنوان؟ [**mom**-ken tek-**teb**-li‿l ɛen-**wân** ?]

▶ pouvez-vous me donner votre nom et votre adresse ? ممكن تديني اسمك وعنوانك؟ [**mom**-ken ted-**dî**-ni **es**-mak wé ɛen-**wâ**-nak ?]

être d'accord/ne pas être d'accord INFO

▶ absolument ! قطعا! [**qaT**-ɛan !]

▶ bon, d'accord طيب ماشي [**Tay**-yeb **mâ**-shi]

▶ je ne suis pas convaincu أنا مش مقتنع [**a**-na mesh moq-**ta**-néɛ]

▶ je ne suis pas d'accord أنا مش موافق [**a**-na mesh mou-**wâ**-fe']

adulte بالغ [**bâ**-ler]

▶ deux tickets adulte et un ticket enfant, s'il vous plaît تذكرتين كاملين ونص تذكرة من فضلك [taz-kaŕ-**tên** kam-**lîn** wé **noSS**ᵉ taz-**ka**-ŕa men **faD**-lak]

aéroport مطار [ma-**Tâŕ**]

▶ combien de temps met-on pour aller à l'aéroport ? بياخد وقت قد إيه عشان نوصل المطار؟ [bi-**yâ**-khod **wa't**ᵉ **ad**-dé êh ɛa-**shan** **new**-Sal‿el ma-**Tâŕ** ?]

▶ y a-t-il une navette pour l'aéroport ? فيه اوتوبيس بيروح المطار؟ [fih o-to-**bîs** biy-**ŕouH**‿el ma-**Tâŕ** ?]

affaires حاجات [Ha-**gât**]

▶ j'ai besoin de laver quelques affaires محتاج أغسل شوية حاجات [meH-**tâg** **ar**-sel shway-yet Ha-**gât**]

Afrique افريقيا [ef-**ŕeq**-ya]

âge عمر [ɛom-ŕ], سن [senn]

▶ quel âge as-tu ? عندك كام سنة؟ [**ɛan**-dak **kam** **sa**-na ?]

agence شركة [**sheŕ**-ka]

▶ je cherche une agence de voyages بدور على شركة سياحة [ba-**daw**-waŕ ɛa-la **sheŕ**-ket si-ya-**Ha**]

▶ où peut-on trouver une agence de location de voitures ? نلاقي فين مكتب تأجير سيارات؟ [né-**lâ**-i **fên** **mak**-tab ta'-**gîŕ** say-ya-**ŕât** ?]

agité هايج [**hâ**-yeg]

▶ la mer est-elle agitée aujourd'hui ? يا ترى البحر هايج النهارده؟ [ya ta-ŕa‿l **baHŕ**ᵉ **hâ**-yeg‿en na-**haŕ**-da ?]

agneau *(viande)* لحم ضاني [**laH**-mᵉ **Dâ**-ni]

agréable ظريف [Za-**ŕîf**], لطيف [la-**Tîf**]

▶ c'est vraiment un endroit très agréable, non ? المكان ده ظريف قوي مش كده؟ [el ma-**kân** da Za-**ŕîf** a-wi mesh **ké**-da ?]

agresser يتهجم [yet-**hag**-gem]

▶ j'ai été agressé اتهجم علي [et-**hag**-gam ɛa-**lay**-ya]

aide مساعدة [mou-**saɛ**-da]

▶ à l'aide ! الحقوني! [el-Ha-**ou**-ni !]

aider يساعد [yé-sâ-ɛed]

- pourriez-vous m'aider ? ممكن تساعدني؟ [**mom**-ken té-sa-**ɛed**-ni ?]
- je peux vous aider ? أي مساعدة؟ [**ayy**ᵉ mou-**saɛ**-da ?]

ail توم [tôm]

aimer يحب [yé-**Hebb**]

- j'aime beaucoup la cuisine égyptienne باحب جدا الأكل المصري [ba-**Hebb**ᵉ **ged**-dan‿el **akl**‿el **maS**-ŕi]
- tu aimes le cinéma ? بتحب السينما؟ [bet-**Hebb**‿es **si**-né-ma ?]
- je t'aime بحبك [ba-**Heb**-bak]

air *(vent)* هوا [**ha**-wa] ; *(apparence)* شكل [shak-l]

- j'ai besoin de prendre l'air عايز أشم هوا [ɛ**â**-yez a-**shemm**ᵉ **ha**-wa]
- je voudrais une chambre avec l'air conditionné عايز غرفة مكيفة لو سمحت [ɛ**â**-yez **roŕ**-fa mé-kay-**yé**-fa law sa-**maHt**]
- tu n'as pas l'air bien انت مش مظبوط [**en**-ta mesh maZ-**bouT**]

alcool خمرة [**kham**-ŕa]

- je ne bois pas d'alcool ما بشربش خمرة [ma-bash-**ŕabsh**ᵉ **kham**-ŕa]
- où peut-on acheter de l'alcool ? نشتري منين خمور؟ [nesh-**té**-ŕi mé-**nên** khou-**mouŕ** ?]

alimentation ماكولات [ma'-kou-**lât**]

- où se trouve le rayon alimentation ? قسم المأكولات فين؟ [**qesm**‿el ma'-kou-**lât** **fên** ?]

[1] **aller** *(billet)* ذهاب [zé-**hâb**], رايح [**ŕâ**-yeH]

- aller simple رايح [**ŕâ**-yeH]
- aller-retour رايح جاي [**ŕâ**-yeH **gayy**]
- combien coûte un aller pour le centre-ville ? بكام التذكرة لوسط البلد؟ [bé-**kâm**‿et taz-**ka**-ŕa lé-**wesT**‿el **ba**-lad ?]

aimer **INFO**

- j'aime beaucoup ce tableau بحب جدا اللوحة دي [ba-**Hebb**ᵉ **ged**-dan‿el **lô**-Ha di]
- j'aime bien ton frère بستلطف أخوك [bas-**tal**-Taf a-**khouk**]
- je le trouve très sympathique هو ظريف جدا [**how**-wa Za-**ŕîf** **ged**-dan]

▸ deux billets aller-retour en 2e classe pour Alexandrie, s'il vous plaît تذكرتين رايح جاي درجة تانية ممتازة لاسكندرية من فضلك [taz-kaŕ-**tên** ŕâ-yeH **gayy** **da**-ŕa-ga **tan**-ya mom-**tâ**-za l͜es-ken-dé-**rey**-ya men **faD**-lak]

²**aller** *(se déplacer)* يروح [yé-**ŕouH**]

▸ je voudrais aller à... عايز أروح... [**ɛâ**-yez a-**ŕouH**...]
▸ ce train va bien à Louxor ? القطر ده طالع الأقصر؟ [el **aTŕ**^{e} da **Tâ**-léɛ **lo**'-Soŕ ?]
▸ je m'en vais demain أنا ماشي بكرة [a-na **mâ**-shi **bok**-ŕa]
▸ comment allez-vous ? ازاي حضرتك؟ [ez-**zayy**^{e} HaD-**ŕé**-tak ?]
▸ je vais bien كويس الحمد لله [kway-yes͜el **Ham**-do l͜el-**lâh**]

allergique ▸ je suis allergique à l'aspirine عندي حساسية من الاسبرين [**ɛan**-di Ha-sa-**sey**-ya men͜el as-bi-**ŕîn**]

allô ! آلو! [**â**-lo !]

allumer يولع [yé-**wal**-laɛ]

▸ je ne comprends pas comment on allume la lumière نولع النور إزاي؟ [né-**wal**-laɛ͜en **nouŕ**͜ez-**zây** ?]

allumettes كبريت [kab-**ŕît**]

amandes لوز [**lôz**]

▸ je voudrais une pâtisserie aux amandes عايز حلويات باللوز [**ɛâ**-yez Ha-la-wey-**yât** b͜el **lôz**]

ambassade سفارة [sé-**fâ**-ŕa]

ambiance جو [**gaww**]

▸ il y avait une super bonne ambiance جو القعدة كان رهيب [**gaww**͜el **aɛ**-da kan ŕa-**hîb**]

ne pas aimer INFO

▸ je déteste la pluie باكره المطر [**bak**-ŕah͜el **ma**-Taŕ]
▸ je ne peux pas le supporter مش مستحمله [mesh mes-taH-**mé**-lo]
▸ je ne l'aime pas trop ما بحبوش قوي [ma-ba-Heb-**boush** a-wi]
▸ je ne suis pas très branché rando ما ليش قوي في المشي [ma-**lîsh** a-wi f͜el mash-y^{e}]

ambulance عربية اسعاف [ɛa-ŕa-**bey**-yet es-**ɛâf**]

▸ pouvez-vous envoyer d'urgence une ambulance au... ? ابعتوا عربية اسعاف بسرعة جدا ل...؟ [eb-**ɛa**-tou ɛa-ŕa-**bey**-yet es-**ɛâf** bé-**soŕ**-ɛa **ged**-dan lé... ?]

▸ appelez une ambulance ! اطلبوا عربية اسعاف! [oT-lo-bou ɛa-ŕa-**bey**-yet es-**ɛâf** !]

améliorer يحسن [yé-**Has**-sen]

▸ j'espère améliorer mon arabe pendant mon séjour أتمنى أحسن العربي خلال اقامتي هنا [at-**man**-na a-**Has**-sen‿el **ɛa**-ŕa-bi khi-**lâl** é-**qam**-ti hé-na]

> **ZOOM**
> **Bonne année !**
>
> *« Que l'année te soit bonne » (*koll sana wentaTayyeb *au masculin,* wenti Tayyeba *au féminin), est une expression qui s'emploie non seulement pour souhaiter à quelqu'un une bonne année, mais également à l'occasion d'un anniversaire ou encore de toute fête qui revient chaque année. On pourra répondre à ces vœux par* wenta Tayyeb *(« et à toi également »).*

amende غرامة [ra-**ŕâ**-ma]

▸ l'amende est de combien ? بكام الغرامة؟ [bé-**kâm**‿el ra-**ŕâ**-ma ?]

Amérique امريكا [am-**ŕî**-ka]

ami *(copain)* صاحب [**Sâ**-Heb], صديق [Sa-**dî'**] ; *(amant)* صاحب [**Sâ**-Heb]

▸ êtes-vous des amis de Rachid ? هوانتو أصحاب رشيد؟ [**how**-wa‿n-tou aS-**Hâb** ŕa-**shîd** ?]

▸ je suis venu avec mon amie أنا جيت مع صاحبتي [a-na **gêt** ma-ɛa SaH-**bé**-ti]

amitié صداقة [Sa-**dâ**-qa]

▸ mes amitiés à vos parents ! سلم لي على أهلك! [sal-**lem**-li ɛa-la **ah**-lak !]

ampoule *(de lampe)* لمبة [**lam**-ba] ; *(cloque)* فقفوقة [fa'-**fou**-a]

▸ l'ampoule est cassée اللمبة مكسورة [el **lam**-ba mak-**sou**-ŕa]

▸ je me suis fait une ampoule عندي فقفوقة [**ɛan**-di fa'-**fou**-a]

amulette حجاب [Hé-**gâb**]

amuser (s') ينبسط [yen-**bé**-seT]

▸ on s'est bien amusés انبسطنا قوي [en-ba-**saT**-na **a**-wi]

an عام [**ɛâm**], سنة [**sa**-na]

▸ j'ai 30 ans عندي تلاتين سنة [**ɛan**-di ta-la-**tîn** sa-na]

▸ le nouvel An راس السنة [**ŕâs**‿es **sa**-na]

ananas اناناس [a-na-**nâs**]

ZOOM
le calendrier musulman

Le calendrier musulman comprend douze mois lunaires. Il a commencé le premier de Al-Muharram *(l'an 1 de l'Hégire), qui correspond au 16 juillet 622 de l'ère chrétienne. L'année hégirienne (islamique) comprend onze jours de moins que l'année solaire. Chaque mois commence avec le premier croissant de lune visible. Les journaux et les documents officiels portent les deux dates : celle du calendrier julien et celle du calendrier islamique. L'année 2007 de l'ère chrétienne correspond à l'année 1428 dans le calendrier islamique.*

ancien قديم [a-**dîm**]

▸ c'est un immeuble ancien ? دي عمارة قديمة؟ [di εé-**mâ**-ŕa a-**dî**-ma ?]

âne حمار [Ho-**mâŕ**]

angine التهاب في اللوز [el-té-**hâb** f‿el **lo**-waz]

▸ j'ai une angine عندي التهاب في اللوز [**εan**-di‿l-té-**hâb** f‿el **lo**-waz]

anglais انجليزي [en-gi-**lî**-zi]

▸ vous parlez anglais ? بتتكلم انجليزي؟ [bé-tet-**kal**-lem en-gi-**lî**-zi ?]

animal حيوان [Ha-ya-**wân**]

▸ les animaux domestiques sont-ils admis ? وجود الحيونات الأليفة مسموح؟ [wou-**goud**‿el Ha-ya-wa-**nât**‿el a-**lî**-fa mas-**mouH** ?]

animé متحرك [mou-ta-**Haŕ**-ŕek]

▸ c'est très animé le soir الدنيا بتبقى مليانة حياة بالليل [ed **den**-ya bé-**teb**'-a mal-**yâ**-na Ha-**yâ** bel-**lêl**]

année عام [εâm], سنة [**sa**-na]

▸ bonne année ! عام سعيد! [εâm sa-**εîd** !]

anniversaire عيد ميلاد [εîd mi-**lâd**]

▸ c'est mon anniversaire عيد ميلادي [εîd mi-**lâ**-di]

▸ joyeux anniversaire ! كل سنة وانت طيب عقبال ميت سنة! [**koll**ᵉ sa-na w‿**en**-ta **Tay**-yeb εo'-**bâl** mît sa-na !]

annuaire دليل [da-**lîl**]

▸ j'ai besoin de consulter un annuaire محتاج أدور في الدليل [meH-**tâg** a-**daw**-waŕ f‿ed da-**lîl**]

annuler يلغي [**yel**-ri]

▸ est-il possible d'annuler la réservation ? ممكن ألغي الحجز؟ [**mom**-ken **al**-ri‿l **Hagz** ?]

antibiotique مضاد حيوي [mou-**Dâd** Ha-ya-wi]

▶ je suis sous antibiotiques باخد مضادات حيوية [ba-khod mou-Dad-**dât** Ha-ya-**wey**-ya]

antiquité *(objet)* تحفة أثرية [**toH**-fa a-sa-**ŕey**-ya]

▶ quel est le meilleur endroit pour trouver des antiquités ? فين أحسن محل أشتري منه تحف قديمة؟ [fên **aH**-san ma-**Hal** ash-**té**-ŕi **men**-no **to**-Haf a-**dî**-ma ?]

appareil *(photo)* آلة تصوير [â-let taS-**wîŕ**], كاميرا [**ka**-mé-ŕa] ; *(dentaire)* طقم سنان [Ta'-m sé-**nân**]

▶ j'ai perdu mon appareil photo الكاميرا ضاعت [ek **ka**-mé-ŕa **Dâ**-ɛet]

▶ mon appareil dentaire est cassé طقم سناني انكسر [Ta'-m^e sé-**nâ**-ni et-**ka**-saŕ]

appartement شقة [sha'-a]

▶ est-il possible de louer un appartement ? ممكن نأجر شقة؟ [**mom**-ken né-**ag**-gaŕ **sha'**-a ?]

appeler *(interpeller)* ينده [**yen**-dah] ; *(téléphoner)* يتصل ب [yet-**té**-Sel bé], يكلم [yé-**kal**-lem]

▶ appelez un médecin ! اطلب دكتور ! [**oT**-lob dok-**tôŕ** !]

▶ je dois appeler chez moi لازم اتصل بالبيت [**lâ**-zem at-**té**-Sel b‿el **bêt**]

appeler (s') ▶ comment vous appelez-vous ? اسمك إيه؟ [**es**-mak **êh** ?]

▶ je m'appelle Marc اسمي مارك [**es**-mi mark]

appétit شهية [sha-**hey**-ya]

▶ bon appétit ! بالهنا و الشفا! [b‿el **ha**-na w‿esh **shé**-fa !]

apporter يجيب [yé-**gîb**]

▶ pourriez-vous nous apporter une bouteille d'eau ? ممكن تجيب لنا قزازة مية؟ [**mom**-ken té-geb-**lé**-na é-**zâ**-zet **may**-ya ?]

apprendre *(étudier)* يتعلم [yet-**ɛal**-lem], يدرس [**yed**-ŕes] ; *(enseigner)* يعلم [yé-ɛal-lem], يدرس [yé-**daŕ**-ŕes]

▶ j'ai appris quelques mots avec un bouquin اتعلمت بعض الكلمات في كتاب [et-ɛal-**lemt**^e **baɛ**D‿ek ka-li-**mât** fi ki-**tâb**]

▶ je peux t'apprendre le français ممكن أعلمك الفرنساوي [**mom**-ken a-ɛal-**lé**-mak‿el fa-ŕan-**sâ**-wi]

après *adv* بعدين [baɛ-**dên**]

prép بعد [baɛ-d]

▶ rejoins-nous après حصلنا بعدين [HaS-**Sal**-na baɛ-**dên**]

▶ le cybercafé est-il avant ou après le bar ? يا ترى الانترنيت كافيه قبل ولا بعد البار ؟ [ya ta-ŕa‿l in-teŕ-net ka-**fêh** abl wal-la **baεd**‿el **bâŕ** ?]

arabe عربي [εa-ŕa-bi]

▶ je ne parle pas arabe ما بتكلمش عربي [ma-bat-kal-**lemsh**ᵉ **εa**-ra-bi]

▶ j'aime bien la musique arabe باحب الموسيقى العربية [ba-**Hebb**‿el mou-**si**-qa‿l εa-ŕa-**bey**-ya]

Arabe : les Arabes العرب [el **εa**-ŕab]

araignée عنكبوت [εan-ka-**bout**]

arbitre حكم [**Ha**-kam]

▶ qui veut faire l'arbitre ? مين يحب يكون الحكم؟ [mîn yé-**Hebb**ᵉ yé-**koun**‿el **Ha**-kam ?]

arbre شجرة [**sha**-ga-ŕa]

▶ est-ce qu'il y a des arbres dans le camping ? يا ترى فيه شجر في المعسكر؟ [ya ta-ŕa fih **sha**-gaŕ f‿el mo-**εas**-kaŕ ?]

argent *(monnaie)* فلوس [fé-**lous**] ; *(métal)* فضة [**faD**-da]

▶ je n'ai pas beaucoup d'argent ما عنديش فلوس كتير [ma-εan-**dîsh** fé-lous ke**tîŕ**]

▶ je n'ai plus d'argent liquide ما بقاش عندي فلوس سايلة [mab-**'âsh** **εan**-di fé-**lous** say-la]

▶ c'est en argent ? ده فضة؟ [da **faD**-Da ?]

arranger *(convenir)* يناسب [yé-**nâ**-seb]

▶ quand cela t'arrange-t-il ? يناسبك امتى؟ [yé-**nas**-bak **em**-ta ?]

arrêt *(de train, bus, métro)* محطة [ma-**HaT**-Ta]

▶ c'est bien l'arrêt pour... ? هي دي محطة...؟ [**hey**-ya di ma-**HaT**-Tet... ?]

▶ où se trouve l'arrêt de bus le plus proche ? فين أقرب محطة أوتوبيس؟ [fên a'-ŕab ma-**HaT**-Tet o-to-**bîs** ?]

arrêter (s') يوقف [yo-af]

▶ où s'arrête la navette en ville ? العربية بتوقف فين في البلد؟ [el εa-ŕa-**bey**-ya bé-**to**-af fên f‿el **ba**-lad ?]

▶ arrêtez-vous ici ! وقف هنا! [**wa'**-af **hé**-na !]

arrivée وصول [wou-**Soul**]

▶ l'arrivée est prévue à quelle heure ? مفروض يوصل الساعة كام؟ [maf-**ŕouD** yew-Sal‿es **sa**-ɛa **kâm** ?]

arriver يوصل [yew-Sal]

▶ je suis arrivé avant-hier وصلت أول امبارح [wé-**Selt**ᵉ **aw**-wel em-**bâ**-ŕeH]
▶ à quelle heure le train arrive-t-il au Caire ? القطر بيوصل القاهرة الساعة كام؟ [el aTŕᵉ bi-**yew**-Sal‿el **qa**-hé-ŕa‿s **sa**-ɛa **kâm** ?]

art فن [fann]

▶ t'intéresses-tu à l'art ? بتهتم بالفن؟ [bé-teh-**tamm**ᵉ b‿el fann ?]

artichaut خرشوف [khaŕ-**shouf**]

artisanat أشغال يدوية [ash-**râl** ya-da-**wey**-ya]

ascenseur اسانسير [a-san-**sêŕ**]

▶ quelqu'un est coincé dans l'ascenseur فيه حد محبوس في الاسانسير [fih Hadᵉ maH-**bous** f‿el a-san-**sêŕ**]

Asie آسيا [as-ya]

aspirine اسبرين [as-bi-**ŕîn**]

▶ auriez-vous un cachet d'aspirine ? لو سمحت عندك قرص اسبرين؟ [law sa-**maHt**ᵉ **ɛan**-dak **oŕS**‿as-bi-**ŕîn** ?]

asseoir (s') يقعد [**yo**'-ɛod]

▶ puis-je m'asseoir à votre table ? ممكن أقعدعلى طرابيزتكم؟ [**mom**-ken **a**-ɛod ɛa-la Ta-ŕa-bé-**zet**-kom ?]

assez *(suffisamment)* كفاية [ké-**fâ**-ya]

▶ je n'ai pas assez d'argent ما عنديش فلوس كفاية [ma-ɛan-**dîsh** fé-**lous** ké-**fâ**-ya]

assiette طبق [Ta-ba'], صحن [SaH-n]

assurance *(contrat)* تأمين [ta'-**mîn**]

▶ assurance tous risques تأمين شامل [ta'-**mîn** **shâ**-mel]
▶ faut-il une assurance spéciale ? ياترى لازم تأمين مخصوص؟ [ya ta-ŕa **lâ**-zem ta'-**mîn** makh-**SouS** ?]
▶ quels risques l'assurance couvre-t-elle ? ياترى التأمين بيأمن على أنهي مخاطر؟ [ya ta-ŕa‿t ta'-**mîn** biy-'**am**-men ɛa-la **an**-hi ma-**khâ**-Teŕ ?]

assurer *(maison, voiture)* يأمن [yé-**am**-men]

▶ la voiture est-elle assurée tous risques ? العربية عليها تأمين كامل؟ [el ɛa-ŕa-**bey**-ya ɛa-**lê**-ha ta'-**mîn** **kâ**-mel ?]

asthme ربو [ŕab-w]

▶ j'ai de l'asthme عندي مرض الربو [**ɛan**-di **ma**-ŕaD‿eŕ ŕab-w]

attendre يستنى [yes-**tan**-na], ينتظر [yen-**té**-Zeŕ]

▶ tu attends le bus ? انت مستني الأتوبيس؟ [**en**-ta mes-**tan**-ni‿l o-to-**bîs** ?]

▶ ne m'attendez pas pour dîner ما تستنونيش ع العشا [ma-tes-tan-nou-**nîsh** ɛa‿l **ɛa**-sha]

▶ je vous attends à huit heures à l'hôtel أنا منتظركم الساعة تمانية في الفندق [**a**-na men-ta-**Zeŕ**-kom‿es **sâ**-ɛa ta-**man**-ya f‿el **fon**-do']

attention ! اوعى! [**ew**-ɛa !], حاسب! [**Hâ**-seb !]

attraper *(prendre)* [**yem**-sek]يمسك ; *(maladie)* يعيى [**yéɛ**-ya]

▶ je n'arrive pas à attraper ma valise مش قادر أطول شنطتي [mesh **â**-deŕ a-**Toul** shan-**Té**-ti]

▶ j'ai attrapé froid خدت دور برد [khatt^e dôŕ **baŕd**]

auberge de jeunesse بيت الشباب [**bêt**‿esh sha-**bâb**]

▶ je voudrais la liste des auberges de jeunesse de la région من فضلك عايز قائمة بعناوين بيوت الشباب الموجودة في المنطقة [men **faD**-lak **ɛâ**-yez qa-é-ma bé-ɛa-na-**wîn** bou-**yout**‿esh sha-**bâb**‿el maw-**gou**-da f‿el man-**Té**-a]

aubergine بادنجان [ba-din-**gân**]

aujourd'hui النهارده [en na-**haŕ** da]

▶ on est le combien aujourd'hui ? النهارده كام في الشهر؟ [en na-**haŕ** da **kâm** f‿esh **shah**-ŕ ?]

aussi *(également)* برضه [**baŕ**-Do], كمان [ka-**mân**]

▶ moi aussi أنا كمان [**a**-na ka-**mân**]

▶ bon appétit – merci, vous aussi ! شكرا بالهنا والشفا !بالهنا والشفا! [b‿el **ha**-na w‿esh **shé**-fa ! – **shok**-ŕan ! b‿el **ha**-na w‿esh **shé**-fa]

▶ je n'ai jamais rien vu d'aussi beau عمري ما شفت حاجة بالجمال ده [**ɛom**-ŕi mashoft^e **Hâ**-ga b‿el ga-**mâl** da]

autant *(comparaison)* زي [zayy] ; *(quantité)* قد [add]

- ▶ est-ce qu'il y a autant de monde que la dernière fois? هو فيه ناس زي آخر مرة؟ [how-wa fih **nâs** zayy **â**-kheŕ **maŕ**-ŕa ?]
- ▶ l'aller simple coûte presque autant que l'aller-retour سعر التذكرة رايح قد التذكرة رايح جاي تقريبا [**séεŕ**‿et taz-**ka**-ŕa **ŕâ**-yeH **add**‿et taz-**ka**-ŕa **ŕâ**-yeH gayy ta'-**ŕi**-ban]

autoriser يصرح [yé-**Saŕ**-ŕaH], يسمح [**yes**-maH]

- ▶ combien de bagages sont autorisés? هو مسموح بكام شنطة؟ [**how**-wa mas-**mouH** bé-**kâm** **shan**-Ta ?]
- ▶ est-il autorisé de fumer ici? هو التدخين مسموح هنا؟ [**how**-wa‿t tad-**khîn** mas-**mouH** hé-na ?]

autoroute طريق سريع [Ta-**ŕî'** sa-**ŕîε**]

- ▶ autoroute à péage طريق سريع بدفع رسوم [Ta-**ŕî'** sa-**ŕîε** bé-**dafε**ᵉ ŕou-**soum**]
- ▶ quelle est la vitesse limite sur les autoroutes? هو إيه أقصى سرعة ع الطرق السريعة؟ [how-wa êh **aq**-Sa **soŕ**-εa εa‿T **To**-ŕo' es sa-**ŕî**-εa ?]
- ▶ est-il possible d'y aller par l'autoroute? ممكن نروح بالطريق السريع؟ [**mom**-ken né-**ŕouH** b‿eT Ta-**ŕî'** es sa-**ŕîε** ?]

auto-stop خدنا توصيلة [**khad**-na taw-**Sî**-la]

- ▶ on est venus en (auto-)stop وقفنا عربية عشان نيجي [wa'-**af**-na εa-ŕa-**bey**-ya εa-shan **nî**-gi]

autre تاني [**tâ**-ni]

- ▶ un autre café, s'il vous plaît قهوة تانية لو سمحت [**ah**-wa **tan**-ya law sa-**maHt**]
- ▶ allez-y, je vais attendre les autres يلا روحوا حستنى الباقيين [**yal**-la **ŕou**-Hou Has-**tan**-na‿l ba'-**yîn**]
- ▶ il n'y a rien d'autre? مفيش حاجة تانية؟ [ma-**fîsh** **Hâ**-ga **tan**-ya ?]

avaler *(déglutir)* يبلع [**yeb**-laε] ; *(fig)* يسحب [**yes**-Hab]

- ▶ je ne peux plus rien avaler مش قادر أحط حاجة تانية في بقي [mesh **â**-deŕ a-**HoTT**ᵉ **Hâ**-ga **tan**-ya fi **bo'**-i]
- ▶ le distributeur automatique a avalé ma carte de crédit مكنة السحب الآلي بلعت الفيزا كارت [**ma**-ka-net‿es **saHb**‿el **â**-li **ba**-la-εet‿el vi-za **kaŕt**]

avance مقدم [mo-**ad**-dam]

- ▶ faut-il réserver à l'avance? هو الحجز مقدما؟ [**how**-wa‿l Hag-zᵉ mo-**ad**-da-man ?]
- ▶ dois-je payer d'avance? هو الدفع مقدم؟ [**how**-wa‿d **dafε**ᵉ mo-**ad**-dam ?]
- ▶ nous sommes arrivés en avance وصلنا قبل الميعاد [wé-**Sel**-na **abl**‿el mé **εâd**]

avant *(temps, lieu)* قبل [abl]

▶ il faut que je mange avant لازم أكل الأول [la-zem â-kol‿el aw-wel]

▶ il faut tourner avant le feu ? قبل الإشارة لازم أحود؟ [abl‿el i-shâ-ŕa lâ-zem a-Haw-wed ?]

avec ويا [way-ya], مع [ma-ɛa], ب [bé]

▶ je voudrais un steak avec des frites عايز لحمة ستيك مع بطاطس محمرة [ɛâ-yez laH-ma es-teik ma-ɛa ba-Tâ-Tes mé-Ham-ma-ŕa]

▶ je suis avec mon copain أنا مع صديقي [a-na ma-ɛa Sa-dî-qi]

aveugle أعمى [aɛ-ma]

▶ elle est aveugle هي عميا [hey-ya ɛam-ya]

avion طيارة [Tay-yâ-ŕa]

▶ je suis venu en avion جيت بالطيارة [gêt b‿eT Tay-yâ-ŕa]

▶ à quelle heure est l'avion ? ميعاد الطيارة الساعة كام؟ [mé-ɛâd‿eT Tay-yâ-ŕa‿s sa-ɛa kâm ?]

▶ l'avion a eu deux heures de retard الطيارة اتأخرت ساعتين على ميعادها [eT Tay-yâ-ŕa et-akh-kha-ŕet saɛ-tên ɛa-la mé-ɛad-ha]

avocat *(homme de loi)* محامي [mou-Hâ-mi] ; *(fruit)* افوكاتو [a-vo-kâ-to]

▶ je voudrais voir un avocat عايز أشوف محامي [ɛâ-yez a-shouf mo-Hâ-mi]

avoir *(je)* عندي [ɛan-di] ; *(tu masculin)* عندك [ɛan-dak] ; *(il)* عنده [ɛan-do]

▶ avez-vous du pain ? عندك عيش؟ [ɛan-dak ɛêsh ?]

▶ est-ce que vous les avez en rouge ? عندك زيهم أحمر؟ [ɛan-dak zay-yo-hom aH-maŕ ?]

▶ je me suis fait avoir انضحك علي [en-Da-Hak ɛa-lay-ya]

▶ qu'est-ce que tu as ? مالك؟ [mâ-lak ?]

B

baby-sitter جليسة أطفال [ga-lé-set aT-fâl]

▶ nous aurions besoin d'une baby-sitter حنعوز جليسة أطفال [Han-ɛouz ga-lé-set aT-fâl]

bagage شنط [sho-naT]

- pouvez-vous m'aider à porter mes bagages ? ممكن تشيل معايا الشنط؟ [mom-ken té-shîl ma-εâ-ya‿sh-sho-naT ?]
- mes bagages ne sont pas arrivés شنطي ماجاتش [sho-na-Ti ma gatsh]

bague خاتم [khâ-tem]

baigner (se) يستحمى [yes-ta-Ham-ma]

- peut-on se baigner ici sans danger ? ياترى الاستحمام هنا خطر؟ [ya ta-ŕa‿l es-teH-mâm hé-na kha-Taŕ ?]
- on va se baigner ? يلا ناخد غطس؟ [yal-la nâ-khod roT-s ?]

baignoire بانيو [ban-yo]

- il y a une baignoire ou une douche ? ياترى فيه بانيو ولا دش؟ [ya ta-ŕa fih ban-yo wal-la dosh ?]

bain حمام [Ham-mâm]

- j'ai envie de prendre un bain نفسي استحمى [nef-si as-ta-Ham-ma]

baisser *(réduire)* يوطي [yé-waT-Ti]

- est-il possible de baisser la clim ? ممكن نوطي التكييف؟ [mom-Ken né-waT-Tiet taK-yif ?]

balade فسحة [fos-Ha]

- balade à cheval جولة ع الحصان [gaw-la εa‿l Ho-Sân]
- balade à dos de dromadaire جولة ع الجمال [gaw-la εa‿l gé-mâl]
- j'irais bien faire une balade نفسي اتفسح [nef-si at-fas-saH]

balcon بلاكونة [ba-la-kô-na]

- avez-vous des chambres avec balcon ? عندكم أوض ببلاكونة؟ [εan-do-kom o-waD bé-ba-la-kô-na ?]

ballon كورة [kô-ŕa]

- est-ce que quelqu'un aurait un ballon de foot ? مين معاه كورة قدم؟ [mîn ma-εâh ko-ŕet qa-dam ?]

banane موز [môz]

bandage رباط [ŕo-bâT]

- j'ai besoin d'un bandage pour ma cheville عايز رباط لمفصل رجلي [εâ-yez ŕo-bâT lé-maf-Sal ŕeg-li]

banque بنك [bank]

▸ y a-t-il une banque près d'ici ? فيه بنك قريب؟ [fih bank o-ŕay-yeb ?]

▸ les banques sont-elles ouvertes le samedi ? يا ترى البنوك فاتحة يوم السبت؟ [ya ta-ŕa‿l bou-**nouk** **fat**-Ha yôm‿es **sab**-t ?]

bar بار [bâŕ]

▸ est-ce qu'il y a un bar sympa dans le quartier ? يا ترى فيه بار ظريف في الحي؟ [ya ta-ŕa fih **bâŕ** Za-ŕîf f‿el **Hayy** ?]

barbe دقن [da'-n]

barbecue شوي لحمة [shaw-y^e **laH**-ma], باربكيو [baŕ-**bek**-you]

▸ et si on faisait un barbecue sur la plage ! ما تيجوا نشوي لحمة ع البلاج! [ma **ti**-gou **nesh**-wi **laH**-ma ɛa‿l blâj !]

barque مركب [maŕ-keb]

▸ où peut-on louer des barques ? منين نأجر مراكب؟ [mé-**nên** né-**ag**-gaŕ ma-**ŕâ**-keb ?]

barrage سد [sadd]

▸ le Barrage d'Assouan سد اسوان [sadd as-**wân**]

▸ le Haut Barrage السد العالي [es **sadd**‿el **ɛâ**-li]

barre *(voile)* دفة [**daf**-fa]

▸ je peux tenir la barre ? ممكن أمسك الدفة؟ [**mom**-ken **am**-sek‿ed **daf**-fa ?]

bas واطي [**wâ**-Ti]

▸ en bas تحت [taH-t]

à la banque — INFO

▸ je voudrais changer 100 euros لو سمحت غير لي ميت يورو [law sa-**maHt**^e ray-**yaŕ**-li mît **you**-ŕo]

▸ en petites coupures, s'il vous plaît بورق صغير لو سمحت [bé-wa-ŕa' **So**-ray-yaŕ law sa-**maHt**]

▸ à combien est l'euro ? من فضلك بكام اليورو؟ [men **faD**-lak bé-**kâm**‿el **you**-ŕo ?]

▸ vous prenez une commission ? بتاخدوا عمولة؟ [bé-**takh**-dou ɛou-**mou**-la ?]

bases *(notions)* قواعد [qa-**wâ**-εed]

▸ je connais les bases mais pas plus أعرف القواعد مش أكتر [aε-ŕaf‿el qa-**wâ**-εed mesh **ak**-taŕ]

baskets *(chaussures)* جزمة كويتش [**gaz**-ma ka-**wetsh**]

bassin *(de piscine)* حوض [HôD]

▸ grand bassin حمام للكبار [Ham-**mâm** l‿ek ko-**bâŕ**]
▸ petit bassin حمام للصغار [Ham-**mâm** l‿eS So-**ŕâŕ**]
▸ y a-t-il un bassin pour les enfants ? يا ترى فيه حمام سباحة للأطفال؟ [ya ta-ŕa fih Ham-**mâm** sé-**bâ**-Ha l‿el aT-**fâl** ?]

bateau مركب [**maŕ**-keb]

▸ bateau à moteur لانش [lansh]
▸ je voudrais louer un bateau pour la journée عايز أأجر مركب يوم كامل [εâ-yez a-**ag**-gaŕ **maŕ**-keb yôm **kâ**-mel]

batterie (TECHNOL) بطارية [baT-Ta-**ŕey**-ya] ; (MUS) درامز [dŕamz]

▸ je n'ai plus de batterie البطارية فضيت [el baT-Ta-**ŕey**-ya **feD**-yet]
▸ il faudrait recharger la batterie لازم أشحن البطارية [**lâ**-zem **ash**-Hen‿el baT-Ta-**ŕey**-ya]
▸ sais-tu jouer de la batterie ? تعرف تلعب درامز؟ [**teε**-ŕaf **tel**-εab dŕamz ?]

beach-volley فولي [vo-ley], كورة طائرة ع الشاطئ [**ko**-ŕa ta-**é**-ŕa εa‿sh **shâ**-Té']

▸ est-ce qu'il y a un terrain de beach-volley ? يا ترى فيه ملعب فولي على الشاطئ؟ [ya ta-ŕa fih **mal**-εab **vo**-ley εa‿sh **shâ**-Té' ?]

beau جميل [ga-**mîl**]

▸ quelle belle journée, hein ? يوم جميل مش كده؟ [yôm ga-**mîl** mesh **ké**-da ?]
▸ vous croyez qu'il va faire beau ? تفتكروا الجو حيكون حلو؟ [tef-**tek**-ŕou eggaww[e] Hay-**koun** Hel-w ?]
▸ je te trouve très belle انت جميلة جدا [**en**-ti ga-**mî**-la **ged**-dan]
▸ quel beau mec ! الولد ده قمر ! [el **wad** da a-**maŕ** !]

beaucoup كتير [ké-**tîŕ**]

▸ il y a beaucoup de monde فيه ناس كتير [fih **nâs** ké-**tîŕ**]
▸ j'aime beaucoup la basbousa باموت في البسبوسة [ba-**mout** f‿el bas-**bou**-sa]

beau-frère سلفي [sel-fi]

beau-père حم [Ha-ma]

bébé بيبي [bé-bi]

▸ j'attends un bébé أنا حامل [a-na Hâ-mel]

bédouin بدوي [ba-da-wi]

belge بلجيكي [bel-ji-ki]

▸ je suis belge أنا من بلجيكا [a-na men bal-jî-ka]

Belge بلجيكي [bel-ji-ki]

Belgique بلجيكا [bal-jî-ka]

▸ je viens de Belgique أنا من بلجيكا [a-na men bal-jî-ka]

belle-mère حماة [Ha-mat]

belle-sœur سلفة [sel-fa]

besoin احتياج [eH-ti-yâg]

▸ j'ai besoin d'aller voir un médecin محتاج أشوف دكتور [meH-tâg a-shouf dok-tôŕ]

▸ j'aurais besoin d'un bon massage ! محتاج لتدليك كويس! [meH-tâg lé-tad-lîk kway-yes !]

beurre زبدة [zeb-da]

biberon بزازة [baz-zâ-za]

▸ où puis-je faire chauffer le biberon ? أسخن البزازة فين؟ [a-sakh-khan‿el baz-zâ-za fên ?]

Bible الكتاب المقدس [eK ki-tâb‿el mo-qad-das]

bidon برميل [baŕ-mîl]

▸ un bidon d'huile, s'il vous plaît برميل زيت لو سمحت [baŕ-mîl zêt law sa-maHt]

bien *(en bonne santé)* في صحة جيدة [fi SeH-Ha gay-yé-da] ; *(vraiment)* حقيقي [Ha-î-i]

▸ vous allez bien ? ازايك؟ [ez-zay-yak ?]

▸ bien, merci, et vous ? الحمد لله وانت؟ [el Ham-do L‿el-lâh w‿en-ta ?]

▸ on est vraiment bien ici احنا آخر راحة هنا [eH-na a-kheŕ ŕâ-Ha hé-na]

▸ bien joué ! ملعوبة! [mal-ɛou-ba !]

▶ ce train va bien à Alexandrie? القطر ده طالع اسكندرية مش كده؟ [el aTr^e da Tâ-léε es-ken-dé-rey-ya mesh ké-da ?]

bientôt *(dans quelques jours)* قريب [o-ray-yeb]

▶ à bientôt, j'espère أشوفك قريب إن شاء الله [a-shou-fak o-ray-yeb in shâ' al-lâh]

▶ on s'appelle bientôt ! نكلم بعض في أقرب وقت! [né-kal-lem baε-D fi a'-rab wa't !]

bienvenu أهلا وسهلا [ah-lan wa sah-lan]

▶ si vous voulez venir en France, vous serez les bienvenus ! لو حبيتو تيجوا فرنسا! أهلا بيكم [law Hab-bé-tou ti-gou fa-ran-sa ah-lan bî-kom !]

bière بيرة [bî-ra]

▶ j'aimerais goûter une bière locale نفسي أدوق بيرة مصري [nef-si a-dou' bi-ra maS-ri]

bijouterie جواهرجي [ga-wa-her-gi]

bijoux *(précieux)* جواهر [ga-wâ-her] ; *(fantaisie)* اكسسوار [ak-ses-wâr]

▶ ces bijoux sont-ils en argent ? دول فضة؟ [dol faD-Da ?]

billard بليار دو [bel-yar-do]

▶ ça te dit, une partie de billard ? تلعب دور بليار دو؟ [tel-εab dôr bel-yar-do ?]

billet *(transports, spectacle)* تذكرة [taz-ka-ra] ; *(de banque)* ورقة نقدية [wa-ra-a naq-dey-ya]

▶ billet aller-retour تذكرة رايح جاي [taz-ka-ra râ-yeH gayy]

▶ billet simple تذكرة رايح [taz-ka-ra râ-yeH]

▶ combien coûte un billet pour... ? بكام التذكرة رايح ل...؟ [bé-kâm et taz-ka-ra râ-yeH lé... ?]

▶ où peut-on acheter des billets ? نشتري التذاكر منين؟ [nesh-té-ri t ta-zâ-ker mé-nên ?]

▶ je n'ai que des billets, pouvez-vous me faire de la monnaie ? ماعنديش غير ورق كبير ممكن تفكهم لي؟ [ma-εan-dîsh rêr wa-ra' ké-bîr mom-ken té-fok-ko-hom-li ?]

ZOOM
Bienvenue

Les Égyptiens sont foncièrement hospitaliers. La formule la plus courante pour accueillir quelqu'un est Ahlan Wa Sahlan, *que l'on peut traduire littéralement par : « tu es dans ta famille, que tout te soit aisé ». D'autres formules font intervenir la lumière, comme* enta menawwar *(« tu nous illumines ») ou* êh en nour da kollo ? *(« qu'est-ce que c'est que toute cette lumière ? »). Le* hello *que les Égyptiens adressent aux étrangers est l'expression raccourcie de* Ahlan wa Sahlan.

ZOOM
Le blanc

Le blanc est symbole de clarté, de pureté, de sérénité. D'où de nombreuses formules qui font référence à cette couleur : on dira ainsi nahar abyaD *(« jour blanc, serein ») pour marquer sa joie,* albo abyaD *(« il a bon cœur/son cœur est blanc ») ;* naharak abyaD *(« que ta journée soit sereine »). On trouve une autre référence à la couleur blanche dans l'expression* el baHr el abyaD *(« la mer blanche »), qui désigne la Méditerranée.*

bise *(baiser)* بوسة [**bô**-sa]
- grosses bises بوسات حارة [bo-**sât Haŕ**-ŕa]
- on se fait la bise ? نبوس بعض؟ [né-**bous** baεD ?]

blanc أبيض [**ab**-yaD]
- un verre de vin blanc, s'il vous plaît كاس نبيت أبيض لو سمحت [**kâs** né-**bît** ab-yaD]

blesser (se) يجرح نفسه [**yeg**-ŕaH **naf**-so], يتعور [yet-**εaw**-waŕ]
- je me suis blessé اتعورت [et-εaw-**waŕt**]
- elle est gravement blessée هي مصابة بجروح خطيرة [**hey**-ya mou-**Sâ**-ba bé-gou-**ŕouH** kha-**Tî**-ŕa]

bleu أزرق [**az**-ŕa']
- auriez-vous le même en bleu ? عندك زيه أزرق؟ [**εan**-dak **zay**-yo **az**-ŕa' ?]

blond أشقر [**ash**-'aŕ]
- c'est une jolie blonde الشقرا دي صاروخ [esh-**sha**'-ŕa di Sa-**ŕoukh**]

bloquer يزنق [**yoz**-no']
- nous sommes bloqués dans les embouteillages احنا مزنوقين في زحمة المرور [**eH**-na maz-nou-**în** fi zaH-met‿el mou-**ŕouŕ**]
- la serrure est bloquée الكالون زنق [el ka-**lôn** za-na']

bœuf *(viande)* بقري [**ba**-a-ŕi]
- je ne mange pas de bœuf ما بكلش لحم بقري [ma-ba-**kolsh**ᵉ **laH**-mᵉ **ba**-a-ŕi]

boire يشرب [**yesh**-ŕab]
- on va boire un verre ? يلّا نشرب كاس؟ [yal-la **nesh**-ŕab **kâs** ?]
- qu'est-ce que vous buvez ? تشربوا إيه؟ [tesh-**ŕa**-bou **êh** ?]
- j'ai trop bu hier soir شربت كتير امبارح بالليل [shé-**ŕebt**ᵉ ké-**tîŕ** em-**bâ**-ŕeHbel lél]

bois خشب [**kha**-shab]
- vous vendez des objets en bois ? يا ترى بتبيعوا منتجات خشب؟ [ya ta-ŕa bet-**bi**-εou mon-ta-**gât kha**-shab ?]

boisson مشروب [mash-ŕoub]

▶ qu'avez-vous comme boissons fraîches ? عندك إيه مشروبات ساقعة؟ [ɛan-dak êh mash-ŕou-bāt_sa'-ɛa ?]

▶ nous n'avons pas pris de boissons dans le mini-bar ما خدناش مشروبات من الميني بار [ma-khad-nâsh mash-ŕou-bât men‿el mi-ni baŕ]

boîte علبة [ɛel-ba]

▶ boîte aux lettres صندوق بريد [San-dou' ba-ŕîd]

▶ boîte de vitesses فتيس [fi-tis]

▶ boîte d'allumettes علبة كبريت [ɛel-bet kab-ŕît]

▶ boîte de nuit نادي ليلي [nā-di lay-li]

▶ boîte de conserve معلبات [mo-ɛal-la-bât]

▶ je cherche une boîte aux lettres ألاقي فين صندوق بوستة؟ [a-lâ-i fên San-dou' bos-Ta ?]

▶ il y a un problème avec la boîte de vitesses فيه مشكلة في الفيتيس [fîh mosh-ké-la f‿el fi-tis]

▶ y a-t-il des boîtes (de nuit) sympas ici ? يا ترى فيه نوادي ليلية ظريفة هنا؟ [ya ta-ŕa fih na-wâ-di lay-ley-ya Za-ŕî-fa hé-na ?]

bol *(récipient)* سلطانية [sol-Ta-ney-ya] ; *(fam) (chance)* حظ [HaZZ]

▶ on a eu du bol ! حظنا حلو ! [HaZ-Zé-na Hel-w !]

bon طيب [Tay-yeb]

▶ c'est bon ! طعم ! [Té-ɛem !]

▶ il fait bon الجو جميل [eg gaww^e ga-mîl]

▶ ça sent très bon الريحة حلوة قوي [eŕ ŕî-Ha Hel-wa a-wi]

▶ l'eau est-elle bonne ? المية حلوة؟ [el may-ya Hel-wa ?]

▶ est-ce le bon numéro ? النمرة صح؟ [en nem-ŕa SaHH ?]

▶ ah bon ? حقيقي؟ [Ha-i-i ?]

bonbon بنبوني [bon-bô-ni]

ZOOM

Bonjour / Bonsoir

Le matin, tout le monde arabe se donne le bonjour en utilisant la formule SabaH el kheir *(« matin de prospérité »), à laquelle on répond par* SabaH en nour *(« matin de lumière »). Mais les Égyptiens utilisent également des variantes :* SabaH el fol *(*fol *désigne une fleur odorante),* SabaH el yasmin *(jasmin),* SabaH el eshTa *(crème fraîche). Pour le soir, la formule de base est* masa' el kheir *(« soir de prospérité ») et la réponse est* masa' en nour *(« soir de lumière »). Pendant la journée, le « bonjour » ou « salut » traditionnel est* ahlan, salâm.

bonheur سعادة [sa-ɛâ-da]

▸ ça porte bonheur ! ده بركة! [da **ba**-ŕa-ka !]

bonjour ! *(uniquement le matin)* صباح الخير! [Sa-**bâH**‿ el **khêŕ** !] ; *(à tout moment)* السلام عليكم! [es sa-**lâ**-mou ɛa-**lé**-kom !] ; *(présentation)* أهلا [ah-lan]

▸ bonjour, moi c'est Agathe أهلا أنا آجات [ah-lan, a-na A-gât]

▸ passe le bonjour aux autres ! سلم لي ع الباقيين! [**sal**-lem ɛa‿l ba'-**yîn** !]

bon marché رخيص [ŕé-**khîS**]

▸ vous pourriez m'indiquer un hôtel bon marché ? تعرف فندق رخيص؟ [teɛ-ŕaf fon-do' ŕe-**khîS** ?]

bonnet *(de bain)* بونيه [bo-**nêh**]

▸ le bonnet de bain est-il obligatoire ? يا ترى بونيه البحراجباري؟ [ya ta-ŕa bo-**nêh** ‿el baHŕ eg-**bâ**-ŕi ?]

bonsoir ! مساء الخير! [ma-**sa'** el **khêŕ** !]

bord *(rive)* شط [shaTT]

▸ peut-on se promener au bord du lac ? يا ترى ممكن نتمشى على البحيرة؟ [ya ta-ŕa **mom**-ken net-**mash**-sha ɛa‿l bo-**Hê**-ŕa ?]

▸ j'aimerais aller au bord de la mer أحب أروح على شط البحر [a-Hebb a-**ŕouH** ɛa-la shaTT‿el **baHŕ**]

bouche بق [bo']

bouché مسدود [mas-**doud**]

▸ la baignoire est bouchée البانيو مسدود [el **ban**-yo mas-**doud**]

boucherie جزارة [gé-**zâ**-ŕa]

bouchon *(pour fermer)* غطا [ŕa-Ta] ; *(d'une bouteille)* فلة [**fel**-la] ; *(embouteillage)* الشارع واقف [esh **shâ**-ŕeɛ **wâ**-ef], زحمة مرور [**zaH**-met mou-**ŕouŕ**]

▸ où est le bouchon de la bouteille ? فلة القزازة فين؟ [fel-let‿el é-**za**-za **fên** ?]

▸ on a été bloqués dans un bouchon اتزنقنا في الطريق [et-za-**na'**-na f‿eT Ta-**ŕî'**]

boucles d'oreilles حلق [Ha-la']

bouée *(pour nager)* عوامة [ɛaw-**wâ**-ma] ; *(balise)* شمندورا [sha-man-**dou**-ŕa]

- bouée de sauvetage عوامة إنقاذ [ɛaw-**wâ**-met in-**qâz**]
- je voudrais acheter une bouée عايز اشتري عومة إنقاذ [**ɛâ**-yez ash-**té**-ŕi ɛaw-**wâ**-met in-**qâz**]
- nageons jusqu'à la bouée rouge ! يللا! نعوم لحد العوامة الحمرا [yal-la né-**ɛoum** lé-Hadd‿el ɛaw-**wâ**-ma‿l **Ham**-ŕa !]

ZOOM

Les boulangeries

En Égypte, il y a deux types de boulangeries bien distincts, qui portent un nom commun dérivé de l'italien « forno ». Le forn afrangi *vend du pain européen, tandis que le* forn baladi *vend la galette typique égyptienne, le* ɛesh baladi*.*

bouger *verbe transitif* يحرك [yé-**Haŕ**-ŕak]
verbe intransitif يتحرك [yet-**Haŕ**-ŕak]

- je ne peux pas bouger la jambe مش قادر أحرك رجلي [mesh **â**-deŕ a-**Haŕ**-ŕak **ŕeg**-li]
- ne le bougez pas ! ما تحركوش! [mat-Haŕ-ŕa-**koush** !]
- on bouge ? يللا نتحرك؟ [yal-la **net**-Haŕ-ŕak ?]

bougie *(chandelle)* شمعة [**sham**-ɛa] ; (AUTO) بوجيه [bou-**ji**]

bouillir يغلي [**yer**-li]

- je mets de l'eau à bouillir pour le thé ? أغلي مية للشاي؟ [**ar**-li may-ya l‿esh **shây** ?]
- l'eau bout المية بتغلي [el **may**-ya bé-**ter**-li]

boulangerie مخبز [**makh**-baz]

boules Quiès سدادات أذن [sad-da-**dât** **o**-zon]

bourré *(saoul)* سكران [sak-**ŕân**]

- je suis complètement bourré أنا سكران طينة [a-na sak-**rân** **Ti**-na]

boussole بوصلة [**boS**-la]

- ma boussole est déréglée البوصلة مش مظبوطة [el **boS**-la mesh maZ-**bou**-Ta]

bouteille *(alimentation)* قزازة [é-**zâ**-za] ; *(de plongée)* امبوبة للتنفس [am-**bou**-ba l‿et ta-**naf**-fos]

- bouteille de gaz امبوبة بوتاجاز [am-**bou**-bet bou-ta-**gâz**]
- je voudrais une bouteille d'eau عايز قزازة مية [**ɛâ**-yez é-**zâ**-zet may-ya]

▸ une bouteille de vin rouge, s'il vous plaît قزازة نبيت أحمر لو سمحت [é-zâ-zet né-bit **aH**-mař]

▸ il nous faudrait des bouteilles et du lest pour aller plonger علشان الغطس لازم لنا أنابيب وأحزمة الاثقال [ɛa-**shân**‿el **raTs**ᵉ **la**-zem lé-na a-na-**bîb** wé aH-**zé**-met‿el es-**qâl**]

boutique بوتيك [bou-**tîk**], محل [ma-**Hall**]

bouton *(de vêtement)* زرار [zo-**řař**] ; *(sur la peau)* دمل [**dem**-mel]

▸ j'ai perdu un bouton de ma veste راح مني زرار الجكيتة [**řaH** men-ni zo-**řař** ej ja-**ket**-ta]

▸ je voudrais une crème contre les boutons عايز كريم للحبوب [ɛâ-yez křèm l ‿el Hou-**boub**]

bracelet غويشة [re-**wê**-sha]

branché *(à la mode)* ع الموضة [ɛa-l **mô**-da]

▸ tu connais un endroit branché ? تعرف مكان ع الموضة؟ [**teɛ**-řaf ma-**kân** ɛa‿l **mo**-da ?]

brancher *(appareil)* يوصل [yé-**waS**-Sal] ; *(drague)* يعلق [yé-**ɛal**-la'] ; *(plaire)* يعجب [**yeɛ**-geb]

▸ est-ce que je peux brancher mon portable ici pour le recharger ? ممكن أشحن الموبايل من هنا ؟ [**mom**-ken ash-**Hen**‿el mo-**bay**-lᵉ men **hé**-na ?]

▸ je me suis fait brancher hier soir اتعاكست امبارح بالليل [et-ɛa-Kest em-bâ-řeH bel lél]

▸ ça ne me branche pas du tout ده ما يشدنيش بتاتا [**da** may-shed-dé-**nîsh** ba-**tâ**-tan]

dans une boutique INFO

▸ non, merci, je ne fais que regarder لا شكرا باخد فكرة عن الاسعار بس [la **shok**-řan ! ba-khod **fek**-řa **ɛan**‿el as-**ɛâř** bass]

▸ combien ça coûte ? ده بكام من فضلك؟ [da bé-**kâm** men **faD**-lak ?]

▸ je fais du 38 مقاسي تمانية وتلاتين [ma-â-si ta-**man**-yawé ta-la-**tîn**]

▸ est-ce que je peux essayer ces tongs ? ممكن أقيس الشبشب؟ [**mom**-ken a-îs ‿esh **sheb**-sheb ?]

▸ est-il possible de l'échanger ? ممكن يتبدل؟ [**mom**-ken yet-**bad**-del ?]

bras دراع [dé-ŕâɛ]

▸ je ne peux pas bouger mon bras مش قادر أحرك دراعي [mesh â-deŕ a-Haŕ-ŕak dé-ŕâ-ɛi]

bravo ! برافو ! [bŕa-vo !]

▸ bravo à tous les deux ! برافو عليكم انتو الاتنين! [bŕa-vo ɛa-lê-ko en-tou l‿et-nên !]

briquet ولاعة [wal-lâ-ɛa]

bronchite التهاب شعبي [el-té-hâb sho-ɛa-bi]

▸ j'ai une bronchite عندي نزلة شعبية [ɛan-di naz-la sho-ɛa-bey-ya]

bronzé مسمر [mes-meŕŕ]

▸ t'as vu ? je suis bien bronzé, hein ? شفت قد إيه أنا مسمر مش كده؟ [shoft[e] ad-dé êh a-na mes-meŕŕ mesh ké-da ?]

brosse فرشة [foŕ-sha]

▸ brosse à dents فرشة سنان [foŕ-shet sé-nân]

▸ brosse à cheveux فرشة شعر [foŕ-shet shaɛ-ŕ]

▸ j'ai oublié ma brosse à dents نسيت فرشة سناني [né-sît foŕ-shet sé-nâ-ni]

brouillard شبورة [shab-bou-ŕa], ضباب [Da-bâb]

▸ est-ce qu'il y a du brouillard sur la route ? يا ترى فيه شبورة ع الطريق؟ [ya ta-ŕa fih shab-bou-ŕa ɛa‿T Ta-ŕi' ?]

bruit دوشة [daw-sha]

▸ j'espère que nous n'avons pas fait trop de bruit اتمنى نكون ما عملناش دوشة [at-man-na né-koun ma-ɛa-mal-nâsh daw-sha]

▸ j'ai entendu un drôle de bruit سمعت صوت غريب [sé-méɛt[e] Sôt ra-ŕîb]

brûler يحرق [yeH-ŕa']

▸ l'autre voiture a brûlé un feu rouge العربية حرقت الاشارة [el ɛa-ŕa-bey-ya Ha-ŕa-et‿el i-shâ-ŕa]

▸ je me suis brûlé la main حرقت إيدي [Ha-ŕa'-t[e] î-di]

brûlure حرق [Haŕ-']

▸ je voudrais une crème contre les brûlures عايز مرهم للحروق [ɛâ-yez maŕ-ham l‿el Hou-ŕou']

brun أسمر [**as**-mař]

▸ elle a les cheveux bruns شعرها بني [shaɛ-**řa**-ha **bon**-ni]

bruyant بيعمل دوشة [bé-**yeɛ**-mel **daw**-sha], مزعج [**moz**-ɛeg]

▸ j'aimerais changer de chambre, la mienne est trop bruyante عايز أغير الغرفة عشان فيها دوشة كتير [ɛâ-yez a-**ray**-yař‿el **roř**-fa ɛa-**shân** fi-ha **daw**-sha ké-**tîř**]

bureau مكتب [**mak**-tab]

▸ bureau de change مكتب صرافة [**mak**-tab Sé-**řâ**-fa]

▸ bureau de poste مكتب بريد [**mak**-tab ba-**řid**]

▸ bureau de tabac كشك سجاير [**kosh**-k^e^ sa-**gâ**-yeř]

▸ je travaille dans un bureau باشتغل في مكتب [bash-**ta**-ral fi **mak**-tab]

▸ j'ai posé la clé sur ton bureau حطيت المفتاح على مكتبك [HaT-**Têt**‿el mouf-**tâH** ɛa-la mak-**ta**-bak]

bus اوتوبيس [o-to-**bîs**]

▸ quel bus faut-il prendre pour aller à... ? اوتوبيس نمرة كام عشان أروح...؟ [o-to-**bîs** **nem**-řa **kâm** ɛa-**shān** a-**řouH**... ?]

▸ ce bus va-t-il à la gare ? يا ترى الاتوبيس ده بيروح المحطة؟ [ya **ta**-řa‿l o-to-**bîs** da bey-**řouH**‿el ma-**HaT**-Ta ?]

▸ à quelle heure passe le dernier bus ? آخر اوتوبيس بيعدي الساعة كام؟ [**â**-kheř o-to-**bîs** bey-**ɛad**-di‿s **sa**-ɛa **kâm** ?]

but ! *(au foot)* هدف! [**ha**-daf !], جول! [**gôl** !]

C

ça ده [da]

▸ comme ça كده [**ké**-da]

▸ ça va ? إزايك؟ [ez-**zay**-yak ?]

▸ ça va الحمد لله [el **Ham**-do lel-**lâh**]

▸ ça, c'est quoi ? ده إيه؟ [da **êh** ?]

▸ c'est ça هو ده [**how**-wa da]

ZOOM
Cadeaux

On fait beaucoup de cadeaux en Égypte et il ne faut surtout pas s'offusquer si parfois le présent n'est pas ouvert devant la personne qui le fait. Les règles de bienséance veulent qu'il soit mis de côté et ouvert plus tard.

cabine *(gén)* كابينة [ka-**bî**-na] ; *(dans une boutique)* كابينة قياس [ka-**bi**-net é-**yâs**]

- y a-t-il une cabine téléphonique près d'ici ? هو فيه تليفون عمومي قريب؟ [**how**-wa fih ti-li-**fôn** ɛou-**mou**-mi o-**ŕay**-yeb ?]
- je voudrais réserver une cabine pour la traversée عايز أحجز كابينة ع المركب [ɛâ-yez **aH**-gez ka-**bi**-na ɛa‿l **maŕ**-keb]
- où sont les cabines pour se changer ? الكباين فين عشان نغير؟ [el ka-**ba**-yen fên ɛa-**shan** né-**ray**-yaŕ ?]
- où sont les cabines d'essayage ? كباين القياس فين؟ [ka-**ba**-yen‿el é-**yas** fên ?]

câble (TV)كابل [kabl]

cacahouètes فول سوداني [foul sou-**dâ**-ni]

cachet *(comprimé)* قرص [oŕ-S]

- auriez-vous des cachets contre le mal de mer ? عندك قرص لدوار البحر؟ [ɛan-dak **oŕS**ᵉ lé-dé-**wâŕ**‿el baH-ŕ ?]
- je préfère les cachets effervescents بافضل الأقراص الفوارة [ba-**faD**-Dal‿el a'-**ŕâS**‿el faw-**wâ**-ŕa]

cadeau هدية [hé-**dey**-ya]

- je cherche un cadeau à rapporter en France عايز هدية أرجع بيها فرنسا [ɛâ-yez hé-**dey**-ya **aŕ**-gaɛ **bî**-ha fa-**ŕan**-sa]
- j'aimerais te faire un cadeau أحب أجيب لك هدية [a-**Hebb** a-**geb**-lak hé-**dey**-ya]

cadenas قفل [efl]

- y a-t-il un cadenas pour le vélo ? يا ترى فيه قفل للعجلة؟ [ya ta-ŕa fih **efl** l‿el ɛa-ga-la ?]

cafard صرصار [Soŕ-**Sâŕ**]

- il y a beaucoup de cafards فيه صراصير كتير [fih Sa-ŕa-**Sîŕ** ké-**tîŕ**]

café *(établissement, boisson)* قهوة [**ah**-wa]

- café au lait قهوة بحليب [**ah**-wa bé Ha-**lîb**]
- café expresso قهوة اكسبرسو [**ah**-wa eks-**pŕes**-so]
- café noir قهوة سادة [**ah**-wa **sâ**-da]

- ▸ café turc قهوة تركي [**ah**-wa **toŕ**-ki]
- ▸ y a-t-il un café dans le coin ? فيه قهوة قريب؟ [fih **ah**-wa o-**ŕay**-yeb ?]
- ▸ on va boire un café ? يلّا نروح نشرب قهوة؟ [**yal**-la‿n-**ŕouH** **nesh**-ŕab **ah**-wa ?]

caler *(voiture, moteur)* يبطّل [yé-**baT**-Tal]

- ▸ le moteur n'arrête pas de caler العربية بتفوت على طول [el εa-ŕa-**bey**-ya bet-**faw**-wet εa-la **Toul**]

calme *m* هدوء [hou-**dou'**]

adj هادئ [**hâ**-di]

- ▸ du calme ! هدوء! [hou-**dou'** !]
- ▸ je voudrais une chambre calme عايز غرفة هادية [**εâ**-yez **roŕ**-fa **had**-ya]

cambrioler يسرق [**yes**-ŕa']

- ▸ notre chambre a été cambriolée الغرفة اتسرقت [el **roŕ**-fa et-sa-**ŕa**-et]

caméra كاميرا [**ka**-mé-ŕa]

- ▸ je peux filmer avec ma caméra ici ? ممكن أصور هنا بالكاميرا؟ [**mom**-ken a-**Saw**-waŕ hé-na b‿ek **ka**-mé-ŕa ?]

camion عربية نقل [εa-ŕa-**bey**-ya na'-l], لوري [**lô**-ŕi]

camionnette عربية نص نقل [εa-ŕa-**bey**-ya **noSS**ᵉ **na'**-l]

campagne ريف [**ŕîf**]

- ▸ j'aimerais bien me promener dans la campagne نفسي أتفسح في الريف [**nef**-si at-**fas**-saH f‿eŕ **ŕîf**]

camping معسكر [mo-**εas**-kaŕ]

> **au café** — **INFO**
>
> - ▸ cette table est-elle libre ? هي الطرابيزة دي فاضية؟ [**hey**-ya‿T Ta-ŕa**bê**-za di **faD**-ya ?]
> - ▸ cette place est-elle libre ? المكان ده محجوز ؟ [el ma-**kân** da maH-**gouz** ?]
> - ▸ s'il vous plaît ! من فضلك! [men **faD**-lak !]
> - ▸ deux cafés, s'il vous plaît اتنين قهوة من فضلك [et-**nên** **ah**-wa men **faD**-lak]
> - ▸ un autre thé à la menthe, s'il vous plaît لو سمحت واحد شاي تاني بالنعناع [law sa-**maHt**ᵉ **wâ**-Hed **shây** **ta**-ni b‿en **neε**-**nâε**]

camping-car كارافان [ka-ŕa-**fān**]

▶ est-ce qu'il vous reste un emplacement pour un camping-car ? فيه مكان لركن الكارافان؟ [fih ma-**kân** lé-ŕakn‿ek ka-ŕa-**fān** ?]

camping-gaz بوتجاز معسكر [bou-ta-**gāz** mo-ɛas-kaŕ]

Canada كندا [**ka**-na-da]

▶ je viens du Canada أنا من كندا [a-na men **Ka**-na-da]

canadien كندي [**ka**-na-di]

▶ je suis canadien أنا كندي [a-na **ka**-na-di]

Canadien كندي [**ka**-na-di]

canard بط [baTT]

canne à pêche صنارة [Sen-**nâ**-ŕa]

capot *(AUTO)* كبوت [kab-**bout**]

▶ j'ai fait une bosse sur le capot الكبوت خد خبطة [ek kab-**bout** khad **khab**-Ta]

car *(véhicule)* أوتوبيس [o-to-**bîs**]

▶ à quelle heure part le car ? الأتوبيس بيطلع الساعة كام؟ [el o-to-**bîs** bé-**yeT**-laɛ‿es **sa**-ɛa kâm ?]

▶ y a-t-il des toilettes dans le car ? يا ترى فيه تواليت في الأوتوبيس؟ [ya ta-ŕa **fih** ta-wa-let f‿el o-to-**bîs** ?]

carafe d'eau شفشق [**shaf**-sha']

cardiaque عنده القلب [**ɛan**-do‿l alb]

▶ je suis cardiaque عندي القلب [**ɛan**-di‿l alb]

carie سنة مسوسة [**sen**-na mé-saw-**wé**-sa]

▶ je crois que j'ai une carie افتكر عندي سنة مسوسة [af-**té**-keŕ **ɛan**-di **sen**-na mé-saw-**wé**-sa]

carnet *(bloc)* نوتة [**nô**-ta], بلوك نوت [blôk nôt]

▶ carnet d'adresses دفتر عناوين [**daf**-taŕ ɛa-na-**wîn**]

▶ carnet de chèques دفتر شيكات [**daf**-taŕ shi-**kât**]

▶ cela coûte moins cher si on achète les tickets par carnet ? يا ترى السعر مخفض لو اشترينا دفترتذاكر؟ [ya ta-ŕa‿s **séɛŕ**e mou-**khaf**-faD law‿esh-ta-**ŕê**-na **daf**-taŕ ta-**zâ**-keŕ ?]

▸ je voudrais un carnet de dix tickets عايز كارنيه عشر تذاكر من فضلك [ɛâ-yez kaŕ-**nêh** ɛa-shaŕ ta-**zâ**-keŕ men **faD**-lak]

carotte جزر [ga-zaŕ]

carrefour تقاطع [ta-**qâ**-toɛ]

▸ au prochain carrefour, je tourne à gauche? ألف شمال عند التقاطع اللي جاي؟ [a-**leff**ᵉ shé-**mâl** **ɛand**‿et ta-**qâ**-Toɛ‿el-li gayy ?]

carte *(bancaire)* بطاقة [bé-**Tâ**-a], كارت [kaŕt] ; *(document)* بطاقة [bé-**Tâ**-a] ; *(de téléphone)* كارت تليفون [**kaŕ**-tᵉ ti-li-**fôn**] ; *(de restaurant)* قائمة الطعام [qa-é-met‿eT Ta-**ɛâm**], منيو [**men**-you] ; *(plan)* خريطة [kha-**ŕî**-Ta] ; *(de jeu)* كوتشينة [kot-**shî**-na]

▸ carte de crédit كريدت كارت [**kŕé**-dit **kaŕt**]
▸ carte d'embarquement بطاقة ركوب [bé-**Tâ**-et ŕou-**koub**]
▸ carte d'étudiant كارنيه طالب [kaŕ-**nêh** **Tâ**-leb]
▸ carte d'identité بطاقة شخصية [bé-**Tâ**-a shakh-**Sey**-ya]
▸ carte postale كارت [kaŕt]
▸ carte téléphonique كارت تليفون [**kaŕt**ᵉ ti-li-**fôn**]
▸ carte des vins قائمة النبيذ [qa-**é**-met‿en né-**bît**]
▸ carte de visite كارت [kaŕt]
▸ acceptez-vous les cartes de crédit? تقبلوا الدفع بالفيزا كارت؟ [te'-**ba**-lou‿d dafɛᵉ b‿el **vi**-za kaŕt ?]
▸ pouvons-nous voir la carte, s'il vous plaît? ممكن نبص ع المنيو لو سمحت؟ [**mom**-ken né-**boSS**ᵉ ɛa‿l **men**-you law sa-**maHt** ?]
▸ avez-vous une carte en français? عندكو مينيو بالفرنساوي؟ [ɛan-**do**-ko **men**-you b‿el fa-ŕan-**sâ**-wi ?]
▸ pourriez-vous me montrer sur la carte où se trouve la gare? ممكن توريني ع الخريطة مكان المحطة؟ [**mom**-ken té-waŕ-**ŕî**-ni ɛa‿l kha-**ŕî**-Ta ma-**kân**‿el ma-**HaT**-Ta ?]
▸ où puis-je acheter une carte de la région? اشتري منين خريطة للمنطقة؟ [ash-**té**-ŕi mé-**nên** kha-**ŕî**-Ta l‿el man-**Té**-a ?]
▸ on fait une partie de cartes? نلعب دور كوتشينة؟ [**tel**-ɛab **doŕ** kot-**shî**-na ?]

cartouche *(de cigarettes)* خرطوشة [khaŕ-**tou**-sha]

casier *(à la piscine)* خزنة [**khaz**-na]

▸ j'ai perdu la clé de mon casier مفتاح الخزنة بتاعي ضاع [mef-**tâH**‿el **khaz**-na bé-**tâ**-ɛi **Dâɛ**]

casque *(de moto)* خوزة [**khô**-za]

▶ auriez-vous un casque à me prêter ? عندك خوزة تسلفهالي؟ [εan-dak **kho**-za té-sal-lef-**hâ**-li ?]

casquette كسكيتة [kas-**ket**-ta]

casser يكسر [**yek**-sar]

▶ la serrure est cassée الكالون مكسور [el ka-**lôn** mak-**sour**]

▶ j'ai cassé mon appareil photo كسرت الكاميرا [ka-**sart**‿ek **ka**-mé-ra]

casserole حلة [**Hal**-la]

catalogue كاتالوج [ka-ta-**lôg**]

catholique كاثوليكي [ka-sou-li-ki]

▶ je suis catholique non pratiquant أنا من عيلة كاثوليك بس مش ممارس للعبادات [a-na men **εê**-la ka-sou-**lîk** **bass**ᵉ mesh mou-**mâ**-res l‿el εé-ba-**dât**]

caution *(pour une location)* ضمان [Da-**mân**], تأمين [ta'-**mîn**]

▶ quel est le montant de la caution ? قيمة التأمين كام؟ [**î**-met et ta'-**mîn** kâm ?]

▶ faut-il laisser une caution ? هو لازم نسيب ضمان؟ [**how**-wa **lâ**-zem né-**sîb** Da-**mân** ?]

CD سي دي [sî dî]

▶ tu peux me faire un CD avec ces chansons ? ممكن تطبع لي سي دي بالأغاني دي؟ [**mom**-ken teT-**baε**-li si-di b‿el a-**râ**-ni di ?]

ceinture حزام [Hé-**zâm**]

▶ ceinture de sécurité حزام أمان [Hé-**zâm** a-**mân**]

▶ la ceinture de sécurité est-elle obligatoire ? يا ترى لبس حزام الأمان اجباري؟ [ya ta-ra **lebs**ᵉ Hé-**zam**‿el a-**mân** eg-**bâ**-ri ?]

célèbre مشهور [mash-**hour**]

▶ il est célèbre en Égypte ? هو مشهور في مصر؟ [**how**-wa mash-**hour** fi maSr ?]

céleri كرفس [ka-rafs]

célibataire عازب [**εâ**-zeb]

▶ je suis célibataire أنا عازب [a-na **εâ**-zeb]

celui-ci ده [da]

▶ je peux essayer celui-ci ? ممكن أقيس ده؟ [**mom**-ken a-**îs** da ?]

celui-là ده [da]

- je préfère celui-là بافضل ده [ba-**faD**-Dal da]

cendrier طفاية [Taf-**fâ**-ya]

centre-ville وسط البلد [**wesT**‿el **ba**-lad]

- l'hôtel se trouve-t-il dans le centre-ville ? يا ترى الأوتيل في وسط البلد؟ [ya ta-ŕa el o-**têl** fi **wesT**‿el **ba**-lad ?]
- y a-t-il un bus pour aller dans le centre-ville ? يا ترى فيه أوتوبيس بيروح وسط البلد؟ [ya ta-ŕa **fih** o-to-**bîs** bey-**ŕouH** west‿el **ba**-lad ?]

céramique خزف [**kha**-zaf], سيراميك [si-ŕa-**mîk**]

céréales كورن فلكس [**koŕn**ᵉ fleks]

cerise كريز [**kŕêz**]

certain متأكد [met-'**ak**-ked]

- j'en suis sûr et certain أنا متأكد جدا [a-na met-'**ak**-ked **ged**-dan]

certificat médical شهادة طبية [shé-**ha**-da Teb-**bey**-ya]

- faut-il un certificat médical ? هو لازم شهادة طبية ؟ [**how**-wa **lâ**-zem she-**ha**-da Teb-**bey**-ya ?]

c'est ده [da]

- c'est de l'agneau ? ده ضاني؟ [da **Dâ**-ni ?]

chaîne *(de télévision)* قناة [qa-**nât**] ; *(stéréo)* جهاز هاي فاي استيريو [gé-**hâz** hay-fay es-**teŕ**-yo]

- je n'arrive pas à régler les chaînes de la télé مش قادر أظبط قنوات التليفزيون [mesh **â**-deŕ a-**Zab**-baT qa-na-**wât**‿et té-lé-viz-**yôn**]
- tu as une super chaîne ! الاستيريو اللي عندك خطير! [el es-**teŕ**-yo el-li **ɛan**-dak kha-**Tîŕ** !]

chaise كرسي [**koŕ**-si]

- cette chaise est-elle libre ? هو الكرسي ده فاضي؟ [**how**-wa‿k **koŕ**-si da **fâ**-Di ?]
- je voudrais louer une chaise longue عايز أأجر شيز لونج [**ɛâ**-yez a-**ag**-gaŕ shèz **long**]

chaleur حرارة [Ha-**ŕâ**-ŕa]

- quelle chaleur ! إيه الحر ده كله! [êh‿el **Haŕŕ**ᵉ da **kol**-lo !]

chaleureux حار [Hâŕ]

- accueil chaleureux استقبال حار [es-te'-**bâl** Hâŕ]
- les gens sont vraiment chaleureux ici استقبال الناس هنا حار جدا [es-te'-**bâl** ‿en **nâs** hé-na **Hâŕ** **ged**-dan]

chambre أوضة [ô-Da], غرفة [**roŕ**-fa]

- chambre double غرفة لشخصين [**roŕ**-fa lé-shakh-**Sên**]
- chambre simple غرفة لفرد واحد [**roŕ**-fa lé-**faŕd**ᵉ **wâ**-Hed]
- vous reste-t-il des chambres libres ? عندكم غرف فاضية؟ [ɛan-**do**-ko **ro**-ŕaf **faD**-ya ?]
- combien coûte une chambre avec salle de bains ? بكام الغرفة بحمام؟ [bé-**kâm**‿el **roŕ**-fa bé-Ham-**mâm** ?]
- j'ai réservé une chambre pour ce soir au nom de Picard حجزت غرفة باسم بيكار لليلة دي [Ha-**gazt**ᵉ **roŕ**-fa bé-**esm**ᵉ Pi-card l‿el lé-**lâ**-di]
- est-ce que je peux voir la chambre ? ممكن أشوف الغرفة؟ [**mom**-ken a-**shouf** ‿el **roŕ**-fa ?]

chameau جمل [**ga**-mal]

- c'est un chameau ou un dromadaire ? ده جمل بسنمين ولا بسنم واحد؟ [da **ga**-mal be sa-na-**mên** wal-la bé **sa**-nam **wâ**-Hed ?]

champignons عش غراب [ɛesh ro-**ŕâb**], مشروم [**mash**-ŕoum], شامبنيون [sham-bin-**yôn**]

chance بخت [bakht], حظ [HaZZ]

- bonne chance ! ربنا يوفقك! [ŕab-**bé**-na yé-waf-**fa**-ak !]
- tu n'as vraiment pas de chance مالكش حظ [ma-**laksh**ᵉ HaZZ]

change *(taux)* سعر العملة [**séɛŕ**‿el **ɛom**-la]

- vous appliquez quel taux de change ? بتغيروا العملة بأي سعر؟ [bet-ray-**ya**-ŕou‿l **ɛom**-la bé-**ay**-yᵉ **séɛŕ** ?]

changer يبدل [yé-**bad**-del], يغير [yé-**ray**-yaŕ]

- j'aimerais changer 200 euros عايز أغير ميتين يورو [**ɛâ**-yez a-**ray**-yaŕ mi-**tên** **you**-ŕo]
- je voudrais changer ces chèques de voyage عايز أبدل الشيكات السياحية دي [**ɛâ**-yez a-**bad**-del‿esh shi-**kât**‿es si-ya-**Hey**-ya di]
- où dois-je changer pour aller à Assouan ? أغير فين عشان أروح أسوان؟ [a-**ray**-yaŕ fên ɛa-**shân**‿a-**ŕouH** as-**wân** ?]

chanson أغنية [or-ne-ya]

chanteur مغني [mo-**ran**-ni], مطرب [**moT**-ŕeb]

chapeau برنيطة [boŕ-**nê**-Ta]

chariot ترولي عربية [tŕol-li ɛa-ŕa-**bey**-ya]

▸ je cherche un chariot pour mes bagages ألاقي فين ترولي للشنط؟ [a-**la**-i fên tŕol-li l͜esh **sho**-naT ?]

charme جاذبية [ga-zé-**bey**-ya]

▸ il a beaucoup de charme الشخص ده جذاب [esh **shakh**-S^e da gaz-**zâb**]

chasse d'eau كومبينيشن [kom-bi-**né**-shen]

▸ la chasse d'eau ne marche pas الكومبينيشن مش شغال [ek kom-bi-**né**-shen mesh shar-**râl**]

chat قطة [**oT**-Ta]

chaud سخن [sokh-n]

▸ il fait vraiment chaud الجو حر فعلا [eg **gaww**^e **Haŕŕ**^e **feɛ**-lan]

chauffage تدفئة [tad-**fé**-a]

▸ comment marche le chauffage ? التدفئة بتشتغل ازاي؟ [et tad-**fé**-a bé-tesh-**ta**-ral ez-**zây** ?]

chauffer يسخن [yé-**sakh**-khan]

▸ le radiateur de ma chambre ne chauffe pas الدفاية في الغرفة مش شغالة [ed daf-**fâ**-ya f͜el **roŕ**-fa mesh shar-**râ**-la]

▸ le moteur chauffe الموتور بيسخن [el mo-**tôŕ** bi-**yes**-khan]

chauffeur سواق [saw-**wâ'**]

▸ chauffeur de taxi سواق تاكسي [saw-**wâ'** tak-si]

▸ peut-on acheter les tickets au chauffeur du bus ? يا ترى ممكن نشتري التذاكر من سواق الأوتوبيس؟ [ya ta-ŕa **mom**-ken nesh-**té**-ŕi͜t ta-**zâ**-keŕ men saw-**wâ'** el o-to-**bîs** ?]

chaussettes شراب [sho-**ŕâb**]

chaussures جزمة [**gaz**-ma]

▸ chaussures à talons جزمة بكعب [**gaz**-ma bé-**ka**-ɛab]

▸ chaussures de marche جزمة للمشي [**gaz**-ma l͜el mash-y]

- chaussures de sport جزمة كوتش [**gaz**-ma ka-**wet**-sh]
- pouvez-vous remettre un talon à ces chaussures ? ممكن تغير لي كعب الجزمة؟ [**mom**-ken té-ray-**yaŕ**-li kaɛ-b‿eg **gaz**-ma ?]

chemin طريق [Ta-**ŕî'**]

- chemin de randonnée طريق للنزهة [Ta-**ŕî'** l‿en **noz**-ha]
- est-ce le bon chemin pour aller au musée archéologique ? هو ده الطريق اللي يوصل للمتحف؟ [**how**-wa da‿T Ta-**ŕî'** elli yé-**waS**-Sal‿el **mat**-Haf ?]

cheminée مدخنة [mad-**kha**-na]

chemise قميص [a-**mîS**]

chèque شيك [shîk]

- acceptez-vous les chèques de voyage ? بتقبلوا الشيكات السياحية؟ [bé-te'-**ba**-lou‿sh shi-**kât**‿es si-ya-**Hey**-ya ?]

cher غالي [**râ**-li]

- je cherche un logement pas trop cher بدور على سكن مش غالي قوي [ba-**daw**-waŕ ɛa-la **sa**-kan mesh **ra**-li a-wi]
- c'est un peu trop cher ده غالي حبيتين [da **râ**-li Hab-bé-**tên**]
- vous n'avez pas quelque chose de moins cher ? ماعندكوش حاجة أرخص؟ [ma ɛan-dou-**koush** **Ha**-ga **aŕ**-khaS ?]

chercher يدور على [yé-**daw**-waŕ **ɛa**-la]

- je cherche... بادور على... [ba-**daw**-waŕ ɛa-la...]
- où dois-je aller chercher mes billets ? أجيب التذاكر منين؟ [a-**gîb**‿et ta-**zâ**-keŕ mé-**nên** ?]

demander son chemin — INFO

- pouvez-vous me montrer sur le plan où nous sommes ? ممكن توريني احنا فين ع الخريطة؟ [**mom**-ken té-waŕ-**ŕî**-ni **eH**-na **fên** ɛa‿l Kha-**ŕi**-Ta ?]
- où est la gare ? المحطة فين؟ [el ma-**HaT**-Ta fên ?]
- excusez-moi, je cherche la place el-Tahir لو سمحت ميدان التحرير فين؟ [law sa-**maHt**^e mi-**dân**‿et taH-**ŕîŕ** fên ?]
- c'est loin ? ده بعيد؟ [da bé-**ɛîd** ?]
- peut-on y aller à pied ? ممكن نروح مشي؟ [mom-ken né-**ŕouH** mash-y^e ?]

▶ allez vite chercher de l'aide ! روحوا بسرعة اطلبوا مساعدة! [řou-Hou bé-sor-εa oT-lo-bou mou-saε-da !]
▶ on vient me chercher حيفوتوا ياخدوني [Hay-fou-tou yakh-dou-ni]

cheval حصان [Ho-Sân], خيل [Khêl]
▶ est-ce qu'on peut monter à cheval dans les environs ? يا ترى ممكن نركب خيل في المنطقة؟ [ya ta-řa mom-ken neř-kab khêl f‿el man-Té-a ?]
▶ vous proposez des balades à cheval ? يا ترى انتو منظمين فسح بركوب الخيل؟ [ya ta-řa en-tou mou-naZ-Za-mîn fo-saH bé-řou-koub‿el khêl ?]

cheveux شعر [shaε-ř]
▶ elle a les cheveux courts شعرها قصير [shaε-řa-ha o-Say-yař]
▶ je préfère les cheveux longs بافضل الشعر الطويل [ba-faD-Dal‿esh shaεř‿eT Ta-wîl]

cheville مفصل [maf-Sal]
▶ je me suis fait mal à la cheville كاحل رجلي بيوجعني [kâ-Hel řeg-li bi-yew-gaε-ni]

chèvre معزة [meε-za]

chewing-gum لبان [lé-bân]

chez عند [εand]
▶ allô, est-ce que je suis bien chez M. Badawi ? آلو منزل الأستاذ بدوي؟ [a-lo man-zel‿el ous-tâz ba-da-wi ?]
▶ on va chez toi ou chez moi ? نروح عندك ولا عندي؟ [né-řouH εan-dak wal-la εan-di ?]
▶ je vais dormir chez un ami ce soir حابات عند واحد صاحبي الليلة [Ha-bât εand^e wâ-Hed SaH-bi‿l lêla]

chic *(élégant)* شيك [shîk], أنيق [a-nîq]
▶ j'irais bien dîner dans un resto chic ce soir الليلة نفسي اتعشى في مطعم شيك [el lê-la nef-si at-εash-sha fi maT-εam shîk]

chien كلب [kal-b]
▶ vous acceptez les chiens ? بتقبلوا الكلاب؟ [bé-te'-ba-lou‿k ki-lâb ?]

chocolat شوكولاتة [shou-kou-lâ-ta]
▶ chocolat au lait شوكولاته باللبن [sho-kou-la-ta b‿el la-ban]
▶ chocolat chaud كاكاو [ka-kâ-wo]

▸ chocolat noir شكولاتة سادة [shou-kou-**la**-ta **sâ**-da]
▸ chocolat aux noisettes شكولاتة بالبندق [shou-kou-**la**-ta b‿el **bon**-do']
▸ je voudrais acheter du chocolat عايز اشتري شكولاتة [**εâ**-yez ash-**té**-ŕi shou-kou-**lâ**-ta]

choisir يختار [yekh-**tâŕ**]
▸ nous n'avons pas encore choisi لسه ماخترناش [**les**-sa makh-taŕ-**nâsh**]
▸ oui, on a choisi ايوه اخترنا [ay-wa‿kh-**taŕ**-na]
▸ je te laisse choisir pour moi أسيبك تختار لي [a-**sî**-bak tekh-**taŕ**-li]

chômage بطالة [bé-**Tâ**-la]
▸ je suis au chômage ما عنديش شغل [ma εan-**dîsh** shorl]

chou كرنب [ko-ŕomb]

chouette ظريف [Za-**ŕîf**]
▸ c'était vraiment chouette ! كان ظريف حقيقي! [**kân** Za-**ŕîf** Ha-**î**-i !]

chou-fleur قرنبيط [aŕ-na-**bîT**]

chrétien مسيحي [mé-**sî**-Hi]
▸ je suis chrétien أنا مسيحي [a-na mé-**sî**-Hi]

ciel سما [**sa**-ma]
▸ tu crois que le ciel va se dégager ? تفتكر السما حتصفى؟ [tef-**té**-keŕ‿es **sa**-ma Ha-**teS**-fa ?]

cigare سيجار [si-**gâŕ**]
▸ je fume le cigare بدخن سيجار [ba-**dakh**-khan si-**gâŕ**]

cigarette سيجارة [si-**gâ**-ŕa]
▸ je peux vous demander une cigarette ? ممكن أطلب منك سيجارة؟ [**mom**-ken **a**T-lob **men**-nak si-**gâ**-ŕa ?]
▸ où puis-je trouver des cigarettes à cette heure-ci ? ألاقي سجاير فين الساعة دي؟ [a-**la**-i sa-**gâ**-yeŕ fên‿es saεâ di ?]

cimetière مدافن [ma-**dâ**-fen]

cinéma *(salle)* دور سينما [**dôŕ** si-né-ma] ; *(art)* السينما [es **si**-né-ma]
▸ j'irais bien au cinéma ce soir نفسي أروح سينما الليلة [**nef**-si a-**ŕouH** si-né-ma‿l **lê**-la]
▸ où y a-t-il un cinéma ? ألاقي فين سينما؟ [a-**la**-i **fên** si-né-ma ?]

comprimé *(cachet)* قرص [oŕ-S]

▶ je voudrais des comprimés contre la migraine عايز أقراص للصداع [εâ-yez **a'**-ŕâS l‿eS So-**Dâε**]

▶ il faut prendre combien de comprimés par jour ? آخد كام قرص في اليوم؟ [a-khod **kâm oŕS**e f‿el **yôm** ?]

compris *(inclus)* شامل [**shâ**-mel]

▶ combien ça coûte tout compris ? كله يكلف كام؟ [**kol**-lo yé-**kal**-lef **kâm** ?]

▶ le service est-il compris ? ده شامل الخدمة؟ [da **shâ**-mel‿el **khed**-ma ?]

compte (bancaire) حساب بنك [Hé-**sâb** bank]

▶ je te ferai un virement sur ton compte أحول الفلوس على حسابك [a-**Haw**-wel‿el fé-**lous** εa-la Hé-**sâ**-bak]

compter يعد [yé-εedd]

▶ tu peux m'apprendre à compter en arabe ? ممكن تعلمني أعد إزاي بالعربي؟ [**mom**-ken té-εal-**lem**-ni a-εedd‿ezzây b‿el εa-ŕa-bi ?]

concert حفلة موسيقية [**Haf**-la mou-si-**qey**-ya]

▶ où y a-t-il des concerts ? الواحد يحضر فين حفلات موسيقية؟ [el **wâ**-Hed **yeH**-Daŕ fên Ha-fa-**lât** mou-si-**qey**-ya ?]

concombre خيار [khi-**yâŕ**]

conduire *(voiture)* يسوق [yé-**sou'**] ; *(accompagner)* يوصل [yé-**waS**-Sal]

▶ je te laisse conduire ? أسيبك تسوق؟ [a-**sî**-bak té-**sou'** ?]

▶ pouvez-vous me conduire à cette adresse ? ممكن توصلني للعنوان ده؟ [**mom**-ken té-waS-**Sal**-ni l‿el εen-**wân** da ?]

comprendre/ne pas comprendre — **INFO**

▶ ah, d'accord ! آه طيب! [âh! **Tay**-yeb !]

▶ excusez-moi, mais je n'ai pas compris آسف ما فهمتش [a-sef maf-**hem**-tesh]

▶ je suis un peu perdu, là... أنا تهت منك [a-na **toht**e **men**-nak]

▶ je n'ai pas compris la question آسف ما فهمتش السؤال [â-sef maf-**hem**-tesh‿es so-**âl**]

▶ désolé, mais je ne comprends toujours pas آسف بس مش فاهم برضه [â-sef bass^e mesh **fâ**-hem **baŕ**-do]

confiance ثقة [sé-qa]

▶ fais-moi confiance ثق في [séq **fey**-ya]

confirmer يأكد على [yé-**ak**-ked εa-la]

▶ faut-il confirmer la réservation ? لازم أأكد على الحجز؟ [**lâ**-zem a-**ak**-ked εa‿l-Hagz ?]

confiture مربة [mé-**ŕab**-ba]

confortable مريح [mou-**ŕîH**]

▶ notre hôtel est très confortable الفندق بتاعنا مريح جدا [el **fon**-do' bé-**taε**-na mou-ŕîH **ged**-dan]

conjonctivite التهاب القرنية [el-té-**hâb**‿el qaŕ-**ney**-ya]

▶ j'ai une conjonctivite عندي التهاب في القرنية [**εan**-di‿l-té-**hâb** ‿el qaŕ-**ney**-ya]

connaissance معرفة [maε-**ŕé**-fa]

▶ ravi de faire votre connaissance أنا سعيد بمعرفتك [a-na sa-**εîd** bé-maε-**ŕef**-tak]

connaître يعرف [**yeε**-ŕaf]

▶ je ne crois pas que nous nous connaissions ما فتكرش اتقابلنا قبل كده [maf-té-**keŕ**sh et-'a-**bel**-na **abl**ᵉ ké-da]

▶ est-ce que vous connaissez un hôtel pas cher ? تعرف فندق مش غالي؟ [**teε**-ŕaf **fon**-do' mesh **râ**-li ?]

conseil *(avis)* نصيحة [na-**Sî**-Ha]

▶ j'aurais besoin d'un conseil محتاج لرأيك [meH-**tâg** lé-**ŕa**'-yak]

conseiller *(apporter un conseil)* ينصح [**yen**-SaH] ; *(indiquer)* يدل [yé-**dell**]

▶ pourriez-vous me conseiller un restaurant ? ممكن تدلني على مطعم؟ [**mom**-ken té-del-**lé**-ni εa-la **maT**-εam ?]

consigne آمانات [a-ma-**nât**]

▶ y a-t-il une consigne ici ? يا ترى فيه آمانات هنا؟ [ya ta-ŕa **fih** a-ma-**nât** hé-na ?]

▶ comment marche la consigne ? نظام الآمانات إيه؟ [né-**Zâm**‿el a-ma-**nât** êh ?]

constipation امساك [em-**sâk**]

▶ je voudrais quelque chose contre la constipation عايز حاجة للامساك [**εâ**-yez **Hâ**-ga l‿el-em-**sâk**]

constipé عنده امساك [εan-do em-**sâk**]

▶ je suis constipée depuis trois jours عندي امساك من تلت إيام [εan-di em-**sâk** men **ta**-lat‿iy-**yâm**]

construire يبني [**yeb**-ni]

▶ quand cette mosquée a-t-elle été construite ? المسجد ده اتبنى امتى؟ [el **mas**-ged da et-**ba**-na **em**-ta ?]

consulat قنصلية [on-So-**ley**-ya]

▶ où se trouve le consulat français ? القنصلية الفرنسية فين؟ [el on-So-**ley**-ya el fé-ŕen-**sey**-ya fén ?]

contact *(relation)* اتصال [et-té-**Sâl**]

▶ on reste en contact, hein ? خلينا على اتصال؟ [khal-**lî**-na εa-la‿t-té-**Sâl** ?]

contacter يتصل ب [yet-**té**-Sel bé]

▶ je dois contacter le consulat لازم اتصل بالقنصلية [**lâ**-zem at-**té**-Sel b‿el on-so-**ley**-ya]

contagieux معدي [**moε**-di]

▶ c'est contagieux ? ده معدي؟ [da **moε**-di ?]

content مبسوط [mab-**souT**]

▶ j'ai été très content de te revoir أنا مبسوط إني شفتك من تاني [a-na mab-**souT** en-ni **shof**-tak men **tâ**-ni]

continuer يكمل [yé-**kam**-mel]

▶ après le feu, je continue tout droit ? أكمل دوغري بعد الإشارة؟ [a-**kam**-mel **dor**-ŕi **baεd**‿el-i-**shâ**-ŕa ?]

contre *(se cogner)* في [fi] ; *(traitement)* ل [lé ou li]

▶ je me suis cogné contre la table اتخبطت في الطرابيزة [et-kha-**baTt** f‿eT Ta-ŕa-**bê**-za]

▶ j'aurais besoin de quelque chose contre la toux محتاج لدوا للكحة [meH-**tâg** lé-**da**-wa l‿eK **koH**-Ha]

contretemps ظرف طارئ [**Zaŕf**^e^ **Tâ**-ŕe']

▶ désolée, j'ai eu un contretemps آسف جالي ظرف طارئ [â-sef **gâ**-li **Zaŕf**^e^ **Tâ**-ŕe']

convenir *(satisfaire)* يناسب [yé-**nâ**-seb]

▶ cela me convient parfaitement ده يناسبني قوي [**da** yé-na-**seb**-ni **a**-wi]

▶ quelle est l'heure qui vous convient le mieux ? أي ساعة تناسبك أكتر؟ [ayy^e^ **sâ**-εa té-**nas**-bak **ak**-taŕ ?]

cool عسل [ɛa-sal] ; قشطة [esh-Ta]

▸ c'est trop cool ! ده آخر عسل! [da **a**-kher ɛa-sal !]

coordonnées عنوان ورقم تليفون [ɛen-**wân** wé **ŕa**-qam té-lé-**fôn**]

▸ pouvez-vous me laisser vos coordonnées ? ممكن تسيب لي عنوانك ورقم تليفونك؟ [**mom**-ken té-**seb**-li ɛen-**wâ**-nak wé **ŕa**-qam té-lé-**fô**-nak ?]

copain *(ami, petit ami)* صاحب [**Sâ**-Heb]

▸ je suis venu ici avec des copains أنا جيت هنا مع أصدقاء [a-na **gêt** hé-na ma-ɛa aS-dé-**qâ'**]

▸ je suis venue avec mon copain أنا جيت مع صاحبي [a-na **gêt** ma-ɛa **SaH**-bi]

▸ tu as une copine ? عندك صاحبة؟ [**ɛan**-dak **SaH**-ba ?]

copte قبطي [**eb**-Ti]

coquillage قوقعة [qaw-**qa**-ɛa]

▸ j'ai ramassé de jolis coquillages لميت قواقع جميلة [lam-**mêt** qa-**wa**-qéɛ ga-**mî**-la]

Coran القرآن [el qoŕ-**'ân**]

coriandre كزبرة [koz-**ba**-ŕa]

corps جسم [gesm]

▸ il a un corps magnifique ! أما عليه جسم! [**am**-ma ɛa-**lêh** gesm !]

correspondance (TRANSP) محطة تغيير [ma-**HaT**-Tet tar-**yîŕ**]

▸ j'ai raté ma correspondance *(train)* فاتني القطر [**fat**-ni‿l **a**Tŕ]

▸ j'ai raté ma correspondance *(métro)* فاتني المترو [**fat**-ni‿l **met**-ŕo]

▸ j'ai raté ma correspondance *(car)* فاتني الأوتوبيس [**fat**-ni‿l o-To-**bîs**]

côte ساحل [**sâ**-Hel]

▸ y a-t-il une route qui longe la côte ? يا ترى فيه طريق في حذى الساحل؟ [ya ta-ŕa fih Ta-**ŕî'** fi **Hé**-za‿s **sâ**-Hel ?]

ZOOM

Cool !

Les deux façons de traduire « cool ! », dans le sens de « super ! » ou de « sympa ! », sont عسل *et* قشطة*. Elles signifient respectivement « miel » et « crème fraîche ». On peut donc saluer une personne le matin en lui disant* صباح القشطة [Sa-bâH‿el esh-Ta], *ce qui revient à lui souhaiter « un matin de crème fraîche ».*

ZOOM
Copte

L'Église copte orthodoxe est l'une des héritières de l'antique Église d'Alexandrie, l'une des premières églises chrétiennes. Selon la tradition, elle aurait été fondée par l'apôtre et évangéliste Marc. Il y a environ dix millions de coptes en Égypte. Les Coptes pratiquent une abstinence et un jeûne rigoureux et sévères de 250 jours par an, qui se traduit par une cuisine végétarienne sans gras ni viande.

côté ناحية [**naH**-ya]
- ▶ à côté de... جمب... [gamb...]
- ▶ c'est de quel côté ? من أنهي ناحية؟ [men an-hi **naH**-ya ?]
- ▶ y a-t-il quelqu'un à côté de vous ? فيه حد جمب حضرتك؟ [fih **Hadd**^{e} **gamb**^{e} HaD-**ŕé**-tak ?]

côtelette ريش [**ré**-yash]

coton قطن [**o**Tn]
- ▶ c'est en coton ? ده قطن؟ [da **o**Tn ?]

cou رقبة [**ŕa'**-ba]
- ▶ j'ai le cou bloqué مش قادر أحرك رقبتي [mesh **â**-deŕ a-**Haŕ**-ŕak ŕa'-**bé**-ti]

coucher (se) *(personne)* يدخل ينام [**yod**-khol yé-**nâm**] ; *(soleil)* تغرب [**tor**-ŕob]
- ▶ je me suis couché tard دخلت أنام وخري [da-**khalt**^{e} a-**nâm** **wakh**-ŕi]
- ▶ à quelle heure le soleil se couche-t-il ? الشمس بتغرب الساعة كام؟ [esh **shams**^{e} bé-**tor**-ŕob‿es **sâ**-ɛa **kâm** ?]

couches *(de bébé)* كفولة [ka-**fou**-la]

couchette *(de train)* مكان في عربية نوم [ma-**kân** fi ɛa-ŕa-**bey**-yet **nôm**] ; *(de bateau)* سرير كابينة [Sé-**ŕiŕ** ka-**bî**-na]
- ▶ je voudrais réserver une couchette عايز أحجز في قطر النوم [**ɛâ**-yez **aH**-gez fi **aTŕ**‿en **nôm**]

couleur [lôn]
- ▶ avez-vous le même modèle dans une autre couleur ? هو فيه ألوان تانية في نفس الموديل؟ [**how**-wa fih al-wan **tan**-ya fi **nafs**‿el mo-**dèl** ?]

couloir طرقة [**Toŕ**-a]
- ▶ je voudrais une place côté couloir عايز مكان من ناحية الطرقة [**ɛâ**-yez ma-**kân** men **naH**-yet‿eT **Toŕ**-a]

coup *(gén)* ضربة [**Daŕ**-ba] ; *(fam) (fois)* مرة [**maŕ**-ŕa]
- ▶ pourriez-vous jeter un coup d'œil sur ma voiture ? ممكن تبص بصة ع العربية؟ [**mom**-ken té-**boSS**^{e} **baS**-Sa ɛa‿l- ɛa-ŕa-**bey**-ya ?]

- j'ai pris un coup de soleil خدت ضربة شمس [khatt^e Daŕ-bet sham-s]
- je dois passer un coup de fil عايز أعمل مكالمة [εâ-yez aε-mel mo-kal-ma]
- vous pouvez nous donner un coup de main ? ممكن تساعدونا؟ [mom-ken té-saε-dou-na ?]
- je boirais bien un coup نفسي أشرب لي كاس [nef-si ash-ŕab-li kâs]
- j'ai réussi du premier coup نجحت من أول مرة [né-geHt^e men aw-wel maŕ-ŕa]

coupe-ongles قصافة ضوافر [aS-Sâ-fet Da-wâ-feŕ]

couper يقطع [ye'-Taε]

- ça va couper, je n'ai plus de batterie البطارية فضيت حيقطع [el baT-Ta-ŕey-ya feD-yet Ha-ye'-Taε]
- on a été coupés السكة اتقطعت [es sek-ka et-a-Ta-εet]

couper (se) يتعور [yet-εaw-waŕ]

- je me suis coupé avec un couteau اتعورت بسكينة [et-εaw-waŕt^e bé-sek-kî-na]

couple زوج وزوجة [zôg wé zô-ga]

- c'est pour un couple et deux enfants لأسرة بطفلين [lé-os-ŕa bé-Tef-lên]

courant *(électricité)* تيار كهربا [tay-yâŕ kah-ŕa-ba]

- il n'y a plus de courant الكهربا مقطوعة [ek kah-ŕa-ba ma'-Tou-εa]

courant (au) على علم [εa-la εel-m]

- je n'étais pas au courant ما كنتش على علم [ma-kon-tesh εa-la εel-m]

courant d'air تيار هوا [tay-yaŕ ha-wa]

- je suis en plein courant d'air قاعد في تيار هوا [â-εed fi tay-yâŕ ha-wa]

courbatures جسم مكسر [ges-m^e mé-kas-saŕ]

- j'ai des courbatures جسمي مكسر [ges-mi mé-kas-saŕ]

courgette كوسة [kou-sa]

courir يجري [yeg-ŕi]

- où peut-on courir ici ? ممكن تجري فين هنا؟ [mom-ken neg-ŕi fên hé-na ?]

courrier بوسطة [bos-Ta]

- y a-t-il du courrier pour moi ? فيه بوسطة عشاني؟ [fih bos-Ta εa-shâ-ni ?]

cours *(leçon)* درس [daŕ-s]

▸ y a-t-il des cours pour débutants ? يا ترى فيه دروس للمبتدين؟ [ya ta-ŕa fih dou-**ŕous** l‿el mob-ta-**dîn** ?]

▸ combien coûtent les cours ? بكام أسعار الدروس؟ [bé-**kâm** as-**εâŕ**‿ed dou-**ŕous** ?]

▸ je voudrais prendre des cours de planche à voile عايز دروس في لوح الشراع [**εâ**-yez dou-**ŕous** fi **lo**-waH‿esh shé-**râε**]

courses مشتروات [moush-ta-ŕa-**wât**]

▸ où peut-on faire les courses ? ممكن نعمل المشتروات فين؟ [**mom**-ken **neε**-mel‿el moush-ta-ŕa-**wât** **fên** ?]

court *adj (pas long)* قصير [o-**Say**-yaŕ]

m (de tennis) ملعب [**mal**-εab]

▸ c'est trop court ده قصير قوي [da o-**Say**-yaŕ a-wi]

▸ où se trouvent les courts de tennis ? ملاعب التنس فين؟ [ma-**lâ**-εeb‿ et **té**-nis **fên** ?]

couscous كسكسي [kos-**ko**-si]

cousin قريب [a-**ŕîb**]

▸ tu me présentes tes cousins ? ممكن تعرفني على قرايبك؟ [**mom**-ken té-εaŕ-**ŕaf**-ni εa-la a-**ŕay**-bak ?]

cousine قريبة [a-**ŕî**-ba]

▸ elle est mariée, ta cousine ? يا ترى قريبتك متجوزة؟ [ya ta-ŕa a-**ŕeb**-tak met-gaw-**wé**-za ?]

couteau سكينة [sek-**kî**-na]

coûter يكلف [yé-**kal**-lef]

▸ combien coûte un billet pour... ? بكام التذكرة ل...؟ [bé-**kâm**‿et taz-**ka**-ŕa lé... ?]

▸ combien ça coûte ? ده بكام ؟ [da bé-**kâm** ?]

▸ combien ça va me coûter pour aller à l'aéroport ? بكام لحد المطار؟ [bé-**kâm** lé-**Hadd**‿el ma-**Tâŕ** ?]

▸ combien coûte l'entrée ? بكام الدخول؟ [bé-**kâm**‿ed dou-**khoul** ?]

couverts سكاكين، شوك، معالق [sa-ka-**kîn** , **sho**-wak, ma-**εâ**-le']

couverture كوفرتة [ko-feŕ-ta]

▶ puis-je avoir une couverture supplémentaire ? ممكن غطا إضافي؟ [mom-ken ra-Ta i-Dâ-fi ?]

crabe كبوريا [ka-boŕ-ya]

crayon قلم رصاص [a-lam ŕo-SâS]

crème solaire كريم ضد الشمس [kŕêm Ded‿esh sham-s]

▶ je voudrais de la crème solaire indice 20 عايز كريم لحماية البشرة نمرة عشرين [εâ-yez kŕèm lé-Hé-mâ-yet‿el bash-ŕa nem-ŕa εesh-ŕin]

crevé هلكان [hal-kân]

▶ je suis crevé أنا هلكان [a-na hal-kân]

crever *(pneu)* ينام [yé-nâm]

▶ j'ai crevé العجلة نامت [el εa-ga-la nâ-met]

crevette جمبري [gam-ba-ŕi]

cri صرخة [Saŕ-kha]

▶ j'ai entendu quelqu'un pousser un cri سمعت حد بيصرخ [sé-méεt^e Hadd^e bi-yoS-ŕokh]

cric كوريك [ko-ŕêk]

▶ il nous faudrait un cric محتاجين كوريك [meH-ta-gîn ko-ŕêk]

crise *(maladie)* أزمة [az-ma]

▶ crise d'appendicite عندوه الزايدة [εan-do‿z zay-da]

▶ crise d'épilepsie نوبة صرع [nô-bet Saŕ-ε]

▶ j'ai une crise d'asthme عندي نوبة ربو [εan-di nô-bet ŕab-w]

▶ au secours, quelqu'un fait une crise cardiaque ! الحقوا فيه شخص عنده أزمة قلبية ! [el-Ha-ou fih shakh-S^e εan-do az-ma al-bey-ya !]

crocodile تمساح [tem-sâH]

croire *(penser)* يفتكر [yef-té-keŕ]

▶ je crois que... أظن... [a-Zonn...]

croisière رحلة مائية [ŕeH-la ma-ey-ya]

▶ j'aimerais bien faire une croisière أحب أعمل رحلة على مركب [a-Hebb^e aε-mel ŕeH-la εa-la maŕ-keb]

croyant مؤمن [**mo'**-men]

▶ est-ce que tu es croyant ? انت مؤمن؟ [**en**-ta **mo'**-men ?]

▶ je ne suis pas croyant أنا مش مؤمن [a-na mesh **mo'**-men]

crudités سلطات [sa-la-**Tât**]

cuillère معلقة [maε-**la**-a]

cuir جلد [geld]

▶ je voudrais acheter un sac en cuir عايز أشتري شنطة جلد [**εâ**-yez ash-**té**-ři shan-Ta geld]

cuire يستوي [yes-**té**-wi]

▶ il faut le laisser cuire combien de temps ? أسيبه يستوي قد ايه؟ [a-**sî**-bo yes-**té**-wi **qad**-dé êh ?]

cuisine *(pièce)* مطبخ [**maT**-bakh] ; *(art)* طبيخ [Ta-**bîkh**]

▶ où est la cuisine ? المطبخ فين؟ [el **maT**-bakh **fên** ?]

▶ aimes-tu faire la cuisine ? بتحب تطبخ؟ [bet-**Hebb**ᵉ **toT**-bokh ?]

cuisse *(d'une personne)* فخد [fakh-d] ; *(de poulet)* ورك [weř-k]

cuit مستوي [mes-**té**-wi]

▶ bien cuit, s'il vous plaît يكون مستوي كويس، لو سمحت [yé-**koun** mes-**té**-wi **kway**-yes law sa-**maHt**]

culotte كيلوت [**ki**-lot]

curcuma كركم [**koř**-kom]

cybercafé انترنيت كافيه [en-**teř**-net ka-**fêh**]

D

danger خطر [**kha**-**Tař**]

▶ c'est sans danger ? مفيش خطر؟ [ma-**fîsh** kha-**Tař** ?]

dangereux فيه خطر [**fîh** **kha**-**Tař**]

▶ c'est dangereux ? ده خطر؟ [da **kha**-**Tař** ?]

dans *(temps)* بعد [baɛ-d] ; *(lieu)* في [fi]
- on se retrouve dans une heure ? نتقابل بعد ساعة؟ [net-'â-bel **baɛd**ᵉ **sâ**-ɛa ?]
- regarde dans mon sac à dos بص في شنطة ضهري [**boSS**ᵉ fi **shan**-Tet Dah-ŕi]

danser يرقص [yoŕ-oS]
- où peut-on aller danser ? ممكن نروح نرقص فين؟ [**mom**-ken né-**ŕouH** **noŕ**-'oS fên ?]
- on danse ? نرقص؟ [**noŕ**-'oS ?]

date تاريخ [ta-**ŕîkh**]
- quelle est ta date de naissance ? تاريخ ميلادك إيه؟ [ta-**ŕîkh** mi-**lâ**-dak **êh** ?]

datte بلح [**ba**-laH]
- je n'ai jamais mangé de dattes fraîches عمري ما كلت بلح مرطب [**ɛom**-ŕi ma-**kalt**ᵉ **ba**-laH mé-**ŕaT**-Tab]

dauphin درفيل [daŕ-**fîl**]

débrouiller (se) يتصرف [yet-**Saŕ**-ŕaf]
- c'est bon, je vais me débrouiller خلاص حتصرف [kha-**lâS** Hat-**Saŕ**-ŕaf]

début بداية [bé-**dâ**-ya]
- je repars en début de semaine prochaine مسافر تاني في بداية الأسبوع اللي جاي [mé-**sâ**-feŕ **tâ**-ni fi bé-**dâ**-yet‿el ous-**bouɛ**‿el-li **gayy**]

débutant مبتدئ [mob-**ta**-dé']
- je suis débutant أنا مبتدئ [**a**-na mob-**ta**-dé']

décapsuleur فتاحة قزايز [fat-**tâ**-Het a-**zâ**-yez]

déchirer يقطع [**ye'**-Taɛ]
- j'ai déchiré ma robe فستاني اتقطع [fos-**tâ**-ni et-'**a**-Taɛ]

déchirer (se) اتقطع [et-'**a**-Taɛ]
- je me suis déchiré un muscle عندي تمزق عضلي [**ɛan**-di ta-**maz**-zoq ɛa-Da-li]

décider يقرر [yé-**qaŕ**-ŕaf]
- je te laisse décider أسيبك تقرر [a-**sî**-bak té-**qaŕ**-ŕaf]

déclaration *(plainte)* بلاغ [ba-**lâr**]
- je dois faire une déclaration de vol لازم أعمل بلاغ سرقة [**lâ**-zem a ɛ-mel ba-**lâr** seŕ-'a]

déclarer *(à la douane)* يبلغ [yé-**bal**-lar]

▶ je n'ai rien à déclarer ما عنديش حاجة خارج عن المسموح [ma-ɛan-**dîsh** Ha-ga **khâ**-ŕeg ɛan‿el mas-**mouH**]

découvert *(banque)* حساب مكشوف [Hé-**sâb** mak-**shouf**]

▶ je suis à découvert حسابي مكشوف [Hé-**sâ**-bi mak-**shouf**]

découvrir يكتشف [yek-**té**-shef]

▶ tu me fais découvrir la ville ? مش تفرجني ع البلد؟ [mesh té-faŕ-**ŕag**-ni ɛa‿l **ba**-lad ?]

défaut عيب [ɛêb]

▶ je crois qu'il y a un défaut de fabrication أفتكر فيه عيب في المصنعية [af-**té**-keŕ fih ɛêb f‿el maS-na-**ɛey**-ya]

dehors بره [**baŕ**-ŕa]

▶ je t'attends dehors حاستناك بره [Has-tan-**nâk** **baŕ**-ŕa]

déjà قبل كده [ab-l^{e} **ké**-da]

▶ es-tu déjà allé à Paris ? انت رحت باريس قبل كده؟ [**en**-ta **ŕoHt**^{e} ba-**ŕîs** ab-l^{e} **ké**-da ?]

▶ je suis déjà venu il y a plusieurs années أنا جيت قبل كده من كذا سنة [a-na **gêt** ab-l^{e} **ké**-da men **ka**-za **sa**-na]

déjeuner *m* غدا [ra-da]

verbe يتغدى [yet-**rad**-da]

▶ ce déjeuner est délicieux الغدا لذيذ جدا [el **ra**-da la-**zîz** **ged**-dan]

▶ et si on déjeunait ensemble un de ces jours ? ما نتغدى مع بعض يوم؟ [ma net-**rad**-da ma-ɛa **baɛ**-D^{e} **yôm** ?]

délicieux طعم [Té-ɛem]

▶ c'est vraiment délicieux حقيقي ده لذيذ جدا [Ha-i-i da la-**zîz** **ged**-dan]

delta دلتا [**del**-ta]

▶ le delta du Nil دلتا النيل [**del**-ta‿n **nîl**]

demain بكره [**bok**-ŕa]

▶ à demain ! أشوفك بكره! [a-**shou**-fak **bok**-ŕa !]

▶ on se voit demain soir ? نتقابل بكرة بالليل؟ [net-'â-bel **bok**-ŕa bel-**lêl** ?]

demander يسأل [yes-'al]

▸ je peux vous demander un verre d'eau ? ممكن أطلب منك كباية مية؟ [mom-ken **a**T-lob **men**-nak kob-**bâ**-yet **may**-ya ?]

démangeaisons هرش [haŕ-sh]

▸ je voudrais une crème contre les démangeaisons عايز مرهم للهرش [εâ-yez **maŕ**-ham l‿el haŕ-sh]

démaquillant مزيل للمكياج [mou-**zîl** l‿el mak-**yâj**]

démarrer يطلع [yeT-laε], يقوم [yé-**oum**]

▸ la voiture ne veut pas démarrer العربية مش راضية تقوم [el εa-ŕa-**bey**-ya mesh **ŕa**D-ya té-**oum**]

demi-heure نص ساعة [**no**SSᵉ **sâ**-εa]

▸ on se retrouve dans une demi-heure ? نتقابل بعد نص ساعة؟ [net-'**â**-bel **ba**εdᵉ **no**S-Sᵉ **sâ**-εa ?]

demi-tour *(en voiture)* يلف [yé-**leff**]

▸ où puis-je faire demi-tour ? ممكن أرجع منين؟ [**mom**-ken **aŕ**-gaε mé-**nên** ?]

dent سنة [**sen**-na]

▸ j'ai mal aux dents سناني بتوجعني [sé-**nâ**-ni bé-tew-**ga**ε-ni]

▸ je me suis cassé une dent كسرت سنة [ka-**saŕt**ᵉ sen-na]

▸ j'ai une rage de dents بتألم من سناني [bat-'**al**-lem men sé-**nâ**-ni]

dentifrice معجون سنان [maε-**goun** sé-**nân**]

dentiste دكتور سنان [dok-**tôŕ** sé-**nân**]

▸ je dois voir un dentiste de toute urgence لازم أشوف دكتور سنان في أسرع وقت [**lâ**-zem a-**shouf** dok-**tôŕ** sé-**nân** fi **as**-ŕaε **wa't**]

déodorant مزيل للعرق [mou-**zîl** l‿el **εa**-ŕa']

dépanneuse ونش لسحب العربية [**wensh**ᵉ lé-**saHb**‿el εa-ŕa-**bey**-ya]

▸ pourriez-vous nous envoyer une dépanneuse ? ممكن تبعتولنا ونش يسحب العربية؟ [**mom**-ken teb-εa-**tol**-na **wensh**ᵉ **yes**-Hab‿el εa-ŕa-**bey**-ya ?]

départ مغادرة [mou-**rad**-ŕa]

▸ j'organise une petite soirée pour mon départ عامل سهرة بمناسبة سفري [**εâ**-mel **Haf**-la bé-**mou**-**nas**-bet **sa**-fa-ŕi]

▸ à quelle heure est le départ ? المغادرة الساعة كام؟ [el mou-**rad**-ŕa‿s **sâ**-εa **kâm** ?]

dépêcher (se) يستعجل [yes-**taε**-gel]

▸ dépêchez-vous ! استعجلوا ! [es-taε-**gé**-lou !]

dépendre يعتمد على [yeε-**té**-med εa-la]

▸ ça dépend حسب [**Ha**-sab]

▸ désolé, ça ne dépend pas de moi آسف مش بإيدي [**â**-sef **mesh** bé-**î**-di]

dépenser يصرف [**yeS**-ŕef]

▸ je ne peux pas, j'ai déjà dépensé trop d'argent مقدرش صرفت فلوس كتير [ma'-**daŕsh**ᵉ Sa-**ŕaft**ᵉ fé-lous ké-**tîŕ**]

déposer *(en voiture)* ينزل [yé-**naz**-zel]

▸ pouvez-vous me déposer ici ? ممكن تنزلني هنا؟ [**mom**-ken té-naz-**zel**-ni **hé**-na ?]

▸ je te dépose quelque part ? أوصلك فين؟ [a-waS-**Sa**-lak **fên** ?]

depuis من [men]

▸ je suis là depuis une semaine أنا موجود هنا من أسبوع [a-na maw-**goud** **hé**-na men ous-**bouε**]

▸ il y a un homme qui me suit depuis un moment فيه شخص ماشي ورايا من مدة [fih **shakh**-Sᵉ **mâ**-shi wa-**ŕâ**-ya men **mod**-da]

déranger *(gêner)* يزعج [**yez**-εeg]

▸ ça ne vous dérange pas ? مفيش ازعاج؟ [ma-**fish** ez-**εâg** ?]

dernier آخر [**â**-kheŕ]

▸ à quelle heure part le dernier bus ? آخر أوتوبيس بيطلع الساعة كام؟ [**â**-kher o-to-**bîs** bé-**yeT**-laε‿es **sa**-εa **kâm** ?]

derrière ورا [**wa**-ŕa]

▸ il était derrière nous dans le bus كان ورانا في الأوتوبيس [**kân** wa-**râ**-na f‿el o-to-**bîs**]

descendre *(d'un bus, d'un train, d'une voiture)* ينزل من [**yen**-zel men]

▸ où dois-je descendre ? أنزل فين؟ [**an**-zel **fên** ?]

▸ pourriez-vous me laisser descendre ici ? ممكن تنزلني هنا؟ [**mom**-ken té-naz-**zel**-ni **hé**-na ?]

désert صحرا [SaH-ŕa]

▸ je voudrais faire une excursion dans le désert عايز أعمل رحلة في الصحرا [ɛâ-yez aɛ-mel **ŕeH**-la f‿eS **SaH**-ŕa]

désinfectant مطهر [mou-**tah**-heŕ]

désolé آسف [â-sef]

▸ je suis désolé, mais je ne peux pas venir samedi أنا آسف ما قدرش آجي يوم السبت [a-na **â**-sef ma'-**daŕsh**‿a-gi **yôm**‿es **sabt**]

▸ désolé d'être en retard آسف ع التأخير [â-sef ɛa‿t ta'-**khîŕ**]

dessert حلو [Hel-w]

▸ qu'avez-vous comme desserts ? عندكو إيه حلو؟ [ɛan-**do**-ko êh **Hel**-w ?]

détester يكره [yek-ŕah]

▸ je déteste le foot باكره الكورة [**bak**-ŕah ek **kô**-ŕa]

devant قدام [od-**dâm**]

▸ on se retrouve devant le musée ? نتقابل قدام المتحف؟ [net-'**â**-bel od-**dâm**‿el **mat**-Haf ?]

▸ la porte de devant est fermée الباب القداماني مقفول [el **bâb**‿el od-da-**mâ**-ni ma'-**foul**]

développer *(photos)* يحمض [yé-**Ham**-maD]

▸ où puis-je faire développer ma pellicule ? فين ممكن أحمض الفلم؟ [fên mom-ken a-**Ham**-maD‿el **felm** ?]

déviation تحويلة [taH-**wî**-la]

▸ y a-t-il une déviation ? يا ترى فيه تحويلة؟ [ya ta-ŕa fih taH-**wî**-la ?]

devoir يستلزم [yes-tal-zem]

▸ qu'est-ce que je dois faire ? لازم أعمل إيه؟ [**lâ**-zem aɛ-mel êh ?]

diabétique مريض بالسكر [ma-**ŕîD** b‿es-**sok**-kaŕ]

▸ je suis diabétique, il me faut une ordonnance d'insuline عندي السكر فلازم لي روشتة انسولين [ɛan-di‿s **sok**-kaŕ fa-la-**zem**-li ŕo-**shet**-tet in-sou-**lîn**]

diarrhée اسهال [es-**hâl**]

▸ je voudrais un médicament contre la diarrhée عايز دوا للاسهال [ɛâ-yez da-wa l‿el es-**hâl**]

ZOOM
Dieu

Allah est partout et ponctue tous les instants de la journée : il fait partie de la langue. On le retrouve dans mille et une expressions employées par le peuple égyptien dans son ensemble : Allah !, *prononcé tout seul, en allongeant la deuxième syllabe, signifie « que c'est beau ! ».* Wallah i ! *(« par Dieu ! ») marque l'étonnement (« vraiment ? ») ou la certitude (« crois-moi ! » / « franchement ! »).* El Hamdolellah *signifie « grâce à Dieu », et sa variante,* Hamdellah ɛạs salâma, *signifie « bonne arrivée » (on l'emploie par exemple au retour d'un voyage).* Inshâ' Allah *(« si Dieu le veut ») peut se traduire par « si tout va bien ». La formule* Allah yekhalîk *(« que Dieu te garde ») s'emploie pour demander un service (elle signifie alors « je t'en prie ») ou bien à la place de « merci », pour répondre à un compliment.*

diesel ديزل [**dî**-zel]
▶ c'est un diesel ? ده موتور جاز ديزل؟ [da mo-**tôŕ** gaz **dî**-zel ?]

dieu إله [i-**lâh**]
▶ Osiris est le dieu des morts أوزريس إله الأموات [ou-si-**ŕîs** i-**lâh**‿el am-**wât**]

Dieu الله [al**lâh**]

différence فرق [faŕ']
▶ allez-vous me rembourser la différence ? حترجعوا لي الفرق؟ [Hat-ŕag-ga-**ɛou**-li‿l far' ?]

différent مختلف [mokh-**ta**-lef]
▶ c'est différent ده مختلف [**da** mokh-**ta**-lef]

difficile صعب [Saɛ-b]
▶ je trouve ça difficile ده صعب في نظري [da **Saɛ**b[e] fi **na**-Za-ŕi]

dinde ديك رومي [dîk **ŕou**-mi]

dîner *m* عشا [**ɛa**-sha]
verbe يتعشى [yet-**ɛash**-sha]
▶ à quelle heure le dîner est-il servi ? العشا الساعة كام؟ [el **ɛa**-sha‿s **sa**-ɛa **kâm** ?]
▶ on dîne ensemble ce soir ? نتعشى مع بعض الليلة؟ [net-**ɛash**-sha **ma**-ɛa **baɛ**D‿el-**lê**-la ?]

dire *(exprimer)* يقول [yé-**oul**] ; *(signifier)* يعني [**yaɛ**-ni] ; *(sembler)* الظاهر [eZ **Zâ**-heŕ]
▶ comment dit-on « de rien » en arabe ? إزاي نقول كلمة دوريان بالعربي؟ [ez-**zay** né-**oul** kel-met « de rien » b‿el **ɛa**-ŕa-bi ?]
▶ que veut dire « wesh » ? يعني إيه وش؟ [**yaɛ**-ni **êh** « wesh » ?]
▶ on dirait qu'il va pleuvoir الظاهر حتمطر [eZ **Zâ**-heŕ Hat-**maT**-Taŕ]
▶ ça te dit d'aller à... ? ايه رأيك نروح...؟ [êh **ra'**-yak né-**ŕouH**... ?]

direct طوالي [**Taw-wâ-li**]

▸ s'agit-il d'un train direct ? يا ترى ده قطر طوالي؟ [ya ta-ŕa da **aTŕ**e Taw-**wâ**-li ?]

direction اتجاه [et-té-**gâh**]

▸ quelle direction faut-il suivre pour rejoindre l'autoroute ? أخد أي اتجاه عشان أوصل للطريق السريع؟ [a-khod **ayy**‿et-té-**gâh** ɛa-**shân**‿**aw**-Sal l‿eT-Ta-**ŕî'** es-sa-**ŕîɛ** ?]

▸ je me suis trompé de direction خدت السكة غلط [**khatt**‿es **sek**-ka **ra**-laT]

disjoncteur *(électrique)* مفتاح كهربا [mof-**tâH** kah-ŕa-ba]

▸ où est le disjoncteur ? مفتاح الكهربا فين؟ [mof-**tâH**‿el kah-ŕa-ba **fên** ?]

disparaître يختفي [yekh-**té**-fi]

▸ mon portefeuille a disparu محفظتي اختفت [maH-**faZ**-ti ekh-**ta**-fet]

disponible فاضي [**fâ**-Di]

▸ êtes-vous disponible jeudi soir ? انت فاضي يوم الخميس بالليل؟ [**en**-ta fâ-Di yôm‿el kha-**mîs** bel-**lêl** ?]

disque اسطوانة [es-Té-**wâ**-na]

▸ je cherche un magasin de disques بادور على محل اسطوانات [ba-**daw**-waŕ ɛa-la ma-**Hal**‿es-Té-wa-**nât**]

distance مسافة [ma-**sâ**-fa]

▸ à quelle distance se trouve le marché ? السوق على بعد قد إيه؟ [es **sou'** ɛa-la boɛd **ad**-dé **êh** ?]

distributeur *(d'argent)* مكينة سحب آلي [ma-ki-net **saH**-be **â**-li]

▸ le distributeur de billets a avalé ma carte مكينة السحب الآلي حجزت الكارت [ma-ki-net‿es **saHb**‿el **â**-li **Ha**-ga-zet‿ek **kaŕt**]

divorcé مطلق [mou-**Tal**-la']

▸ je suis divorcé أنا مطلق [a-na mou-**Tal**-la']

docteur دكتور [dok-**tôŕ**]

▸ j'ai rendez-vous avec le Docteur Sobhi Ibrahim عندي ميعاد مع الدكتور صبحي ابراهيم [**ɛan**-di mé-**ɛâd** ma-ɛa‿d dok-**tôŕ** **Sob**-Hi ib-ŕa-**hîm**]

doigt صباع [So-**bâɛ**]

▸ doigt de pied صباع رجل [So-**bâɛ** **ŕegl**]

▸ je me suis tordu un doigt لوحت صباع [la-**waHt**e So-**bâɛ**]

dommage ! يا خسارة! [yakh-**sâ**-ŕa !]

donner يدي [**yed**-di]

▸ pourriez-vous nous donner l'adresse d'un bon hôtel ? ممكن تدونا عنوان فندق كويس؟ [**mom**-ken ted-**dou**-na ɛen-**wân** fon-do' kway-yes ?]

dormir ينام [yé-**nâm**]

▸ j'ai bien dormi نمت كويس [nem-t[e] kway-yes]

▸ je n'arrive pas à dormir مش عارف أنام [mesh **ɛâ**-ref a-**nâm**]

dos ضهر [Dah-ŕ]

▸ j'ai mal au dos ضهري بيوجعني [**Dah**-ŕi bi-yew-**gaɛ**-ni]

douane جمرك [**gom**-ŕok]

double *(copie)* نسخة [**nos**-kha]

▸ y a-t-il un double de la clé ? فيه نسخة للمفتاح؟ [fih **nos**-kha l‿el-mouf-**tâH** ?]

doubler *(dépasser)* يعدي منه [yé-**ɛad**-di **men**-no] ; *(film)* يدبلج [yé-**dab**-lej]

▸ peut-on doubler sur cette route ? تخطي السيارات مسموح ع الطريق ده؟ [ta-**khaT**-Ti‿s say-ya-**ŕât** mas-**mouH** ɛa‿T Ta-**ŕî'** da ?]

▸ le film est-il doublé ? هو الفلم مدبلج؟ [**how**-wa‿l felm mé-**dab**-lej ?]

doucement بالراحة [b‿eŕ-**ŕâ**-Ha], على مهل [ɛa-la mah-l]

▸ vous pourriez conduire un peu plus doucement ? ممكن تسوق على مهلك شوية؟ [**mom**-ken té-**sou'** ɛa-la mah-laK shway-ya ?]

douche دش [dosh]

▸ je voudrais une chambre avec douche عايز غرفة بحمام [**ɛâ**-yez **ŕoŕ**-fa bé-Ham-**mâm**]

▸ j'ai envie de prendre une douche نفسي آخد دش [**nef**-si **a**-khod dosh]

▸ la douche fuit الدش بينقط [ed **dosh** biy-**na'**-aT]

▸ où se trouvent les douches ? فين الإدشاش ؟ [fen‿el ad-**shâsh** ?]

douleur ألم [a-lam]

▸ je voudrais quelque chose contre la douleur عايز مسكن للألم [**ɛâ**-yez mou-**sak**-ken l‿el **a**-lam]

drap ملاية [mé-**lâ**-ya]

▸ pourriez-vous changer les draps ? ممكن تغير لي الملايات؟ [**mom**-ken té-ray-**yaŕ**-li‿l mé-la-**yât** ?]

drapeau علم [εa-lam]

▶ il symbolise quoi, le drapeau égyptien ? العلم المصري بيرمز إلى إيه؟ [el **εa**-lam‿el **maS**-ŕi bi-**yoŕ**-mozi-la **êh** ?]

droit *adv (direction)* على طول [**εa**-la Toul], دوغري [**dor**-ŕi]

m (permission) تصريح [taS-**ŕîH**]

▶ il faut aller tout droit لازم تطلع طوالي [**lâ**-zem **teT**-laε Taw-**wâ**-li]

▶ on a le droit de fumer ici ? التدخين هنا مسموح؟ [et tad-**khîn** hé-na mas-**mouH** ?]

droite يمين [yi-**mîn**]

▶ la voiture venait de la droite العربية كانت جاية من اليمين [el εa-ŕa-**bey**-ya ka-net **gay**-ya m‿el yi-**mîn**]

▶ je tourne à droite après le feu ? أحود يمين بعد الإشارة؟ [a-**Haw**-wed yé-**mîn** **baεd**‿el i-**shâ**-ŕa ?]

dromadaire جمل [**ga**-mal]

▶ nous voudrions faire une randonnée en dromadaire عايزين نعمل جولة على الجمال [εay-**zîn** **neε**-mel **gaw**-la εa-la‿g gi-**mâl**]

dur ناشف [**nâ**-shef]

▶ mon matelas est un peu trop dur المرتبة ناشفة حبيتين [el maŕ-**ta**-ba **nash**-fa Hab-bé-**tên**]

durer يستمر [yes-ta-**meŕŕ**]

▶ combien de temps dure le voyage ? مدة الرحلة قد إيه؟ [**mod**-de‿eŕ ŕeH-la **ad**-dé **êh** ?]

duvet *(sac de couchage)* كيس نوم [kis **nôm**]

▶ j'ai apporté mon duvet pour dormir جبت معايا كيس نوم [**gebt**ᵉ ma-**εâ**-ya kis **nôm**]

E

eau مية [**may**-ya]

▶ eau gazeuse مية غازية [**may**-ya ŕa-**zey**-ya]

▶ eau minérale *(plate)* مية معدنية [**may**-ya maε-da-**ney**-ya]

▶ eau non potable مية غير صالحة للشرب [**may**-ya ŕêŕ **Sal**-Ha l‿esh **shoŕb**]

- eau potable مية صالحة للشرب [may-ya **Sal**-Ha l͜esh **shoŕb**]
- eau du robinet مية من الحنفية [**may**-ya m͜el Ha-na-**fey**-ya]
- je préférerais boire de l'eau أفضل أشرب مية [a-**faD**-Dalash-ŕab **may**-ya]
- il n'y a pas d'eau chaude مفيش مية سخنة [ma-fish **may**-ya **sokh**-na]

échanger *(des vœux, des adresses)* يتبادل [yet-**bâ**-del] ; *(une marchandise)* يبدل [yé-**bad**-del]

- on échange nos adresses e-mail ? يللا نتبادل العناوين الالكترونية؟ [**yal**-la net-**bâ**-delel ɛa-na-**wîn**͜el é-lek-tŕo-**ney**-ya ?]

échecs شطرنج [sha-Ta-**ŕang**]

- tu sais jouer aux échecs ? تعرف تلعب شطرنج؟ [**teɛ**-ŕaf **tel**-ɛab sha-Ta-**ŕang** ?]

école (SCOL) مدرسة [mad-**ŕa**-sa] ; *(études supérieures)* معهد [**maɛ**-had] ; (SPORT) نادي [**nâ**-di]

- école de voile نادي الشراع [**nâ**-di͜sh shé-**ŕâɛ**]
- je fais une école de communication بدرس في معهد اتصالات [**bad**-ŕes fi **maɛ**-had et-té-Sa-**lât**]

écouter يسمع [**yes**-maɛ]

- écoutez-moi ! اسمعوني! [es-ma-**ɛou**-ni !]

écrire يكتب [**yek**-teb]

- pourriez-vous l'écrire, s'il vous plaît ? ممكن تكتبهولي من فضلك؟ [**mom**-ken tek-teb-**hou**-li men **faD**-lak ?]
- comment s'écrit votre nom ? اسمك يتكتب ازاي؟ [**es**-mak yet-**ké**-tebez-**zây** ?]
- tu peux écrire mon prénom en arabe ? ممكن تكتب لي اسمي بالعربي؟ [**mom**-ken tek-**teb**-li es-mi b͜el **ɛa**-ŕa-bi ?]

égal متساوي [mou-ta-**sâ**-wi]

- ça m'est égal زي بعضه [**zayy**ᵉ **baɛ**-Do]

église كنيسة [ké-**nî**-sa]

- où peut-on trouver une église catholique ? ألاقي فين كنيسة كثوليك؟ [a-la-i **fên** ké-**nî**-sa ka-tou-**lîk** ?]

Égypte مصر [**maS**-ŕ]

- ça donne envie de vivre en Égypte ده يخلي الواحد نفسه يعيش في مصر [da yé-**khal**-li͜l **wâ**-Hed **nef**-so yé-**ɛîsh** fi **maSŕ**]

égyptien *adj* مصري [maS-ŕi]

m مصري [maS-ŕi]

▸ tu es égyptien ? انت مصري؟ [en-ta maS-ŕi ?]

▸ j'aimerais bien apprendre l'égyptien أحب أتعلم اللهجة المصرية [a-Hebbat-ɛal-lem‿el lah-ga‿l maS-ŕey-ya]

Égyptien مصري [maS-ŕi]

▸ je trouve les Égyptiens très accueillants أنا شايف المصريين شعب مضياف جدا [a-na shâ-yef‿el maS-ŕiy-yîn shaɛb^e meD-yâf ged-dan]

électricité كهربا [kah-ŕa-ba]

▸ il y a une panne d'électricité النور اتقطع [en nouŕ et-'a-Taɛ]

éléphant فيل [fîl]

elle هي [hey-ya]

▸ c'est elle qui m'a donné votre adresse هي اللي ادتني عنوانك [hey-ya el-li ed-det-ni ɛen-wâ-nak]

elles هم [hom-ma]

▸ elles sont jolies هم جمال [hom-ma go-mâl]

e-mail *(message)* بريد الكتروني [ba-ŕîd é-lek-tŕo-ni]

▸ je voudrais envoyer un e-mail عايز ابعت إيميل [ɛâ-yez ab-ɛat i-mail]

▸ où puis-je consulter mes e-mails ? منين ممكن أقرا الإيميلات بتاعتي؟ [mé-nên mom-ken a'-ŕa el i-mé-lât bé-taɛ-ti ?]

emballer *(envelopper)* يلف [yé-leff]

▸ pouvez-vous me l'emballer, s'il vous plaît ? ممكن تلفهولي من فضلك؟ [mom-ken té-lef-fé-hou-li men faD-lak ?]

embarquement مغادرة [mou-rad-ŕa]

▸ quelle est l'heure d'embarquement ? ميعاد الركوب امتى؟ [mé-ɛâd‿eŕ ŕou-koub em-ta ?]

▸ je ne trouve plus ma carte d'embarquement مش لاقي بطاقة المغادرة [mesh lâ-i bé-Tâ-et el mou-rad-ŕa]

▸ où se trouve la salle d'embarquement ? صالة المغادرة فين؟ [Sâ-let‿el mo-rad-ŕa fên ?]

embêter *(gêner)* يضايق [yé-Dâ-ye']

▸ ça t'embête si je fume ? يضايقك لو دخنت؟ [yé-Day-'ak law dakh-khant ?]

embouteillage زحمة مرور [zaH-met mou-řouř]

▸ on a été bloqués dans un embouteillage كنا مزنوقين في زحمة عربيات [kon-na maz-nou-în fi zaH-met ɛa-řa-bey-yât]

embrasser يبوس [yé-bous]

▸ embrasse ta mère de ma part بوس لي والدتك [bos-li wal-dé-tak]

embrayage توصيل [taw-Sîl]

emmener ياخذ معاه [ya-khod ma-ɛâh]

▸ tu peux nous emmener ? ممكن تاخذنا معاك؟ [mom-ken ta-khod-na ma-ɛâk ?]

emplacement *(dans un camping)* مكان [ma-kân]

▸ je voudrais réserver un emplacement pour deux nuits عايز أحجز مكان ليلتين [ɛâ-yez aH-gez ma-kân lel-tên]

▸ vous reste-t-il des emplacements plus éloignés de la route ? يا ترى لسه فيه أماكن بعيدة عن الطريق العمومي؟ [ya ta-řa les-sa fih a-mâ-ken be-ɛî-da ɛan‿eT Ta-řî' el ɛou-mou-mi ?]

emporter ياخذ معاه [ya-khod ma-ɛâh]

▸ n'oublie pas d'emporter de l'eau ما تنساش تاخذ المية معاك [ma ten-sâsh ta-khod‿el may-ya ma-ɛâk]

emprunter يستلف [yes-té-lef]

▸ je peux emprunter ton vélo ? ممكن استلف العجلة؟ [mom-ken as-té-lef‿el ɛa-ga-la ?]

enceinte حامل [Hâ-mel]

▸ je suis enceinte de trois mois أنا حامل في التالت [a-na Hâ-mel f‿et tâ-let]

encens بخور [bou-khouř]

enchanté تشرفنا [ta-shař-řaf-na]

▸ enchanté, moi c'est Jean تشرفنا أنا جان [ta-shař-řaf-na, a-na Jean]

▸ au revoir ! enchanté d'avoir fait votre connaissance مع السلامة تشرفت بمعرفة حضرتك [ma-ɛa‿s sa-lâ-ma, ta-shař-řaft^e bé-maɛ-řé-fet Had-řé-tak]

encore *(en plus)* كمان [ka-mân] ; *(toujours pas)* لسه [les-sa]

▸ combien de kilomètres reste-t-il encore ? فاضل كام كيلو لسه؟ [fâ-Del kam kî-lo les-sa ?]

- ▶ est-ce qu'on peut avoir encore du pain ? ممكن عيش تاني؟ [mom-ken εêsh tâ-ni ?]
- ▶ on ne nous a pas encore servis لسه ما جابوش الطلبات [les-sa ma-ga-boush ‿eT Ta-la-bât]

endormir (s') ينام [yé-nâm]

- ▶ j'ai eu du mal à m'endormir hier نمت بصعوبة امبارح [nemt^e bé-sou-εou-ba em-bâ-ŕeH]

endroit مكان [ma-kân]

- ▶ tu peux nous conseiller un endroit à visiter ? تقدر تقول لنا على مكان نزوره؟ [te'-daŕ té-ol-lé-na εa-la ma-kân né-zou-ŕou ?]

enfant طفل [Tef-l]

- ▶ vous avez combien d'enfants ? عندك كام طفل؟ [εan-dak kam Tefl ?]
- ▶ avez-vous un menu enfant ? عندكو وجبة للأطفال؟ [εan-do-ko wag-ba l‿el aT-fâl ?]
- ▶ deux billets adulte et deux billets enfant, s'il vous plaît تذكرتين كاملين ونصين من فضلك [taz-kaŕ-tên kam-lîn we noS-Sên men faD-lak]

enfin ! آخيرا! [a-khî-ŕan !]

enflé منفوخ [man-foukh]

- ▶ ma cheville est enflée depuis plusieurs jours مفصل رجلي منفوخ من كام يوم [maf-Sal ŕeg-li man-foukh men kam yom]

enlever يقلع [ye'-laε]

- ▶ il faut enlever ses chaussures ? لازم أقلع الجزمة؟ [lâ-zem a'-laε‿eg gazma ?]

ennuyer (s') يمل [yé-mell]

- ▶ on ne s'ennuie pas ici داحنا هنا آخر انبساط [deH-na hé-na â-kheŕ en-bé-sâT]

enregistrement *(des bagages)* وزن الشنط [wazn‿esh sho-naT]

- ▶ à quelle heure commence l'enregistrement des bagages ? الساعة كام حيبتدوا يسجلوا الشنط؟ [es sa-εa kâm Ha-yeb-té-dou yé-sag-gé-lou‿sh sho-naT ?]
- ▶ où se fait l'enregistrement des bagages du vol pour Paris ? بيسجلوا الشنط لرحلة باريس فين؟ [biy-sag-gé-lou‿sh sho-naT lé-ŕeH-let ba-ŕîs fên ?]

enregistrer *(bagages)* يسجل الشنط [yé-sag-gel‿esh sho-naT]

- ▶ où dois-je enregistrer mes bagages ? أسجل الشنط فين؟ [a-sag-gel‿esh sho-naT fên ?]

ZOOM
Entrées

En Égypte, un repas familial ne comporte pas d'entrée : l'ensemble des plats est servi dès le début du repas. Par contre, dans un restaurant, la tradition est de servir des mezzés *(un assortiment de falafels), des boulettes de pois chiches frites, de la* té-Hina *(une crème de sésame), du* Hommos *(purée de pois chiche) et des crudités.*

enrhumé مزكم [mé-**zak**-kem], عنده زكام [ɛan-do zou-**kâm**]

▸ ça y est, je suis enrhumé خلاص بقى عندي زكام [kha-**lâS** ba-a **ɛan**-di zou-**kâm**]

ensemble مع بعض [ma-ɛa baɛ-D]

▸ allons-y ensemble ! يلّلا بينا مع بعض! [**yal**-la **bî**-na **ma**-ɛa baɛD !]

ensuite بعدين [baɛ-**dên**]

▸ ensuite, on est allés visiter la mosquée وبعدين رحنا نزور المسجد [we baɛ-**dên** ŕoH-na né-**zouŕ**‿el **mas**-ged]

entendre يسمع [**yes**-maɛ]

▸ je n'ai pas entendu ce que vous avez dit ما سمعتش انتوا قلتوا إيه؟ [mas-**meɛ**-tesh **en**-tou **ol**-tou **êh** ?]

entendre (s') يتفاهم [yet-**fâ**-hem]

▸ en général, je m'entends bien avec tout le monde عامة بتفاهم مع كل الناس [ɛam-**ma**-tan bat-**fâ**-hem ma-ɛa **kol**-l‿en **nâs**]

entre *(lieu, temps)* بين [bên]

▸ c'est entre Sharm el Sheikh et Nouweiba ? ده بين شرم الشيخ ونويبع؟ [da bên **shaŕm**‿esh **sheikh** wé no-**wei**-baɛ ?]

▸ on se voit entre midi et deux ? نتقابل بين الساعة اتناشر والساعة اتنين؟ [net-'**â**-bel **bên**‿es **sâ**-ɛa et-**nâ**-shaŕ w‿es **sâ**-ɛa et-**nên** ?]

entrée *(accès)* مدخل [**mad**-khal] ; *(dans un repas)* سلاطات [sa-la-**Tât**]

▸ l'entrée est-elle payante ? يا ترى الدخول بفلوس؟ [ya ta-ŕa‿d dou-**khoul** béf-**lous** ?]

▸ je vais prendre une entrée et un plat حاخد سلطة وطبق رئيسي [**Ha**-khod **sa**-la-Ta wé **Ta**-ba' ŕa-**î**-si]

entrer يدخل [**yod**-khol]

▸ je peux entrer ? ممكن أدخل؟ [**mom**-ken **ad**-khol ?]

▸ entrez ! أدخل! [**od**-khol !]

enveloppe ظرف [Zaŕ-f]

envie نفس [nef-s]

▸j'ai très envie d'y aller نفسي أروح قوي [**nef**-si a-**ŕouH** a-wi]

environ تقريبا [ta'-**ŕi**-ban]

▸je peux rester une heure environ ممكن أقعد ساعة تقريبا [**mom**-ken **a**-ɛod **sâ**-ɛa ta'-**ŕi**-ban]

environs النواحي [en na-**wâ**-Hi]

▸dans les environs في النواحي [f‿en na-**wâ**-Hi]

envoyer يبعت [yeb-ɛat]

▸je voudrais envoyer ce colis en France عايز أبعت الطرد ده فرنسا [**ɛâ**-yez **ab**-ɛateT **Taŕd**ᵉ da fa-**ŕan**-sa]

épaule كتف [ket-f]

▸je me suis fait mal à l'épaule اتخبطت في كتفي [et-kha-**baT**-fi **ket**-fi]

épeler يستهجى [yes-ta-**hag**-ga]

▸tu peux épeler ton nom, s'il te plaît ? ممكن تستهجى اسمك من فضلك؟ [**mom**-ken tes-ta-**hag**-ga **es**-mak men **faD**-lak ?]

épicé حامي [**Hâ**-mi]

▸c'est épicé ? يا ترى حامي؟ [ya ta-ŕa **Hâ**-mi ?]

épicerie بقال [ba'-**âl**]

▸il y a une épicerie dans le quartier ? فيه بقال في الحي؟ [fih ba'-**âl** f‿el Hayy ?]

épices بهارات [bo-ha-**ŕât**]

▸je voudrais un mélange d'épices عايز بهارات [**ɛâ**-yez bo-ha-**ŕât**]

▸qu'est-ce qu'il y a comme épices dans ce plat ? إيه نوع البهارات في الأكلة دي؟ [êh **nouɛ**‿el bo-ha-**ŕât** f‿el **ak**-la di ?]

épileptique عنده صرع [**ɛan**-do **Sa**-ŕaɛ]

▸je suis épileptique أنا مريض بالصرع [a-na ma-**ŕîD** b‿eS **Sa**-ŕaɛ]

épiler إزالة الشعر [é-**zâ**-let‿esh shaɛ-ŕ]

▸je voudrais me faire épiler les jambes عايز أزيل شعر رجلي [**ɛâ**-yez a-**zil** shaɛŕᵉ ŕeg-li]

épinards سبانخ [sa-**bâ**-nekh]

éponge سفنج [sa-**feng**]

équipe فريق [fa-**ři'**]

▶ on se met dans la même équipe ? نلعب في نفس الفريق؟ [**nel**-εab fi **nafs**‿el fa-**ři'** ?]

équitation فروسية [fou-řou-**sey**-ya]

▶ où peut-on faire de l'équitation ici ? ممكن نركب خيل هنا فين؟ [**mom**-ken **neř**-kab khêl **hé**-na fên ?]

erreur غلطة [**ral**-Ta]

▶ je crois qu'il y a une erreur dans l'addition أظن فيه غلطة في الحساب [a-**Zonn**ᵉ fih **ral**-Ta f‿el Hé-**sâb**]

escalade تسلق [ta-**sal**-loq]

▶ peut-on faire de l'escalade ici ? التسلق هنا ممكن؟ [et ta-**sal**-loq **hé**-na **mom**-ken ?]

escale ترانزيت [ta-řan-**zit**]

▶ j'ai fait escale à Rome وقفنا ترانزيت في روما [wé-**ef**-na ta-řan-**zit** fi **řô**-ma]

escalier سلم [**sel**-lem]

▶ escalier roulant سلم متحرك [**sel**-lem mou-ta-**Hař**-řek]

▶ je suis tombé dans les escaliers وقعت ع السلم [wé-**éεt**ᵉ εa‿s **sel**-lem]

espèces *(argent)* فلوس كاش [fé-**lous** kâsh]

▶ faut-il payer en espèces ? الدفع كاش؟ [ed **daf**-εᵉ kâsh ?]

espérer يتمنى [yet-**man**-na]

▶ j'espère qu'on va se revoir أتمنى نتقابل من تاني [at-**man**-na net-'**â**-bel men **tâ**-ni]

essayer *(vêtement, chaussures)* يقيس [yé-**îs**]

▶ je peux l'essayer ? ممكن أقيس؟ [**mom**-ken a-**îs** ?]

essence *(carburant)* بنزين [ben-**zîn**]

▶ où puis-je trouver de l'essence ? ألاقي فين محطة بنزين؟ [a-**lâ**-i fên ma-**HaT**-Tet ben-**zîn** ?]

▶ je suis en panne d'essence البنزين خلص [el ben-**zîn** **khé**-leS]

essuyer ينشف [yé-**nash**-shef]

▶ tu veux que j'essuie la vaisselle ? عايزني أنشف المواعين؟ [εa-**yez**-ni a-**nash**-shef‿el ma-wa-**εîn** ?]

▶ où puis-je m'essuyer les mains ? أنشف إيدي فين؟ [a-**nash**-shef i-**day**-ya fên ?]

est شرق [shaŕ-']
▸ c'est à l'est d'Alexandrie ? ده في شرق اسكندرية؟ [da fi **shaŕ'** es-ken-dé-**ŕey**-ya ?]

estomac معدة [**méɛ**-da]
▸ j'ai mal à l'estomac معدتي بتوجعني [méɛ-**dé**-ti bé-tew-**gaɛ**-ni]

et و [wé]
▸ toi et moi أنا وانت [a-na w‿**en**-ta]

étage دور [dôŕ]
▸ c'est à quel étage ? أي دور؟ [**ayy**ᵉ **dôŕ** ?]

été صيف [Sêf]
▸ je suis déjà venu en été أنا جيت قبل كده في الصيف [a-na **get** abl^e **ké**-da f‿eS-**Sêf**]

éteindre يطفي [yeT-fi]
▸ où éteint-on la lumière ? منين نطفي النور؟ [mé-**nên** **neT**-fi‿n **nouŕ** ?]
▸ mon portable était éteint الموبايل كان مطفي [el mo-**bay**-lᵉ kan **maT**-fi]

étranger أجنبي [**ag**-na-bi]
▸ il y a beaucoup de touristes étrangers ici ? فيه سياح أجانب كتير هنا؟ [fih soy-**yâH** a-**gâ**-neb ké-**tîŕ** **hé**-na ?]

être يكون [yé-**koun**]
▸ bonjour, c'est Gabriel أهلا أنا جبرييل [**ah**-lan **a**-na gab-ŕi-**yèl**]
▸ d'où êtes-vous ? انت منين؟ [**en**-ta mé-**nên** ?]
▸ je suis de Paris أنا من باريس [**a**-na men ba-**ŕîs**]
▸ quel jour sommes-nous ? النهاردة يوم إيه؟ [en-na-**haŕ**-da yom **êh** ?]

études دراسة [dé-**ŕâ**-sa]
▸ je fais des études de lettres بدرس آداب [**bad**-ŕes a-**dâb**]

étudiant طالب [**Tâ**-leb]
▸ tu es étudiant ? انت طالب؟ [**en**-ta **Tâ**-leb ?]
▸ je suis étudiante أنا طالبة [**a**-na **Tâ**-lé-ba]
▸ y a-t-il des réductions pour les étudiants ? يا ترى فيه تخفيض للطلبة؟ [ya ta-ŕa fih takh-**fiD** l‿eT **Ta**-la-ba ?]

euro يورو [you-ŕo]

▸ je voudrais changer des euros عايز أغير يورو [εâ-yez a-ray-yaŕ you-ŕo]

Europe أوروبا [o-ŕob-ba]

▸ tu es déjà allé en Europe ? انت رحت أوروبا قبل كده؟ [en-ta ŕoHt^e o-ŕob-ba abl^e ké-da ?]

Européen أوروبي [o-ŕob-bi]

▸ il y a beaucoup d'Européens qui habitent ici ? هو فيه أوروبيين كتير ساكنين هنا؟ [how-wa fîh o-ŕob-biy-yîn ké-tîŕ sak-nîn hé-na ?]

eux هم [hom-ma]

▸ elle est partie avec eux هي مشيت معاهم [hey-ya mesh-yet ma-εâ-hom]

évanouir (s') يغمى على [yor-ma εa-la]

▸ je me suis évanoui أغمى علي [or-ma εa-lay-ya]

évier حوض المطبخ [HôD‿el maT-bakh]

▸ l'évier est bouché حوض المطبخ مسدود [Hôd‿el maT-bakh mas-doud]

excédent *(surcharge)* وزن زيادة [wazn^e zi-yâ-da]

▸ est-ce que j'ai un excédent de bagages ? يا ترى عندي وزن زيادة؟ [ya ta-ŕa εan-di wazn^e zi-yâ-da ?]

excursion رحلة [ŕeH-la]

▸ je voudrais m'inscrire pour l'excursion de samedi أحب أشترك في رحلة يوم السبت [a-Hebbash-té-ŕek fi ŕeH-let yom‿es sabt]

▸ vous allez à l'excursion ? انت رايح الرحلة؟ [en-ta ŕâ-yeH‿eŕ ŕeH-la ?]

excuser يتأسف [yet-'as-sef]

▸ excusez-moi *(pour exprimer ses regrets)* آسف [â-sef]

▸ excusez-moi *(pour interrompre)* بعد إذنك [baε-d^e ez-nak]

s'excuser — **INFO**

▸ je regrette de ne pas pouvoir venir samedi للأسف مش حقدر آجي يوم السبت [l‿el a-saf mesh Ha'-daŕ â-gi yom(es sabt]

▸ je suis désolé أنا آسف جدا [a-na â-sef ged-dan]

▸ pardon ! عفوا! [εaf-wan !]

- excusez-moi *(pour passer)* عن إذنك [εan **ez-nak**]
- excuse-moi pour mon retard آسف على تأخيري [â-sef **εa**-la ta'-**khî**-ŕi]
- excusez-moi de vous déranger آسف ع الإزعاج [â-sef εa‿l ez-**εâg**]
- je m'excuse pour ce malentendu آسف على سوء التفاهم [â-sef εa-la **sou'** et ta-**fâ**-hom]

expliquer يشرح [**yesh**-ŕaH]

- peux-tu m'expliquer ce que ça veut dire ? ممكن تشرح لي ده معناه إيه؟ [**mom**-ken tesh-**ŕaH**-li da maε-**nâh** êh ?]

exposition معرض [**maε**-ŕaD]

- le ticket est valable aussi pour l'exposition ? التذكرة تنفع برضه للمعرض؟ [et taz-**ka**-ŕa **ten**-faε **baŕ**-Do l‿el **maε**-ŕaD ?]

exprès قصد [aSd]

- désolé, je ne l'ai pas fait exprès آسف ما كانش قصدي [â-sef ma-**kansh** **aS**-di]

extérieur بره [**baŕ**-ŕa]

- on serait mieux à l'extérieur نطلع بره أحسن [**neT**-laε **baŕ**-ŕa **aH**-san]

extraordinaire رائع [**ŕâ**-éε]

- cet endroit est extraordinaire المكان ده رائع [el ma-**kân** da **ŕâ**-éε]

F

fac *(fam)* كلية [kol-**ley**-ya]

- tu vas à la fac ? انت بتروح كلية؟ [**en**-ta bet-**ŕou**H kol-**ley**-ya ?]

face : en face de قصاد [o-**Sâd**]

- l'hôtel est situé en face de la gare الفندق قصاد المحطة [el **fon**-do' o-**Sâd**‿el ma-**HaT**-Ta]

face à قصاد [o-**Sâd**]

- est-il possible d'avoir une chambre face à la mer ? عايز غرفة تطل ع البحر إذا كان ممكن؟ [**εâ**-yez **roŕ**-fa té-**Toll** εa‿l baHŕ é-za kân **mom**-ken ?]

facile سهل [sah-l]

- c'est très facile ده سهل قوي [da **sahl**ᵉ a-wi]
- ce n'est pas facile ده صعب مش سهل [da **Saεb**ᵉ mesh sahl]

▶je voudrais quelque chose de facile à transporter عايز حاجة سهلة في الشيل [ɛâ-yez **Ha**-ga **sah**-la f‿esh **shêl**]

facture فاتورة [fa-**tou**-ŕa]

▶pouvez-vous préparer la facture ? ممكن تحضر لي الفاتورة؟ [**mom**-ken té-HaD-**Daŕ**-li‿l fa-**tou**-ŕa ?]

▶ce n'est pas la bonne facture مش دي الفاتورة [mesh di‿l fa-**tou**-ŕa]

faible ضعيف [Da-**ɛîf**]

▶je me sens très faible حاسس نفسي ضعفان جدا [**Hâ**-ses **naf**-si Daɛ-**fân** ged-dan]

faim جوع [gou-ɛ]

▶j'ai super faim حموت م الجوع [Ha-**mout** m‿eg **gouɛ**]

▶je commence à avoir faim ابتديت أجوع [eb-ta-**dêt** a-**gouɛ**]

▶je n'ai plus faim, merci شبعت خلاص شكرا [shé-**béɛt**ᵉ kha-**lâS** **shok**-ŕan]

faire *(gén)* يعمل [**yeɛ**-mel] ; *(taille, pointure)* مقاس [ma-**âs**]

▶que fais-tu ce soir ? وراك حاجة الليلة؟ [wa-**ŕâk** **Hâ**-ga‿l **lê**-la ?]

▶puis-je faire quelque chose pour vous aider ? ممكن أساعدك في حاجة؟ [**mom**-ken a-**saɛ**-dak fi **Hâ**-ga ?]

▶que faites-vous dans la vie ? بتشتغل إيه؟ [bé-tesh-**ta**-ral **êh** ?]

▶je fais des études de médecine بدرس طب [**bad**-ŕes Tebb]

▶je fais du 40 مقاسي أربعين [ma-**â**-si aŕ-bé-**ɛîn**]

falloir لازم [**lâ**-zem]

▶il me faudrait... لازم لي... [la-**zem**-li...]

▶il faut que... لازم... [**lâ**-zem...]

▶il faut que je sois à l'aéroport à six heures لازم أكون في المطار الساعة ستة الصبح [**lâ**-zem a-**koun** f‿el ma-**Tâŕ**‿es **sâ**-ɛa **set**-ta‿S Sob-H]

famille أسرة [**os**-ŕa]

▶j'ai de la famille à Paris لي أهل في باريس [**ley**-ya **ahl**ᵉ fi ba-**ŕîs**]

farine دقيق [dé-**î'**]

fatigué تعبان [taɛ-**bân**]

▶ce soir je ne sors pas, je suis fatigué مش خارج الليلة أنا تعبان [mesh **khâ**-ŕeg‿el **lê**-la a-**na** taɛ-**bân**]

fauteuil roulant كرسي متحرك [**koŕ**-si mou-ta-**Haŕ**-ŕek]

▸ est-ce accessible en fauteuil roulant ? الدخول سهل بكرسي متحرك؟ [ed dou-**khoul** sahl[e] bé-**koŕ**-si mou-ta-**Haŕ**-ŕek ?]

faux *(erroné)* غلط [**ra**-laT]

▸ excusez-moi, j'ai fait un faux numéro آسف ضربت النمرة غلط [**â**-sef Da-**ŕabt**‿en nem-ŕa ŕa-laT]

fax فاكس [faks]

▸ est-il possible d'envoyer un fax d'ici ? ممكن أبعت فاكس من هنا؟ [**mom**-ken **ab**-ɛat faks[e] men **hé**-na ?]

> ## ZOOM
> ### Félicitations !
>
> *Il n'est pas toujours correct de traduire « félicitations » par* mabrouk *(qui se traduit littéralement par « c'est béni »). Car* mabrouk *s'utilise dans un contexte bien précis, en référence à quelque chose de nouveau (mariage, réussite, nouvel achat...). Pour traduire « félicitations », on préférera donc le terme* bravo.

félicitations مبروك [mab-**ŕouk**]

▸ toutes mes félicitations ! أهنيك من كل قلبي! [a-han-**nîk** men **koll**[e] **al**-bi !]

felouque فلوكة [fé-**lou**-ka]

▸ nous voudrions faire une croisière en felouque عايزين نطلع رحلة بالفلوكة [ɛay-**zîn** **neT**-laɛ **ŕeH**-la b‿el fé-**lou**-ka]

femme *(personne de sexe féminin)* ست [sett] ; *(épouse)* زوجة [**zô**-ga]

▸ c'est une femme grande et assez jeune هي ست طويلة ولسه صغيرة في السن [**hey**-ya **sett**[e] Ta-**wî**-la we **les**-sa So-ray-**ya**-ŕa f‿es senn]

▸ je suis avec ma femme أنا مع زوجتي [a-na ma-ɛa **zog**-ti]

fenêtre شباك [sheb-**bâk**]

▸ je voudrais une place côté fenêtre, si possible عايز مكان جمب الشباك لو أمكن [**ɛâ**-yez ma-**kân** **gamb**‿esh sheb-**bâk** law **am**-kam]

▸ puis-je ouvrir la fenêtre ? ممكن افتح الشباك؟ [**mom**-ken **af**-taH‿esh sheb-**bâk** ?]

fer à repasser مكوى [**mak**-wa]

▸ pouvez-vous me prêter un fer à repasser ? ممكن تسلف لي مكوى؟ [**mom**-ken té-sal-**lef**-li **mak**-wa ?]

férié أجازة رسمية [a-**gâ**-za ŕas-**mey**-ya]

▸ c'est férié aujourd'hui ? النهارده عيد رسمي؟ [en na-**haŕ**-da **ɛîd** **ŕas**-mi ?]

ferme *adj (fruits, légumes)* جامد [**gâ**-med]

f (exploitation agricole) عزبة [**ɛez**-ba]

ZOOM

Fêtes et jours fériés

Trois fêtes musulmanes importantes sont célébrées en Égypte : ɛid el fiTr (la « rupture de jeûne ») à la fin du Ramadan, ɛid el aDHa (la « fête du sacrifice ») en mémoire du sacrifice d'Abraham, et enfin le mouled en Nabi (« la naissance du Prophète »), seul mouled férié avec congé officiel. Les jours de commémoration des événements importants sont également des jours fériés, ainsi que sham en nesim, la grande fête profane populaire qui a lieu le lundi de la Pâque copte.

fermé قافل [â-fel]
- l'hôtel est-il fermé la nuit ? الفندق قافل بالليل؟ [el **fon**-do' â-fel b‿el **lêl** ?]

fermer *(magasin, porte)* يقفل [**ye'**-fel]
- à quelle heure ferment les magasins ? المحلات بتقفل الساعة كام؟ [el ma-Hal-**lât** bé-**te'**-fel‿es **sâ**-ɛa kâm ?]
- je peux fermer la porte ? ممكن أقفل الباب؟ [**mom**-ken **a'**-fel‿el **bâb** ?]
- ça ne ferme pas مبيقفلش [mab-ye'-**felsh**]

fermeture Éclair® سوستة [**sos**-ta]
- j'ai cassé ma fermeture Éclair بوظت السوستة [baw-**waZt**‿es **sos**-ta]

ferry معدية [mé-ɛad-**dey**-ya]
- à quelle heure part le prochain ferry ? المعدية الجاية طالعة الساعة كام؟ [el mé-ɛad-**dey**-ya‿g **gay**-ya **Tal**-ɛa‿s **sâ**-ɛa kâm ?]

festival مهرجان [mah-ŕa-**gân**]
- y a-t-il des festivals en ce moment ? ياترى فيه مهرجانات اليومين دول؟ [ya ta-ŕa **fih** mah-ŕa-ga-**nât**‿el yo-**men** dôl ?]

fête *(soirée)* سهرة [**sah**-ŕa]
- fête nationale عيد قومي [ɛîd **qaw**-mi]
- on fait la fête ce soir ? يلا نهيص الليلة؟ [**yal**-la né-**hay**-yaS‿el **lê**-la ?]
- je vous souhaite de très bonnes fêtes de fin d'année أقدم لك أجمل التهاني بمناسبة أعياد آخر السنة [a-ad-**dem**-lak **ag**-mal‿et ta-**hâ**-ni bé-mou-**nas**-bet aɛ-**yâd** a-kheŕ‿es **sa**-na]

feu *(gén)* نار [nâŕ] ; *(incendie)* حريقة [Ha-**ŕî**-a] ; *(de signalisation)* إشارة [i-**shâ**-ŕa]
- feu de camp نار معسكر [nâŕ mo-**ɛas**-kaŕ]
- feu d'artifice صواريخ نارية [Sa-wa-**ŕîkh** na-**ŕey**-ya]
- feu rouge إشارة حمرا [i-**shâ**-ŕa **Ham**-ŕa]
- les feux de camp sont-ils autorisés ? يا ترى اشعال النار داخل المعسكر مسموح؟ [ya ta-ŕa esh-**ɛâl**‿en nâŕ **dâ**-khel‿el mo-**ɛas**-kaŕ mas-**mouH** ?]

▶ avez-vous du feu ? عندك ولعة؟ [ɛan-dak **wel**-ɛa ?]
▶ au feu ! الحقوا حريقة! [el-**Ha**-ou Ha-**ŕî**-a !]
▶ prenez à droite après le feu لف يمين بعد الإشارة [leff yé-**mîn** baɛd_el i-**shâ**-ŕa]

feuille *(d'arbre, de papier)* ورقة [**wa**-ŕa-a] ; *(à rouler)* ورق لف سجاير [**wa**-ŕa' laffe sa-**gâ**-yeŕ]
▶ tu as une feuille et un stylo ? معاك ورقة وقلم؟ [ma-**ɛâk** wa-ŕa-a wé **a**-lam ?]

fièvre حرارة [Ha-**ŕâ**-ŕa]
▶ j'ai de la fièvre عندي سخونة [**ɛan**-di sou-**khou**-na]

figue تين [**tîn**]
▶ figue de Barbarie تين شوكي [tîn **shô**-ki]
▶ comment épluche-t-on les figues de Barbarie ? التين الشوكي بيتقشر إزاي؟ [et **tîn**_esh **shô**-ki bi-yet-**ash**-shaŕ_ez-**zây** ?]

fille بنت [bent]
▶ je suis fille unique أنا بنت وحيدة [a-na **bent**e wa-**Hî**-da]
▶ je préfère les filles aux cheveux longs بافضل البنات اللي شعرهم طويل [ba-**faD**-Dal_el ba-**nâtel**-li shaɛ-**ŕo**-hom Ta-**wîl**]
▶ c'est pour une petite fille de quatre ans ده عشان بنت عمرها أربع سنين [da ɛa-shan **bent**e ɛom-**ŕa**-ha **aŕ**-baɛ sé-**nîn**]

film فلم [felm]
▶ as-tu vu le dernier film de... ? شفت آخر فلم ل...؟ [**shoft**e â-kheŕ **felm**e lé... ?]

filmer يصور [yé-**Saw**-waŕ]
▶ a-t-on le droit de filmer ici ? التصوير مسموح هنا؟ [et taS-**wîŕ** mas-**mouH** hé-na ?]

fils ابن [ebn]
▶ j'ai un fils de trois ans عندي ابن عمره تلت سنين [**ɛan**-di **ebn**e ɛom-**ŕo** **ta**-lat sé-**nîn**]

fin نهاية [né-**hâ**-ya]
▶ à la fin de... في نهاية... [fi né-**hâ**-yet...]
▶ c'est bientôt la fin des vacances نهاية الإجازة قربت [né-**hâ**-yet_el a-**gâ**-za **aŕ**-ŕa-bet]
▶ on se retrouve en fin de journée ? نتقابل آخر النهار؟ [net-'**â**-bel **â**-kheŕ_en na-**hâŕ** ?]

ZOOM
Le Nil

Dans les campagnes, le Nil est appelé بحر [baH-ŕ] *(la mer).*

finir يخلص [yekh-laS]

▶ tu as fini ? خلصت؟ [khal-laSt ?]

flash فلاش [flâsh]

▶ on peut faire des photos avec flash ici ? ممكن نستعمل الفلاش هنا؟ [mom-ken nes-taε-melel flâsh hé-na ?]

fleur ورد [waŕd]

▶ fleur d'oranger مزهر [ma-zahŕ]

▶ où puis-je acheter des fleurs ? أشتري ورد منين؟ [ash-té-ŕi waŕd^e mé-nên ?]

fleuve نهر [nah-ŕ]

foie كبد [kebd]

fois مرة [maŕ-ŕa]

▶ je suis déjà venu une fois أنا جيت مرة قبل كده [a-na get maŕ-ŕa abl^e ké-da]

▶ une autre fois, peut-être ? مرة تانية إن شاء الله؟ [maŕ-ŕa tan-ya in shâ' al-lâh ?]

▶ j'en ai fait une ou deux fois, mais il y a longtemps عملت مرة أو مرتين بس من زمان [εa-malt^e maŕ-ŕa aw maŕ-ŕé-tên bass^e men za-mân]

foncé غامق [râ-me']

▶ le bleu foncé est ma couleur préférée الكحلي لوني المفضل [el koH-li lô-ni‿l mou-faD-Dal]

fond *(d'une salle)* آخر [â-kheŕ] ; *(de la mer)* قاع [qâε]

▶ fond de teint كريم أساس [kŕèm a-sâs]

▶ je préfère m'asseoir au fond أفضل أقعد في الآخر [a-faD-Dal a-εod f‿el â-kheŕ]

▶ est-ce que les fonds marins sont beaux par ici ? يا ترى قاع البحر هنا جميل؟ [ya ta-ŕa qâε‿el baHŕ^e hé-na ga-mîl ?]

foot كورة قدم [kô-ŕet qa-dam]

▶ on se fait un petit foot ? يلا نلعب ماتش كورة؟ [yal-la nel-εab matsh^e kô-ŕa ?]

footing رياضة المشي [ŕi-yâ-Det‿el mashy]

▶ on fait un footing demain matin ? ايه رأيك نطلع نمشي بكرة الصبح؟ [êh ŕa'-yak neT-laε nem-shi bok-ŕa‿S SobH ?]

forêt غابة [râ-ba]

forfait *(abonnement)* سعر خاص [séɛŕ^e^ khâS]

▸ avez-vous des forfaits week-end? عندكو عروض بسعر خاص لنهاية الأسبوع؟ [ɛan-**do**-ko ɛou-**ŕouD** bé-séɛŕ khâS lé-né-**hâ**-yet‿el ous-**bouɛ**?]

▸ je voudrais un forfait pour une semaine عايز أحجز أسبوع بسعرخاص [ɛâ-yez **aH**-gez ous-**bouɛ** bé-**séɛŕ**^e^ **khâS**]

▸ je n'ai plus de forfait ما عنديش رصيد [ma-ɛan-**dîsh** ŕa-**Sîd**]

forme *(santé)* فورمة [**foŕ**-ma]

▸ tu as l'air en pleine forme! باين عليك آخر فورمة! [**bâ**-yen ɛa-**lêk** a-kheŕ **foŕ**-ma!]

formidable رائع [**ŕâ**-éɛ]

▸ c'est formidable! ده رائع! [da **ŕâ**-éɛ!]

formulaire استمارة [es-té-**mâ**-ŕa]

▸ pouvez-vous me donner le formulaire à remplir? ممكن تديني الإستمارة أملاها؟ [mom-ken ted-**dî**-ni‿l es-té-**mâ**-ŕa am-**lâ**-ha?]

fort قوي [**qa**-wi]

▸ pouvez-vous parler plus fort? ممكن تعلي صوتك؟ [**mom**-ken te-**ɛal**-li **Sô**-tak?]

foulard *(étole ou carré)* اشرب [é-**shaŕb**]; *(voile islamique)* حجاب [Hé-**gâb**]

fouler (se) يلوح [yel-weH]

▸ je me suis foulé la cheville مفصل رجلي اتجزع [maf-Sal **ŕeg**-li et-**ga**-zaɛ]

four فرن [foŕn]

▸ c'est cuit au four? ده معمول في الفرن؟ [da maɛ-**moul** f‿el **foŕn**?]

fourchette شوكة [**shô**-ka]

fourmi نملة [**nam**-la]

fourrière مكان سحب العربيات [ma-**kân** **saH**-b‿el ɛa-ŕa-bey-**yât**]

▸ où est la fourrière? العربية اتسحبت فين؟ [el ɛa-ŕa-**bey**-ya et-**sa**-Ha-bet **fên**?]

fracture كسر [**kas**-ŕ]

▸ je pense que j'ai une fracture أفتكر عندي كسر [af-**té**-keŕ **ɛan**-di **kasŕ**]

fragile قابل للكسر [**â**-bel l‿el **kasŕ**]

▸ attention, c'est fragile حاسب ممكن يتكسر [**Hâ**-seb **mom**-ken yet-**kas**-saŕ]

frais *(froid)* ساقع [sâ-éɛ], بارد [bâ-ŕed]
▶ ce vin n'est pas assez frais النبيت مش ساقع كفاية [en né-**bît** mesh **sâ**-éɛ ké-**fâ**-ya]
▶ il fait frais ce soir الجو ساقع الليلة [eg **gaww**ᵉ **sâ**-éɛ‿el **lê**-la]

fraise فراولة [fa-**ŕaw**-la]

français *adj* فرنساوي [fa-ŕan-**sâ**-wi]
m (langue) فرنساوي [fa-ŕan-**sâ**-wi]
▶ je suis française أنا فرنساوية [a-na fa-ŕan-sa-**wey**-ya]
▶ est-ce que vous parlez français ? بتتكلم فرنساوي؟ [bé-tet-**kal**-lem fa-ŕan-**sâ**-wi ?]

Français فرنساوي [fa-ŕan-**sâ**-wi]

France فرنسا [fa-**ŕan**-sa]
▶ j'habite en France أنا ساكن في فرنسا [a-na **sâ**-ken fi fa-**ŕan**-sa]
▶ êtes-vous déjà allé en France ? رحتوا فرنسا قبل كده؟ [**ŕoH**-tu fa-**ŕan**-sa **abl**ᵉ **ké**-da ?]

frein فرامل [fa-**ŕâ**-mel]
▶ frein à main فرملة يد [faŕ-**ma**-let **yad**]
▶ les freins ne marchent pas bien الفرامل سايبة [el fa-**ŕâ**-mel **say**-ba]

fréquence تكرار [tek-**ŕâŕ**]
▶ quelle est la fréquence des navettes ? الأتوبيس بيمر كل قد إيه؟ [el o-to-**bîs** biy-**moŕr** **koll**ᵉ **addé** **êh** ?]

frère أخ [akh]
▶ tu as combien de frères et sœurs ? عندك كام آخ وأخت؟ [**ɛan**-dak kam **akh** wé **okht** ?]

frigo تلاجة [tal-**lâ**-ga]
▶ est-ce qu'il y a un frigo dans la chambre ? يا ترى فيه تلاجة في الأوضة؟ [ya ta-ŕa fih tal-**lâ**-ga f‿el **ô**-Da ?]

frites بطاطس محمرة [ba-**Tâ**-Tes mé-Ham-**ma**-ŕa]
▶ c'est servi avec des frites ? هو بينزل مع بطاطس محمرة؟ [**how**-wa bi-**yen**-zel ma-ɛa ba-**Tâ**-Tes mé-Ham-**ma**-ŕa ?]

froid برد [baŕd]

▸ j'ai un peu froid أنا بردان شوية [a-na baŕ-**dân** shway-ya]

fromage جبنة [geb-na]

front قورة [ô-ŕa]

frontière حدود [Hou-**doud**]

▸ on est loin de la frontière ? الحدود لسه بعيدة؟ [el Hou-**doud** les-sa bé-**ɛî**-da ?]

fruit فاكهة [**fak**-ha]

▸ fruits secs فواكه مجففة [fa-**wâ**-keh mou-gaf-**fa**-fa]

▸ où puis-je acheter des fruits ? منين اشتري فاكهة؟ [mé-**nên** ash-**té**-ŕi **fak**-ha ?]

fruits de mer فواكه البحر [fa-**wâ**-keh‿el baH-ŕ]

fuite *(d'eau, d'huile)* تسريب [tas-**ŕîb**]

▸ il y a une fuite dans la salle de bains المية بتسرب في الحمام [el **may**-ya bet-**saŕ**-ŕab f‿el Ham-**mâm**]

fumée دخان [dokh-**khân**]

▸ je ne supporte pas la fumée مبستحملش الدخان [ma-bas-taH-**melsh**‿ed dokh-**khân**]

▸ la fumée ne me dérange pas الدخان ما يضايقنيش [ed dokh-**khân** may-Da-ye'-**nîsh**]

fumer *(tabac)* يدخن [yé-**dakh**-khan]

▸ est-ce que ça vous dérange si je fume ? مفيش ازعاج إذا دخنت؟ [ma-**fîsh** ez-**ɛâg** é-za dakh-**khant** ?]

▸ non merci, je ne fume pas لا شكرا ما بدخنش [la **shok**-ŕan ma-ba-dakh-**khansh**]

▸ je fumerais bien une chicha نفسي أشرب شيشة [**nef**-si ash-ŕab **shî**-sha]

fumeur مدخن [mou-**dakh**-khen]

▸ y a-t-il un compartiment fumeur dans ce train ? يا ترى فيه مكان في القطر ممكن ندخن فيه؟ [ya ta-ŕa fih ma-**kân** f‿el **a**Tŕ **mom**-ken né-**dakh**-khan **fîh** ?]

G

gagner *(concours, course)* يفوز [yé-**fouz**] ; *(argent)* يكسب [**yek**-sab]

▸ qui est-ce qui gagne ? مين بيكسب؟ [**mîn** bi-**yek**-sab ?]

▸ tu gagnes beaucoup d'argent ? بتكسب فلوس كتيرة؟ [bé-**tek**-sab fé-**lous** ké-**tî**-ŕa ?]

galère *(mésaventure)* مغامرة [mou-**ram**-ŕa]

▸ quelle galère ! أما كانت مغامرة! [**am**-ma **kâ**-net mou-**ram**-ŕa !]

gant *(de crin)* ليفة [**lî**-fa], جوانتي حمام [ga-**wan**-ti Ham-**mâm**] ; *(en caoutchouc)* جوانتي مطبخ [ga-**wan**-ti **maT**-bakh]

▸ vous n'auriez pas un gant de crin plus doux ? عندكو ليفة أنعم؟ [ɛan-**do**-ko **lî**-fa **an**-ɛam ?]

garage *(de réparation)* ورشة ميكانيكي [**waŕ**-shet mi-ka-**nî**-ki]

▸ pourriez-vous me remorquer jusqu'au garage ? ممكن حضرتك تقطرني لحد الميكانيكي؟ [**mom**-ken HaD-**ŕé**-tak té-aT-**Taŕ**-ni lé-**Had**‿el mi-ka-**nî**-ki ?]

garagiste ميكانيكي [mi-ka-**nî**-ki]

▸ savez-vous où je pourrais trouver un garagiste ? تعرفوا ألاقي ميكانيكي فين؟ [téɛ-**ŕa**-fou a-**lâ**-i mi-ka-**nî**-ki fên ?]

garantie ضمان [Da-**mân**]

▸ combien de temps dure la garantie ? مدة الضمان قد إيه؟ [**mod**-det‿eD Da-**mân** **ad**-dé **êh** ?]

garçon ولد [**wa**-lad]

▸ j'ai deux garçons عندي ولدين [**ɛan**-di wa-la-**dên**]

garde (de) *(permanence)* نابتشي [na-**bat**-shi]

▸ je veux voir le médecin de garde عايز أشوف الدكتور النابتشي [**ɛâ**-yez a-**shouf**‿ed dok-**tôŕ**‿en na-**bat**-shi]

▸ savez-vous où se trouve la pharmacie de garde ? ألاقي فين أجزاخانة ليلية؟ [a-**lâ**-i fên akh-za-**khâ**-na lay-**ley**-ya ?]

garder *(surveiller)* يحرس [yoH-ŕos] ; *(conserver)* , يحفظ [yeH-faZ]

- pouvez-vous garder mon sac quelques instants ? ممكن تاخد بالك من شنطتي دقيقتين؟ [mom-ken ta-khod **bâ**-lak men shan-**Té**-ti dé-i'-**tên** ?]
- faut-il le garder au frais ? أخليه في التلاجة؟ [a-khal-**lîh** f‿et tal-**lâ**-ga ?]

gare محطة القطر [ma-**HaT**-Tet‿el a**Tŕ**]

- gare routière موقف أوتوبيسات [**maw**-'af o-to-bi-**sât**]
- où est la gare ? المحطة فين؟ [el ma-**HaT**-Ta **fên** ?]
- à la gare, s'il vous plaît ! ع المحطة لو سمحت! [εa‿l ma-**HaT**-Ta law sa-**maHt** !]

garer يركن [**yeŕ**-ken]

- où puis-je garer ma voiture ? ممكن أركن العربية فين؟ [**mom**-ken **aŕ**-ken‿el εa-ŕa-**bey**-ya **fên** ?]

gâteau تورتة [**toŕ**-ta], جاتو [ga-**to**]

- gâteau d'anniversaire تورتة عيد ميلاد [**toŕ**-tet εîd mi-**lâd**]
- une part de gâteau au chocolat, s'il vous plaît حتة من التورتة بالشكولاتة، لو سمحت [**Het**-ta men‿et **toŕ**-ta b‿esh sho-ko-**lâ**-ta law sa-**maHt**]

gauche شمال [shé-**mâl**]

- la voiture venait de la gauche العربية كانت جاية من الشمال [el εa-ŕa-**bey**-ya **ka**-net **gay**-ya m‿esh shé-**mâl**]
- c'est la deuxième à gauche تاني شارع شمال [**tâ**-ni **shâ**-ŕeε shé-**mâl**]

gaz غاز [ŕâz]

- la bonbonne de gaz est vide امبوبة البوتاجاز خلصت [am-**bou**-bet‿el bou-ta-**gâz** **khel**-Set]

gel douche صابون جيل [Sa-**boun** jel]

gêner *(déranger)* يضايق [yé-**Dâ**-ye']

- ça vous gêne si je m'assieds ici ? يضايقكم لو قعدت هنا؟ [yé-Da-**ye'**-kom law a-**εatt**^e hé-na ?]
- est-ce que la fumée te gêne ? يا ترى الدخان بيضايقك؟ [ya ta-ŕa‿d dokh-**khân** biy-**Day**-'ak ?]

génial هايل [**hâ**-yel]

- c'était génial ! كان هايل! [kan **hâ**-yel !]

genou ركبة [**ŕok**-ba]

gens ناس [nâs]

▸ les gens sont sympas ici الناس ظريفة هنا [en **nâs** Za-**ŕî**-fa **hé**-na]

gentil لطيف [la-**Tîf**]

▸ merci, c'est très gentil شكرًا ده ذوق منك [**shok**-ŕan da **zô'** **men**-nak]

gilet de sauvetage سترة نجاة [**sot**-ŕet na-**gât**]

▸ faut-il mettre un gilet de sauvetage ? هو لازم نلبس سترة النجاة؟ [**how**-wa **la**-zem **nel**-bes **sot**-ŕet‿en na**gât** ?]

glace أيس كريم [ays kŕim]

▸ où peut-on manger une bonne glace ? ممكن ناكل أيس كريم حلو فين؟ [**mom**-ken **nâ**-kol **ays**ᵉ kŕim **Helw**ᵉ **fên** ?]

▸ je vais prendre une glace au citron عايز أيس كريم ليمون [**εâ**-yez **ays**ᵉ kŕim la-**moun**]

glaçon تلج [talg]

▸ avec des glaçons, s'il vous plaît بتلج لو سمحت [bé-**talg**ᵉ law sa-**maHt**]

golf جولف [golf]

golfe خليج [kha-**lîg**]

▸ le golfe d'Aqaba خليج العقبة [kha-**lîg**‿el **εa**-qa-ba]

▸ le golfe de Suez خليج السويس [kha-**lîg**‿es sou-**weis**]

gommage صنفرة [San-**fa**-ŕa]

▸ j'ai déjà fait un gommage hier امبارح عملت صنفرة جلد [em-**bâ**-ŕeH εa-**malt**ᵉ San-**fa**-ŕet geld]

gorge زور [Zôŕ]

▸ j'ai mal à la gorge زوري بيوجعني [**Zô**-ŕi bi-yew-**gaε**-ni]

▸ je voudrais des pastilles pour la gorge عايز بستلية للزور [**εâ**-yez bas-**tel**-ya l‿ez-**zôŕ**]

gourde زمزمية [zam-za-**mey**-ya]

▸ ma gourde est presque vide الزمزمية قربت تفضى [ez zam-za-**mey**-ya aŕ-**ŕa**-bet **tef**-Da]

goût طعم [Taε-m]

▸ ça a très bon goût ! ده طعم قوي! [da **Té**-εem **a**-wi !]

goûter *(essayer)* يدوق [yé-**dou'**]

▸ j'aimerais goûter les spécialités locales أحب أدوق الأكلات المصرية [a-**Hebb** ‿a-**dou'** el ak-**lât**‿el maS-**řey**-ya]

gouttes *(médicament)* نقط [**no**-aT]

▸ avez-vous des gouttes pour le nez ? عندكو نقط للأنف؟ [ɛan-**do**-ko **no**-aT l‿el anf ?]

gouvernail *(voile)* دفة [**daf**-fa]

▸ je ne sais pas me servir du gouvernail مش عارف استخدم الدفة [mesh **ɛâ**-řef as-**takh**-dem‿ed **daf**-fa]

gramme جرام [gřam]

▸ vous m'en mettrez 300 grammes حط من فضلك تلتمية جرام [**HoTT**ᵉ men **faD**-lak tol-to-**mît** gřam]

grand كبير [ké-**bîř**]

▸ avez-vous une plus grande taille ? عندكو مقاس أكبر؟ [ɛan-**do**-ko mé-**âs** ak-bař ?]

grand-mère جدة [**ged**-da]

▸ ma grand-mère est égyptienne جدتي مصرية [ged-**dé**-ti maS-**řey**-ya]

grand-père جد [gedd]

▸ il est sympa ton grand-père جدك ظريف [**ged**-dak Za-**řîf**]

gratuit مجاني [mag-**gâ**-ni]

▸ l'entrée est-elle gratuite ? يا ترى الدخول مجاني؟ [ya ta-řa‿d dou-**khoul** mag-**gâ**-ni ?]

grave خطير [kha-**Tîř**]

▸ c'est grave ? يا ترى خطير؟ [ya ta-řa kha-**Tîř** ?]

▸ c'est pas grave حصل خير [Ha-Sal **khêř**]

grillé مشوي [**mash**-wi]

▸ il y a du poisson grillé ? فيه سمك مشوي؟ [fih sa-mak **mash**-wi ?]

grippe انفلونزا [en-fel-**wan**-za]

▸ je voudrais quelque chose contre la grippe عايز دوا للانفلونزا [**ɛâ**-yez **da**-wa l‿el en-fel-**wan**-za]

gris رمادي [řo-**mâ**-di]

▸ le ciel est gris السما مغيمة [es **sa**-ma mé-ray-**yé**-ma]

gros تخين [té-**khîn**]

▶ pouvez-vous écrire plus gros? ممكن تكبر الخط؟ [**mom**-ken té-**kab**-bar‿el khaTT?]

▶ je le trouve un peu trop gros أنا شايفه تخين شوية [a-na **shay**-fo té-**khîn** shway-ya]

gros mot شتيمة [shé-**tî**-ma]

▶ tu peux m'apprendre des gros mots? ممكن تعلمني الشتايم؟ [**mom**-ken té-ɛal-**lem**-ni‿sh sha-**tâ**-yem?]

groupe *(de personnes)* مجموعة [mag-**mou**-ɛa]; *(sanguin)* فصيلة [fa-**Sî**-la]

▶ y a-t-il des réductions pour les groupes? يا ترى فيه تخفيض للمجموعات؟ [ya ta-ra **fîh** takh-**fîD** l‿el mag-mou-**ɛât**?]

▶ mon groupe sanguin est A+ فصيلة دمي A بلاس [fa-**Sî**-let **dam**-mi ai blas]

guêpe دبور [dab-**bour**]

guichet شباك تذاكر [sheb-**bâk** ta-**zâ**-ker]

▶ où se trouve le guichet pour acheter les billets? فين شباك التذاكر؟ [fên sheb-**bâk**‿et ta-**zâ**-ker?]

▶ à quel guichet dois-je m'adresser? أسأل في أنهي شباك؟ [**as**-'al fi **an**-hi sheb-**bâk**?]

guide *(livre)* دليل [da-**lîl**]; *(personne)* مرشد [**mor**-shed]

▶ auriez-vous un guide en français? عندكو دليل بالفرنساوي؟ [ɛan-**do**-ko da-**lîl** b‿el fé-ran-**sâ**-wi?]

▶ est-il possible de se faire accompagner par un guide? فيه مرشد ييجي معانا؟ [fîh **mor**-shed **yî**-gi ma-**ɛâ**-na?]

guitare جيتار [gi-**târ**]

H

habiller (s') يلبس [**yel**-bes]

▶ il faut s'habiller comment? نلبس إزاي؟ [**nel**-bes ez-**zây**?]

habiter يسكن [**yos**-kon]

▶ où est-ce que tu habites? انت ساكن فين؟ [**en**-ta **sâ**-ken **fên**?]

▶ tu habites seul? انت ساكن لوحدك ؟ [**en**-ta **sâ**-ken lé-**waH**-dak?]

▶ j'habite à Lille أنا ساكن مدينة ليل [a-na **sâ**-ken ma-**dî**-net lille]

hammam حمام [Ham-**mâm**]

▶ quels sont les horaires d'ouverture du hammam ? الحمام بيفتح امتى؟ [el Ham-**mâm** bi-**yef**-taH **em**-ta ?]

▶ je cherche un hammam traditionnel ألاقي فين حمام بلدي؟ [a-**la**-i fên Ham-**mâm** **ba**-la-di ?]

hanche فخد [fakh-d]

handicapé معاق [mou-**εâq**]

▶ êtes-vous équipés pour les handicapés ? عندكم تجهيزات للمعاقين؟ [εan-**do**-kom tag-hi-**zât** l‿el mou-εa-**qîn** ?]

haricots فاصوليا [fa-**Sol**-ya]

▶ haricots verts فاصوليا خضرا [fa-**Sol**-ya **khaD**-ŕa]

hasard صدفة [**Sod**-fa]

▶ au hasard زي ما تيجي [**zayy**ᵉ ma **tî**-gi]

▶ par hasard بالصدفة [b‿eS **Sod**-fa]

▶ choisis au hasard أخترناهم زي ما جات [ekh-taŕ-**nâ**-hom **zayy**ᵉ ma gat]

▶ quelqu'un aurait-il une aspirine, par hasard ? يا ترى حد معاه اسبرينا؟ [ya ta-ŕa **Hadd**ᵉ ma-**εâh** as-bi-**ŕî**-na ?]

haut عالي [**εâ**-li]

▶ en haut فوق [fô']

héberger يستضيف للبيات [yas-ta-**Dîf** l‿el bi-**yât**]

▶ tu connais quelqu'un qui pourrait m'héberger pendant quelques jours ? تعرف حد ممكن أبيت عنده كام يوم؟ [**té**ε-ŕaf **Hadd**ᵉ **mom**-ken a-**bay**-yet εan-do kam **yôm** ?]

henné حنة [**Hen**-na]

▶ je voudrais un tatouage au henné عايز أعمل وشم بالحنة [**εâ**-yez **a**ε-mel wa-sham b‿el **Hen**-na]

heure ساعة [**sâ**-εa]

▶ à tout à l'heure أشوفك بعد شوية [a-**shou**-fak baεdᵉ shway-ya]

▶ à quelle heure est le prochain train pour Alexandrie ? قطر اسكندرية اللي جاي حيقوم الساعة كام؟ [**aTŕ**‿es-ken-dé-**ŕey**-ya‿l-li **gayy**ᵉ Hay-'**oum**‿es **sâ**-εa kâm ?]

▶ quelle heure est-il ? الساعة كام؟ [es **sâ**-εa **kâm** ?]

- à quelle heure fermez-vous ? بتقفلوا الساعة كام؟ [bé-te'-**fé**-lou‿s sâ-ɛa **kâm** ?]
- on pourrait se retrouver vers trois heures ممكن نتقابل في حدود الساعة تلاتة؟ [mom-ken net-'â-bel fi Hou-**doud**‿es **sâ**-ɛa ta-**lâ**-ta ?]
- le train est arrivé à l'heure القطر وصل في ميعاده [el **aTŕ**e wé-Sel fi mé-**ɛâ**-do]

heureusement الحمد لله [el **Ham**-dou Lel-**lâh**]

- heureusement que tu es là الحمد لله انك موجود [el **Ham**-dou Lel **lâh** en-nak maw-**goud**]

heureux مبسوط [mab-**souT**]

- je suis heureux d'être ici أنا مبسوط بوجودي هنا [a-na mab-**souT** bé wou-**gou**-di **hé**-na]

hier امبارح [em-**bâ**-ŕeH]

- je suis arrivé hier وصلت امبارح [wé-**Selt**‿em-**bâ**-ŕeH]

hiéroglyphe هيروغليفي [hi-ŕour-**lî**-fi]

homéopathique متعلق بالعلاج التجانسي [mou-ta-**ɛal**-laq b‿el ɛé-**lâg**‿et ta-ga-no-si]

- je préférerais des médicaments homéopathiques أفضل آخد علاج تجانسي [a-**faD**-Dal â-khod ɛé-**lâg** ta-ga-no-si]

homme راجل [ŕâ-gel]

- c'est un très bel homme ! الراجل ده وسيم جدا! [eŕ **ŕâ**-gel da wa-**sim ged**-dan !]

homosexuel شاذ [shâz]

hôpital مستشفى [mous-**tash**-fa]

- où est l'hôpital le plus proche ? فين أقرب مستشفى؟ [fên a'-ŕab mous-**tash**-fa ?]

horaires مواعيد [ma-wa-**ɛîd**]

- avez-vous les horaires des bus ? عندكو مواعيد الأتوبيسات؟ [ɛan-**do**-ko ma-wa-**ɛîd**‿el o-to-bi-**sât** ?]
- quels sont les horaires d'ouverture du musée ? مواعيد فتح المتحف امتى؟ [ma-wa-**ɛîd fatH**‿el **mat**-Haf **em**-ta ?]

hôtel فندق [fon-do'], أوتيل [o-têl]

▶ nous cherchons un hôtel بندور على فندق [ben-**daw**-waŕ ɛa-la **fon**-do']

▶ y a-t-il des hôtels pas trop chers par ici ? يا ترى فيه أوتيلات رخيصة شوية في المنطقة؟ [ya ta-ŕa fîh o-tel-**lât** ŕé-**khî**-Sa shway-ya f‿el man-**Té**-a ?]

huile زيت [zêt]

▶ huile de massage زيت للتدليك [**zêt** l‿et tad-**lîk**]

▶ huile d'olive زيت زيتون [**zêt** za-**toun**]

▶ huile solaire زيت ضد الشمس [**zêt** Ded‿esh **shams**]

▶ il y a une fuite d'huile العربية بتنقط زيت [el ɛa-ŕa-**bey**-ya bet-**na**'-aT zêt]

huître محار [ma-**Hâŕ**]

humide مندي [mé-**nad**-di]

▶ il fait humide الرطوبة عالية [eŕ ŕou-**Tou**-ba **ɛal**-ya]

humour خفة دم [**khef**-fet damm]

▶ il a beaucoup d'humour دمه خفيف [**dam**-mo kha-**fîf**]

à l'hôtel — INFO

▶ nous voudrions une chambre double ou deux chambres simples عايزين غرفة مزدوجة أو غرفتين مفرد [ɛay-**zîn** ** roŕ**-fa mouz-**da**-wa-ga **aw** roŕ-fé-**tên** **mef**-ŕed]

▶ j'ai réservé une chambre au nom de Picard حجزت غرفة باسم بيكار [Ha-**gazt**[e] **roŕ**-fa bé **esm**[e] Picard]

▶ à quelle heure est le petit déjeuner ? الفطار الساعة كام؟ [el fé-**Tâŕ**‿es **sâ**-ɛa **kâm** ?]

▶ pourriez-vous me réveiller à sept heures ? ممكن تصحوني الساعة سبعة؟ [**mom**-ken té-SaH-**Hou**-ni‿s **sâ**-ɛa **sab**-ɛa ?]

I

ici هنا [hé-na]

- tu es d'ici ? انت من هنا؟ [en-ta men **hé**-na ?]
- je ne suis pas d'ici أنا مش من هنا [a-na mesh men **hé**-na]

idée فكرة [**fek**-ŕa]

- c'est une bonne idée, pourquoi pas ? دي فكرة كويسة مفيش مانع؟ [di **fek**-ŕa kway-**yé**-sa ma-fish **mâ**-néɛ ?]
- j'ai une idée ! عندي فكرة! [ɛan-di **fek**-ŕa !]

il هو [how-wa]

- il est très sympa هو ظريف جدا [how-wa Za-ŕîf **ged**-dan]

île جزيرة [gé-**zî**-ŕa]

- comment peut-on rejoindre l'île ? نوصل للجزيرة إزاي؟ [new-Sal Leg gé-**zî**-ŕa‿z-**zây** ?]

ils هم [hom-ma]

- ils sont arrivés après nous هم وصلوا بعدينا [hom-ma weS-lou baɛ-**dî**-na]

il y a فيه [fîh]

- il y a un problème فيه مشكلة [fih mosh-**ké**-la]
- y a-t-il des toilettes ici ? يا ترى فيه تواليت هنا؟ [ya ta-ŕa fih tou-**wâ**-let **hé**-na ?]
- qu'est-ce qu'il y a ? فيه إيه؟ [fih **êh** ?]

immatriculation تسجيل [tas-**gîl**]

- quel est son numéro d'immatriculation ? نمرة العربية كام؟ [nem-ŕet‿el ɛa-ŕa-**bey**-ya **kâm** ?]

immeuble عمارة [ɛé-**mâ**-ŕa]

- tu habites dans cet immeuble ? انت ساكن في العمارة دي؟ [en-ta **sâ**-ken f‿el ɛé-**mâ**-ŕa di ?]

important مهم [mo-**hemm**]

- c'est super important ده مهم جدا [da mo-**hemm**ᵉ **ged**-dan]

incendie حريقة [Ha-**ŕî**-a]

- il y a un incendie dans la cour فيه حريقة في الحوش [fih Ha-**ŕî**-a f‿el **Hôsh**]

inclus *(compris)* شامل [shâ-mel]

▸ le petit déjeuner est-il inclus dans le prix ? السعر شامل الفطار؟ [es séεr^e shâ-mel‿el fé-Târ ?]

indicatif *(téléphonique)* الرقم الكودي [eŕ ŕa-qam‿ek kô-di]

▸ quel est l'indicatif pour l'Égypte ? إيه الرقم الكودي لمصر؟ [êh‿eŕ ŕa-qam‿ek kô-di lé-maSŕ ?]

indiquer *(montrer)* يوري [yé-waŕ-ŕi]

▸ pourriez-vous m'indiquer la direction de l'autoroute ? ممكن توريني سكة الطريق السريع منين؟ [mom-ken té-waŕ-ŕi-ni sek-ket eT Ta-ŕî' es sa-ŕîε mé-nên ?]

infection التهاب [el-té-hâb]

▸ j'ai une infection urinaire عندي التهاب بولي [εan-di el-té-hâb bou-li]

informations *(renseignements)* معلومات [maε-lou-mât] ; *(à la radio, à la télé)* أخبار [akh-bâŕ]

▸ je voudrais des informations sur... عايز معلومات عن... [εâ-yez maε-lou-mât εan...]

▸ j'aimerais bien regarder les informations عايز أتفرج ع الأخبار [εâ-yez at-faŕ-ŕag εa‿l akh-bâŕ]

infusion منقوع [man-qouε]

insecte حشرة [Ha-sha-ŕa]

insecticide مبيد للحشرات [mou-bîd l‿el Ha-sha-ŕât]

insolation ضربة شمس [Daŕ-bet shams]

▸ je crois que j'ai une insolation أظن عندي ضربة شمس [a-Zonn^e εan-di Daŕ-bet shams]

installer *(monter)* ينصب [yon-Sob]

▸ pouvons-nous installer notre tente ici ? ممكن ننصب الخيمة هنا؟ [mom-ken non-Sob‿el khê-ma hé-na ?]

instrument de musique آلة موسيقية [â-la mou-si-qey-ya]

▸ est-ce que tu joues d'un instrument de musique ? يا ترى بتعزف على آلة؟ [ya ta-ŕa bé-teε-zef εa-la â-la ?]

intention نية [ney-ya]

▶ ça faisait longtemps que j'avais l'intention de visiter l'Égypte من زمان وانا ناوي أزور مصر [men za-**mân** wa-na **nâ**-wi a-**zouŕ** maSŕ]

interdit ممنوع [mam-**nouɛ**]

▶ est-il interdit de fumer ici ? يا ترى التدخين ممنوع هنا؟ [ya ta-ŕa‿t tad-**khîn** mam-**nouɛ** **hé**-na ?]

intéressant شيق [shay-yeq]

▶ qu'y a-t-il d'intéressant à voir dans cette ville ? ايه المعالم المهمة اللي ممكن نتفرج عليها؟ [êh‿el ma-**ɛâ**-lem‿el mo-**hem**-ma **el**-li **mom**-ken net-**faŕ**-ŕag ɛa-**lê**-ha ?]

intérieur جوه [gow-wa], داخل [**dâ**-khel]

▶ à l'intérieur de... داخل... [**dâ**-khel...]

▶ on se retrouve à l'intérieur ? نتقابل في الداخل؟ [net-'**â**-bel f‿ed **dâ**-khel ?]

Internet انترنيت [in-**teŕ**-net]

▶ j'ai besoin d'utiliser Internet عايز أستخدم الانترنيت [ɛ**â**-yez as-**takh**-dem‿el in-**teŕ**-net]

interrupteur مفتاح نور [mouf-**tâH** nouŕ]

▶ l'interrupteur ne marche pas مفتاح النور مبيشتغلش [mouf-**tâH**‿en **nouŕ** mab-yesh-ta-**ralsh**]

intestinal معوي [**mé**-ɛa-wi]

▶ j'ai un dérangement intestinal عندي نزلة معوية [**ɛan**-di **naz**-la mé-ɛa-**wey**-ya]

intoxication alimentaire تسمم غذائي [ta-**sam**-mom ré-**zâ**-i]

▶ je crois que c'est une intoxication alimentaire افتكر ده تسمم من الأكل [af-**té**-keŕ da ta-**sam**-mom men‿el **akl**]

interdiction **INFO**

▶ je n'ai pas le droit de boire de l'alcool محرم علي أشرب الخمور [mo-**Haŕ**-ŕam ɛa-**lay**-ya **ash**-ŕab‿el khou-**mouŕ**]

▶ il est interdit de fumer ici التدخين ممنوع هنا [et tad-**khîn** mam-**nouɛ** hé-na]

▶ pas question que ce soit toi qui paies ! استحالة انك تدفع حاجة! [es-té-**Hâ**-la en-nak **ted**-faɛ **Hâ**-ga !]

inviter يعزم [yeɛ-zem]

▸ j'aimerais beaucoup vous inviter à dîner demain soir نفسي جدا أعزمكم ع العشا بكره بالليل [**nef**-si ged-dan aɛ-**zem**-kom ɛa‿l **ɛa**-sha **bok**-ŕa bel **lêl**]

itinéraire طريق [Ta-ŕî']

▸ est-il possible de modifier l'itinéraire prévu dans ce circuit? يا ترى ممكن نغير برنامج سير الرحلة؟ [ya ta-ŕa **mom**-ken né-**ray**-yaŕ beŕ-**na**-meg sêŕeŕ ŕeH-la ?]

J

jamais أبدا [a-ba-dan]

▸ je n'en ai jamais fait عمري ما عملت [**ɛom**-ŕi ma ɛa-**malt**]

jambe رجل [ŕegl]

▸ j'ai mal à la jambe رجلي بتوجعني [**ŕeg**-li bé-tew-**gaɛ**-ni]

jardin جنينة [gé-**né**-na]

jaune *adj* أصفر [**aS**-faŕ]

m (d'œuf) صفار البيض [Sa-**fâŕ**‿el **bêD**]

▸ vous ne l'avez pas en jaune ? عندكو زيه أصفر؟ [ɛan-**do**-ko **zay**-yo **aS**-faŕ ?]

▸ avec le jaune d'œuf bien cuit صفار البيض يكون مستوي كويس [sa-**fâŕ**‿el **bêD** yé-**koun** mes-**té**-wi **kway**-yes]

je أنا [a-na]

▸ je m'appelle Christophe اسمي كريستوف [**es**-mi Christophe]

jean بنطلون جينز [ban-ta-**lôn** jens]

jetable استعمال واحد [es-téɛ-**mâl** **wâ**-Hed]

▸ je voudrais acheter un rasoir jetable عايز أشتري موس حلاقة استعمال واحد [**ɛâ**-yez ash-**té**-ŕi **mous** Hé-**lâ**-a es-téɛ-mâl **wâ**-Hed]

▸ je cherche un appareil photo jetable بادور على كاميرا للتصوير استعمال واحد [ba-**daw**-waŕ ɛa-la **ka**-mé-ŕa l‿et taS-**wîŕ** es-téɛ-**mâl** **wâ**-Hed]

jeter *(mettre à la poubelle)* يرمي [yeŕ-mi]

▸ où puis-je jeter ces papiers ? ممكن أرمي الورق ده فين؟ [**mom**-ken **aŕ**-mi‿l **wa**-ŕa' da **fên** ?]

▸ je peux jeter un coup d'œil ? ممكن ألقي نظرة؟ [**mom**-ken **al**-qi **naZ**-ŕa ?]

jeu لعبة [**leε**-ba]

▸ les Jeux olympiques الألعاب الأولمبية [el al-**εâb**‿el o-lim-**bey**-ya]

▸ jeu de société لعبة جماعية [**leε**-ba ga-ma-**εey**-ya]

▸ est-ce qu'il y a une salle de jeu pour les enfants ici ? يا ترى فيه صالة ألعاب للأطفال؟ [ya ta-ŕa fih **Sâ**-let al-**εâb** l‿el aT-**fâl** ?]

jeunes شباب [sha-**bâb**]

▸ y a-t-il des réductions pour les jeunes ? يا ترى فيه تخفيض للشباب؟ [ya ta-ŕa fih takh-**fîD** l‿esh sha-**bâb** ?]

joindre (se) ينضم [yen-**Damm**]

▸ voulez-vous vous joindre à nous ? تحبوا تنضموا لينا؟ [té-**Heb**-bou ten-**Dam**-mou **lî**-na ?]

joli جميل [ga-**mîl**]

▸ quel joli village ! يا جمال القرية! [ya ga-**mâl**‿el **qaŕ**-ya !]

joue خد [khad]

jouer يلعب [yel-εab]

▸ tu joues super bien au tennis ! بتلعب كويس جدا في التنس! [bé-**tel**-εab **kway**-yes **ged**-dan f‿et **té**-nis !]

▸ tu sais jouer d'un instrument ? تعرف تعزف آلة؟ [**téε**-ŕaf **téε**-zef **â**-la ?]

▸ on joue aux cartes ? نلعب كوتشينة؟ [**nel**-εab kot-**shî**-na ?]

jouet لعبة [**léε**-ba]

jour يوم [yôm] ; *(par opposition à la nuit)* نهار [na-**hâŕ**]

▸ jour de l'An يوم راس السنة [yom **ŕâs**‿es **sa**-na]

▸ jour férié عطلة رسمية [**εoT**-la ŕas-**mey**-ya]

▸ jour ouvrable يوم عمل [yôm **εa**-mal]

▸ c'est combien par jour ? اليومية بكام؟ [el yo-**mey**-ya bé-**kâm** ?]

▸ quel est le plat du jour ? طبق اليوم إيه؟ [**Ta**-ba'‿el **yôm** êh ?]

▸ à un de ces jours ! أشوفك يوم من الأيام! [a-**shou**-fak **yôm** men‿el ay-**yâm** !]

journal جرنال [goŕ-**nâl**]

▸ avez-vous des journaux français ? عندكو جرايد فرنسية؟ [εan-**do**-ko ga-**ŕâ**-yed fé-ŕen-**sey**-ya ?]

journée نهار [na-**hâŕ**]

▸ quelle belle journée ! الله يوم جميل! [allâh yom ga-**mîl** !]

▸ je voudrais faire l'aller-retour dans la journée عايز أروح وارجع في نفس اليوم [**εâ**-yez a-**ŕouH** w‿**aŕ**-gaε fi **nafs**‿el **yôm**]

juif يهودي [ya-**hou**-di]

▸ où se trouve le quartier juif ? فين حارة اليهود؟ [fen **Hâ**-ŕet‿el ya-**houd** ?]

jumeau توأم [taw-'am]

▸ j'ai un frère jumeau عندي أخ توأم [**εan**-di akh **taw**-'am]

▸ ce sont des jumelles دول بنات توأم [dol ba-**nât** **taw**-'am]

jumelles *(longue vue)* نضارة معظمة [naD-**Dâ**-ŕa mou-εaZ-**Za**-ma]

▸ tu peux me prêter tes jumelles ? ممكن تسلف لي نضارتك المعظمة؟ [**mom**-ken té-sal-**lef**-li naD-**Daŕ**-tak el mou-εaZ-**Za**-ma ?]

jupe جونيلا [go-**nel**-la]

▸ où puis-je faire nettoyer cette jupe ? فين ممكن أبعت الجونيلا للتنظيف؟ [fên **mom**-ken **ab**-εat‿el go-**nel**-la l‿et tan-**Dîf** ?]

jus عصير [εa-**Sîŕ**]

▸ un jus d'orange, s'il vous plaît ! عصير برتقان لو سمحت! [εa-**Sîŕ** boŕ-to-**ân** law sa-**maHt** !]

jusqu'à لغاية [lé-**râ**-yet]

▸ je reste jusqu'à dimanche أنا قاعد ليوم الحد [a-na **â**-εed lé **yôm**‿el Had]

juste *(vrai)* صح [SaHH], مظبوط [maz-**bouT**] ; *(vêtement)* ضيق [**Day**-ya']

▸ c'est tout à fait juste مظبوط خالص [maZ-**bouT** **khâ**-leS]

▸ c'est trop juste, auriez-vous la taille au-dessus ? جاي ع القد قوي ممكن المقاس الأكبر؟ [**gayy**ᵉ εa‿l **add**ᵉ a-wi, **mom**-ken‿el ma-**âs**‿el **ak**-baŕ ?]

ZOOM
Jus de fruits

À travers toute la ville, des magasins spécialisés dans les jus de fruits frais, appelés gannet el fawâkeh *(« paradis des fruits »), proposent des jus de carotte, de goyave, de fraise, de citron… Mais les plus consommés restent le jus de canne à sucre pressée (*a-Sab*) et le jus de mangue (*manga*).*

ZOOM
Les kiosques à journaux

Le koshk *(mot d'origine turque qui a d'ailleurs donné le mot « kiosque ») vend non seulement des journaux, mais également des confiseries, des cigarettes, des boissons fraîches, des cartes de téléphone, etc.*

K

kilo كيلو [**kî**-lo]
- je fais 50 kilos وزني خمسين كيلو [**waz**-ni kham-**sîn kî**-lo]
- vous m'en mettrez un kilo عايز كيلو [**ɛâ**-yez **kî**-lo]

kilométrage مسافة بالكيلومتر [ma-**sâ**-fa b‿eK ki-lo-**metŕ**]
- le kilométrage est-il illimité ? لي كام كيلو في اليوم؟ [**ley**-ya kam **kî**-lo f‿el **yôm** ?]

kilomètre كيلو [**kî**-lo]
- y a-t-il un tarif au kilomètre ? هو فيه سعر للكيلومتر؟ [**how**-wa fih **séɛŕ**^{e} l‿ek ki-lo-**metŕ** ?]

kiosque à journaux كشك جرايد [**kosh**-k^{e} ga-**ŕâ**-yed]

kiwi كيوي [**kî**-wi]

L

là *(lieu)* هنا [**hé**-na]
- je suis là depuis deux jours أنا هنا من يومين [a-na **hé**-na men yo-**mên**]

là-bas هناك [hé-**nâk**]
- il est là-bas هو هناك [**how**-wa hé-**nâk**]

lac بحيرة [bo-**Hê**-ŕa]
- le lac Nasser بحيرة ناصر [bo-**Hé**-ŕet **nâ**-Seŕ]
- y a-t-il un lac dans la région ? يا ترى فيه بحيرة في المنطقة؟ [ya ta-ŕa fih bo-**Hê**-ŕa f‿el man-**Té**-a ?]

lacets رباط جزمة [ŕo-**bâT gaz**-ma]

là-haut فوق [fô']

▸ on se retrouve là-haut ? نتقابل فوق؟ [net-'â-bel **fô'** ?]

laine صوف [Souf]

laisser *(déposer)* يسيب [yé-**sîb**]

▸ est-ce que je peux laisser la clé sur la porte ? ممكن أسيب المفتاح ع الباب؟ [mom-ken a-**sîb**‿el mouf-**tâH** ɛa‿l **bâb** ?]

lait لبن حليب [la-ban Ha-**lîb**]

▸ lait fermenté لبن رايب [**la**-ban **ŕâ**-yeb]

lampe لمبة [**lam**-ba]

▸ lampe de poche بطارية [baT-Ta-**ŕey**-ya]

▸ la lampe ne fonctionne pas اللمبة مش شغالة [el **lam**-ba mesh shar-**râ**-la]

langer يغير الكفولة [yé-**ray**-yaŕ‿eK ka-**fou**-la]

▸ y a-t-il une table à langer ? فيه طاولة عشان أغير البيبي؟ [fih **Taw**-la ɛa-**shân**‿a-**ray**-yaŕ‿el **bé**-bi ?]

langouste استكوزا [es-ta-**kô**-za]

langue (ANAT) لسان [li-**sân**] ; *(langage)* لغة [**lo**-ra]

▸ je me suis mordu la langue عضيت لساني [ɛaD-**Dêt** li-**sâ**-ni]

▸ tu parles combien de langues ? بتتكلم كام لغة؟ [bé-tet-**kal**-lem kam **lo**-ra ?]

▸ je l'ai sur le bout de la langue على طرف لساني [ɛa-la **Taŕf**ᵉ li-**sâ**-ni]

lapin أرنب [**aŕ**-nab]

large واسع [**wâ**-séɛ]

▸ cette robe est trop large pour moi الفستان واسع قوي علي [el fous-**tân** **wâ**-séɛ a-wi ɛa-**lay**-ya]

lavable ممكن يتغسل [mom-ken yet-**ré**-sel]

▸ est-ce lavable en machine ? ممكن يدخل الغسالة؟ [**mom**-ken **yod**-khol‿el ras-**sâ**-la ?]

lavabo حوض [HôD]

▸ le lavabo est bouché الحوض مسدود [el **HôD** mas-**doud**]

lave-linge غسالة كهربا [ras-**sâ**-la kah-**ŕa**-ba]

laver يغسل [yer-sel]

▶ où puis-je laver mes vêtements ? ممكن أغسل هدومي فين؟ [**mom**-ken **ar**-sel hé-**dou**-mi **fên** ?]

laver (se) يتشطف [yet-**sha**T-Taf]

▶ où puis-je me laver les mains ? ممكن أغسل إيدي فين؟ [**mom**-ken **ar**-sel i-**day**-ya fên ?]

laverie دراي كلين [dŕy clean]

légume خضار [kho-**Dâŕ**]

▶ légumes secs خضار مجفف [kho-**Dâŕ** mou-**gaf**-faf]

▶ c'est servi avec des légumes ? يا ترى بينزل مع خضار؟ [ya ta-ŕa bi-**yen**-zel ma-ɛa kho-**Dâŕ** ?]

lendemain تاني يوم [**tâ**-ni **yôm**]

▶ le lendemain de notre arrivée, il a plu تاني يوم بعد ما وصلنا الدنيا مطرت [ta-ni **yôm baɛd**ᵉ-ma wé-**Sel**-na ed **den**-ya maT-**Ta**-ŕet]

lentement ببطء [bé-bot']

▶ pourriez-vous parler plus lentement, s'il vous plaît ? ممكن تتكلم ببطء من فضلك؟ [**mom**-ken tet-**kal**-lem bé **boT'** men **faD**-lak ?]

lentille *(légume)* عدس [ɛads] ; *(de contact)* عدسات [ɛa-da-**sât**]

▶ je voudrais une soupe de lentilles عايز شربة عدس [**ɛâ**-yez **shoŕ**-bet **ɛads**]

▶ j'ai perdu une lentille ضيعت عدسة [Day-**yaɛt**ᵉ **ɛa**-da-sa]

▶ je voudrais une solution de rinçage pour lentilles عايز محلول غسيل للعدسات [**ɛâ**-yez maH-**loul** ra-**sîl** lel ɛa-da-**sât**]

lessive *(lavage)* غسيل [ra-**sîl**] ; *(produit)* مسحوق غسيل [mas-**Hou'** ra-**sîl**]

▶ il faut absolument que je fasse une lessive ورايا غسيل أعمله ضروري [wa-**ŕâ**-ya ra-**sîl** aɛ-**mé**-lo Da-**ŕou**-ŕi]

▶ je dois acheter de la lessive لازم أشتري صابون غسيل [**lâ**-zem ash-**té**-ŕi Sa-**boun** ra-**sîl**]

lettre *(courrier)* جواب [ga-**wâb**]

▶ lettre recommandée جواب مسجل [ga-**wâb** mou-**sag**-gal]

▶ je voudrais envoyer cette lettre en France عايز ابعت الجواب ده لفرنسا [**ɛâ**-yez **ab**-ɛat eg ga-**wâb** da lé-fa-**ŕan**-sa]

lever (se) *(gén)* يقوم [yé-**oum**] ; *(se réveiller)* يصحى [**yeS**-Ha] ; *(du lit)* يقوم من السرير [yé-**oum** m‿es sé-**ŕîŕ**]

▸ à quelle heure vous levez-vous ? الساعة كام بتصحوا؟ [es **sa**-ɛa **kâm** bé-**teS**-hou ?]

▸ je me suis levé très tôt صحيت بدري [Sé-**HiT** bad-ŕi]

lèvres شفايف [sha-**fâ**-yef]

▸ rouge à lèvres أحمر شفايف [**aH**-maŕ sha-**fâ**-yef]

▸ stick à lèvres زبدة كاكاو [**zeb**-det ka-**kâ**-wo]

▸ j'ai les lèvres gercées شفايفي مقشفة [sha-**fay**-fi mé-ash-**shé**-fa]

librairie مكتبة [mak-**ta**-ba]

▸ y a-t-il une librairie internationale ? يا ترى فيه مكتبة دولية؟ [ya ta-ŕa fih mak-**ta**-ba daw-**ley**-ya ?]

libre *(presse, personne)* حر [Hoŕŕ] ; *(disponible)* فاضي [**fâ**-Di]

▸ avez-vous des chambres libres ? عندكو غرف فاضية؟ [ɛan-**do**-ko **ro**-ŕaf **faD**-ya ?]

ligne خط [khaTT]

▸ quelle ligne dois-je prendre pour aller à... ? أخد خط نمرة كام عشان أروح...؟ [â-khod **khaTT**ᵉ **nem**-ŕa **kâm** ɛa-**shân**‿a-**ŕouH**... ?]

▸ je t'entends mal, la ligne est mauvaise مش سامعك كويس الخط وحش [mesh **sam**-ɛak **kway**-yes el **khaTT**ᵉ wé-Hesh]

limonade صودا ليمون [**So**-da la-**moun**]

linge غسيل [ra-**sîl**]

▸ y a-t-il un endroit pour laver et faire sécher le linge ? يا ترى فيه مكان ممكن أغسل وأنشف فيه الغسيل؟ [ya ta-ŕa fih ma-**kân** **mom**-ken **ar**-sel w‿a-**nash**-shef fîh‿el ra-**sîl** ?]

lingettes مناديل [ma-na-**dîl**]

▸ où peut-on trouver des lingettes rafraîchissantes ? ألاقي فين فوط مبللة؟ [a-**lâ**-i fên **fo**-waT mou-bal-**lé**-la ?]

lion أسد [a-sad]

liquide *(argent)* فلوس كاش [fé-**lous** kâsh]

▸ je vais payer en liquide حادفع كاش [**had**-faɛ **kâsh**]

lire يقرا [yé'-ŕa]

▸ qu'est-ce tu lis ? بتقرا إيه؟ [bé-**te**'-ŕa **êh** ?]

lit سرير [sé-**ŕiŕ**]

▸ lit double سرير كبير لنفرين [sé-**ŕiŕ** ké-**bîŕ** lé-na-fa-**ŕên**]
▸ lits jumeaux سريرين مفرد [sé-ŕi-**ŕên** **mef**-ŕed]
▸ lits superposés سراير بحاري [sa-**ŕâ**-yeŕ baH-**Hâ**-ŕi]
▸ lit de camp سرير معسكر [Sé-**ŕiŕ** mou-**εas**-kaŕ]
▸ il y a un grand lit dans la chambre ? فيه سرير كبير في الغرفة؟ [fih sé-**ŕiŕ** ké-**bîŕ** f‿el **roŕ**-fa ?]
▸ nous préférerions deux lits simples نفضل سريرين مفرد [né-**faD**-Dal sé-ŕi-**ŕên** **méf**-ŕeD]
▸ avez-vous un lit pour enfant ? عندكو سرير أطفال؟ [εan-**do**-ko sé-**ŕiŕ** aT-**fâl** ?]
▸ est-il possible d'ajouter un lit dans la chambre ? ممكن سرير إضافي؟ [**mom**-ken sé-**ŕiŕ** i-**Dâ**-fi ?]

litre لتر [**letŕ**]

▸ un litre de lait, s'il vous plaît لتر لبن حليب من فضلك [**letŕ** la-ban Ha-**lîb** men **faD**-lak]

livre كتاب [ki-**tâb**]

▸ pourriez-vous me prêter un livre ? ممكن تسلفني كتاب؟ [**mom**-ken té-sal-**lef**-ni ki-**tâb** ?]

location *(d'un logement, d'une voiture)* تأجير [ta'-**gîŕ**]

▸ quel est le prix de la location à la semaine ? الإيجار كام في الأسبوع؟ [el i-**gâŕ** kâm f‿el ous-**bouε** ?]

loin بعيد [bé-**εîd**]

▸ est-ce que c'est loin à pied ? هو بعيد لو رحنا مشي؟ [**how**-wa bé-**εîd** law **ŕoH**-na **mashy**ᵉ ?]

long طويل [Ta-**wîl**]

▸ ce pantalon est trop long البنطلون ده طويل قوي [el ban-Ta-**lôn** da Ta-**wîl** a-wi]

longtemps مدة طويلة [**mod**-da Ta-**wî**-la]

▸ ça fait longtemps qu'on ne s'est pas vus ! بقالنا مدة ما شفناش بعض! [ba-**al**-na **mod**-da ma-shof-**nâsh** baεD !]
▸ tu ne m'as pas attendu trop longtemps ? يا رب ما تكنش استنيتني كتير! [ya **ŕabb**ᵉ mat-**konsh**‿es-tan-**net**-ni ké-**tiŕ** !]

louer يأجر [yé-**ag**-gaŕ]

- est-il possible de louer un appartement pour quelques jours ? يا ترى ممكن نأجر شقة كام يوم؟ [ya ta-ŕa **mom**-ken né-**ag**-gaŕ **sha**'-a kam **yôm** ?]
- ça revient à combien de louer à la semaine ? بكام الإيجار بالأسبوع؟ [bé-**kâm**‿el i-**gâŕ** f‿el ous-**boue** ?]
- où peut-on louer... ? ممكن نأجر فين...؟ [**mom**-ken né-**ag**-gaŕ **fên**... ?]
- je voudrais louer... عايز أأجر ... [**eâ**-yez a-**ag**-gaŕ...]

lourd *(poids)* تقيل [té-**îl**] ; *(temps)* كتمة [**kat**-ma]

- pouvez-vous m'aider ? ma valise est très lourde ممكن تساعدني شنطتي تقيلة قوي [**mom**-ken té-sa-**eed**-ni, shan-**Té**-ti té-**i**-la a-wi]
- il fait lourd الدنيا كتمة [ed **den**-ya **kat**-ma]
- il est gentil, mais un peu lourd هو لطيف بس قاعدته تقيلة قوي [**how**-wa la-**Tif** **bass**^e^ ae-**dé**-to té-**i**-la a-wi]

lui هو [**how**-wa]

- c'est lui qui me l'a dit هو اللي قال لي [**how**-wa‿lli **al**-li]

lumière نور [**nouŕ**]

- où allume-t-on la lumière ? نولع النور منين؟ [né-**wal**-lae‿en **nouŕ** mé-**nên** ?]
- la lumière ne fonctionne pas النور مش شغال [en **nouŕ** mesh shar-**râl**]

lune قمر [a-**maŕ**]

- c'est la pleine lune قمر أربعتاشر [a-**maŕ** aŕ-bae-**tâ**-shaŕ]

lunettes نضارة [naD-**Dâ**-ŕa]

- lunettes de soleil نضارة شمس [naD-**Dâ**-ŕet shams]
- j'ai cassé mes lunettes كسرت النضارة [ka-**saŕt**‿en naD-**Dâ**-ŕa]

Luxembourg لوكسمبورج [lok-sam-**bouŕg**]

- je viens du Luxembourg أنا من لوكسمبورج [a-na men lok-sam-**bouŕg**]

ZOOM

La lune

Le mot Amar *(« la lune ») a une grande importance culturelle, tout d'abord de par l'existence du calendrier lunaire. En outre, certains quartiers portent des noms comme* hilâl *(« croissant de lune »), ou* badr *(« pleine lune »), qui sont aussi des prénoms arabes. Le mot* amar *est également utilisé comme compliment pour dire de quelqu'un qu'il est beau. Ajoutons qu'il fait partie d'une expression affectueuse,* aywa ya amar *(« oui, ma lune »), qui signifie « oui, mon chéri ».*

luxembourgeois لوكسومبورجي [lok-sam-**bouŕ**-gi]

▶ je suis luxembourgeois أنا من لوكسمبورج [a-na men lok-sam-**bouŕg**]

Luxembourgeois لوكسومبورجي [lok-sam-**bouŕ**-gi]

M

machine *(à laver)* غسالة كهربا [ras-**sâ**-la kah-**ŕa**-ba]

▶ il faut absolument que je fasse une machine ضروري أعمل غسلة [Da-**ŕou**-ŕi **aɛ**-mel **ras**-la]

madame مدام [ma-**dâm**]

▶ bonjour, madame ! صباح الخير يا مدام! [Sa-**bâH**‿el **khêŕ** ya ma-**dâm** !]

mademoiselle آنسة [**â**-ne-sa]

▶ bonsoir, mademoiselle ! مساء الخير يا آنسة! [ma-**sâ'**‿el **khêŕ** ya **â**-ne-sa !]

magasin محل [ma-**Hall**]

▶ je cherche un magasin de... ألاقي فين محل بيبيع... [a-**lâ**-i fên ma-**Hall**[e] biy-**bîɛ**...]

magnifique رائع [**ŕâ**-éɛ]

▶ c'est magnifique ! الله ده رائع! [**allah** ! da **ŕâ**-éɛ]

maigre رفيع [ŕo-**fay**-yaɛ]

▶ il est un peu maigre هو رفيع شوية [**how**-wa ŕo-**fay**-yaɛ sh**way**-ya]

maillot de bain مايوه [ma-**yo**]

▶ j'ai oublié mon maillot de bain نسيت المايوه [né-**sît**‿el ma-**yo**]

▶ il faut que j'achète un maillot de bain لازم اشتري مايوه [**lâ**-zem ash-**té**-ŕi ma-**yo**]

main إيد [**îd**]

▶ où puis-je me laver les mains ? ممكن أغسل إيدي فين؟ [**mom**-ken **ar**-sel **î**-di **fên** ?]

▶ est-ce que c'est fait à la main ? يا ترى ده شغل يدوي؟ [ya ta-ŕa da **shorl**[e] **ya**-da-wi ?]

maintenant دلوقتي [del-**wa'**-ti]

▸ qu'est-ce qu'on fait maintenant ? نعمل إيه دلوقتي؟ [**néε**-mel êh del-**wa'**-ti ?]

▸ bon allez, maintenant on y va ! طب يللا بينا دلوقتي! [Tab **yal**-la **bi**-na del-**wa'**-ti !]

mairie مقر البلدية [ma-**qaŕŕ** el ba-la-**dey**-ya]

mais لكن [**lâ**-ken], بس [bass]

▸ aujourd'hui je ne peux pas, mais demain si tu veux مش ممكن النهارده بس بكره ممكن لو يناسبك [mesh **mom**-ken en-na-**haŕ**-da **bass**[e] **bok**-ŕa **mom**-ken law yé-**nas**-bak]

maïs درة [**do**-ŕa]

maison *(gén)* بيت [bêt] ; *(au bord de la mer)* شاليه [sha-**lêh**] ; *(de ville)* فيلا [**vil**-la]

▸ je cherche une maison au bord de la mer عايز شاليه ع البحر [**εâ**-yez sha-**lêh** εa‿l **baHŕ**]

▸ c'est fait maison ? ده معمول بيتي؟ [da maε-**moul** bé-ti ?]

mal وجع [**wa**-gaε]

▸ j'ai mal à... موجوع في... [maw-**gouε** fi...]

▸ ça fait mal ده بيوجع [da bi-**yew**-gaε]

▸ je me suis fait mal وجعت نفسي [wa-**gaε**-t[e] **naf**-si]

▸ j'ai mal à la tête عندي صداع [**εan**-di So-**dâε**]

▸ auriez-vous quelque chose contre les maux de tête ? عندك حاجة للصداع؟ [**εan**-dak **Hâ**-ga l‿eS So-**dâε** ?]

▸ j'ai mal là موجوع هنا [maw-**gouε** hé-na]

▸ il a mal aux oreilles ودانه بتوجعه [wé-**dâ**-no bé-tew-**ga**-εo]

▸ j'ai le mal de mer عندي دوار بحر [**εan**-di da-**wâŕ** baHŕ]

malade عيان [εay-**yân**]

▸ mon fils est malade ابني عيان [**eb**-ni εay-**yân**]

malentendu سوء تفاهم [**sou'** ta-**fâ**-hom]

▸ c'est rien, c'est juste un malentendu حصل خير ده مجرد سوء تفاهم بسيط [Ha-Sal **khêŕ** da mou-**gaŕ**-ŕad sou' ta-**fâ**-hom]

malheureusement للأسف [l‿el a-saf]

▸ malheureusement, je dois partir demain للأسف الشديد لازم أمشي بكره [l‿el a-saf‿esh sha-**dîd** lâ-zem **am**-shi **bok**-ŕa]

manger ياكل [yâ-kol]

▸ où pouvons-nous manger ? ممكن ناكل فين؟ [**mom**-ken **nâ**-kol **fên** ?]

mangue منجا [man-ga]

manifestation *(culturelle)* احتفالية ثقافية [eH-té-fa-**ley**-ya sa-qa-**fey**-ya]

▸ quelles sont les manifestations intéressantes en ce moment ? ايه هي الأنشطة الثقافية المهمة الموجودة حاليا؟ [êh **hey**-ya‿l an-**shé**-Ta es sa-qa-**fey**-ya el maw-**gou**-da **Ha**-lé-yan ?]

manquer ينقص [yen-'aS]

▸ il me manque une valise ناقص شنطة [**nâ**-eS **shan**-Ta]

▸ tu m'as manqué وحشتني [wa-Hash-**té**-ni]

marchander يفاصل [yé-**fâ**-Sel]

▸ tu peux m'aider à marchander ? ممكن تساعدني لما آجي أفاصل؟ [**mom**-ken té-sa-**ɛed**-ni lam-**mâ**-gi a-**fâ**-Sel ?]

marche *(action de marcher)* مشي [mash-y^e] ; *(d'escalier)* سلمة [sel-**lé**-ma]

▸ j'adore la marche à pied باعشق المشي [**ba**ɛ-sha' el mashy]

▸ j'ai glissé sur une marche اتزحلقت على سلمة [et-zaH-**la**'t^e ɛa-la sel-**lé**-ma]

marché سوق [sou']

▸ y a-t-il un marché sympa dans le quartier ? يا ترى فيه سوق ظريف في الحي؟ [ya ta-ŕa fîh sou' Za-**rîf** f‿el Hayy ?]

marcher *(aller à pied)* يمشي [**yem**-shi] ; *(fonctionner)* شغال [shar-**râl**]

▸ j'aime bien marcher باحب المشي [ba-**Hebb**^e am-shi]

▸ ça ne marche pas مش شغال [mesh shar-**râl**]

mari جوز [gôz]

▸ mon mari est resté à l'hôtel جوزي قعد في الفندق [**gô**-zi a-ɛad f‿el **fon**-do']

mariage *(contrat)* زواج [za-**wâg**] ; *(fête)* فرح [**fa**-ŕaH]

▸ c'est un mariage ? ده فرح؟ [da **fa**-ŕaH ?]

marié *adj* متجوز [met-**gaw**-wez]

m عريس [ɛa-**ŕîs**]

▶ es-tu mariée ? انت متجوز؟ [**en**-ta met-**gaw**-wez ?]

▶ vive les mariés ! مبروك للعريس والعروسة! [mab-**ŕouk** l‿el ɛa-**ŕîs** w‿el ɛa-**ŕou**-sa !]

mariée *f* عروسة [ɛa-**ŕou**-sa]

marron بني [**bon**-ni]

▶ je ne trouve plus mon pull marron مش لاقي البلوفر البني بتاعي [mesh **lâ**-i‿l boul-oveŕ‿el **bon**-ni]

masque *(gén)* قناع [qé-**nâɛ**] ; *(de plongée)* نضارة [naD-**Dâ**-ŕa]

▶ le masque d'or de Toutânkhamon قناع توت عنخ آمون الذهبي [qé-**nâɛ** tout ɛankh a-**moun**‿ez **za**-ha-bi]

▶ je voudrais acheter un masque et un tuba عايز اشتري نضارة وبايب [**ɛâ**-yez ash-**té**-ŕi naD-**Dâ**-ŕa we **bay**-b]

massage تدليك [tad-**lîk**]

▶ je voudrais un massage relaxant عايز تدليك عشان استرخى [**ɛâ**-yez tad-**lîk** ɛâ-**shân** as-**taŕ**-kha]

match مباراة [mou-ba-**ŕa**]

▶ on fait un match de foot ? يلا نلعب ماتش كورة؟ [**yal**-la **nel**-ɛab **matsh**ᵉ **kô**-ŕa ?]

matelas مرتبة [**maŕ**-**ta**-ba]

▶ matelas pneumatique مرتبة بحر [**maŕ**-**ta**-bet baHŕ]

▶ mon matelas me fait mal au dos ضهري بيوجعني من المرتبة [**Dah**-ŕi bi-yew-**gaɛ**-ni men‿el maŕ-**ta**-ba]

matériel عدة [ɛ**ed**-da]

▶ fournissez-vous le matériel ? يا ترى بتدوا المعدات؟ [ya ta-ŕa bé-**ted**-dou‿l mo-ɛed-**dât** ?]

▶ louez-vous du matériel de plongée ? بتأجروا معدات الغوص؟ [bet-ag-**ga**-ŕou mo-ɛed-**dât**‿el rôS ?]

matière *(matériau)* خامة [**khâ**-ma]

▶ c'est en quelle matière ? معمول من أنهي خامة؟ [maɛ-**moul** men **an**-hi **khâ**-ma ?]

matin صبح [Sob-H]

▸le musée est-il ouvert le matin? يا ترى المتحف فاتح الصبح؟ [ya ta-ŕa_l **mat**-Haf **fâ**-teH_eS **SobH**?]

mauvais وحش [**wé**-Hesh]

▸le lit est très mauvais السرير وحش جدا [es sé-**ŕîŕ** wé-Hesh **ged**-dan]

maximum (au) بالكتير [b_ek ké-**tîŕ**]

mec واد [wad]

▸c'est vraiment un beau mec الواد ده حقيقي قمر [el **wad** da Ha-**î**-i **a**-maŕ]

médecin دكتور [dok-**tôŕ**]

▸pouvez-vous appeler un médecin, s'il vous plaît? ممكن تطلبوا دكتور من فضلكم؟ [**mom**-ken toT-**lo**-bou dok-**tôŕ** men faD-**lo**-kom?]

▸je dois absolument voir un médecin لازم أروح لدكتور ضروري [**lâ**-zem a-**rouH** lé-dok-**tôŕ** Da-**ŕou**-ŕi]

▸pouvez-vous me donner le numéro de votre médecin? ممكن تديني رقم تليفون الدكتور بتاعك؟ [**mom**-ken ted-**dî**-ni ŕa-qam_ed dok-**tôŕ** bé-**tâ**-εak?]

médicament دوا [**da**-wa]

▸auriez-vous un médicament contre...? عندك دوا لل...؟ [**εan**-dak **da**-wa l_el...?]

▸j'ai oublié mes médicaments نسيت الأدوية [né-**sît**_el **ad**-wé-ya]

▸je ne prends pas d'autres médicaments en ce moment ما باخدش علاج تاني حاليا [ma ba-**khodsh**ᵉ εé-lâg **tâ**-ni **Ha**-lé-yan]

méduse جلي فيش [jelly fish]

▸est-ce qu'il y a des méduses sur cette plage? يا ترى فيه جلي فيش في البحر هنا؟ [ya ta-ŕa **fîh** jelly fish f_el **baHŕ**ᵉ hé-na?]

meilleur *(comparatif)* أحسن [**aH**-san]; *(superlatif)* الأحسن [el **aH**-san]

▸il est meilleur que moi aux échecs هو أحسن مني في الشطرنج [**how**-wa **aH**-san **men**-ni f_esh sha-Ta-**ŕang**]

▸il n'y a rien de meilleur qu'un bon thé à la menthe! مفيش حاجة أحلى من الشاي بالنعناع! [mafîsh **Hâ**-ga **aH**-san m_esh **shây** b_en neε-**nâε**!]

melon شمام [sham-**mâm**]

membre *(adhérent)* عضو [εoD-w]

- doit-on être membre pour entrer ? الدخول للأعضاء بس؟ [ed dou-**khoul** l‿el aε-**Dâ'** bass ?]
- j'ai une carte de membre des auberges de jeunesse عندي كارت عضوية لبيوت الشباب [**εan**-di kart^e εoD-**wey**-ya lé bou-**yout**‿esh sha-**bâb**]

même *(identique)* نفس [nafs]

- la même chose pour moi نفس الحاجة عشاني [**nafs**‿el **Hâ**-ga εa-**shâ**-ni]
- bon appétit ! – vous de même بالهنا و الشفا - شكرا [b‿el **ha**-na w‿esh **shé**-fa – **shok**-ŕan !]
- je participerai à l'excursion même s'il ne fait pas beau مهما كان الجو حطلع الرحلة [**mah**-ma kân‿eg gaw **HaT**-laε‿eŕ **ŕeH**-la]

ménage تنضيف [tan-**Dîf**]

- est-ce qu'il y a un service de ménage ? يا ترى فيه خدمة لتنضيف الغرف؟ [ya ta-ŕa fîh **khed**-ma lé tan-**Dîf** el **ro**-ŕaf ?]
- faut-il faire le ménage avant de partir ? يا ترى لازم ننضف الغرف قبل ما نمشي؟ [ya ta-ŕa **lâ**-zem né-**naD**-Daf‿el **ro**-ŕaf **abl**^e ma **nem**-shi ?]

mener يودي [yé-**wad**-di]

- cette route mène bien à la gare ? الطريق ده بيودي ع المحطة؟ [eT Ta-**ŕî'** da biy-**wad**-di εa‿l ma-**HaT**-Ta ?]

menthe نعناع [neε-**nâε**]

menton دقن [da'n]

menu منيو [men-you], قائمة المأكولات [qa-**é**-met‿el ma'-kou-**lât**]

- avez-vous un menu en français ? عندكو منيو بالفرنساوي؟ [εan-**do**-ko men-you b‿el fa-ŕan-**sâ**-wi ?]
- vous avez un menu enfant ? عندكو وجبة للأطفال؟ [εan-**do**-ko **wag**-ba l‿el aT-**fâl** ?]
- nous prendrons le menu ناخد طبق اليوم [**nâ**-khod Ta-ba'‿el **yôm**]

mer بحر [baH-ŕ]

- la mer Méditerranée البحر الأبيض المتوسط [el **baHŕ**‿el **ab**-yaD‿el mou-ta-**was**-seT]
- la mer Rouge البحر الأحمر [el **baHŕ**‿el **aH**-maŕ]
- la mer est à combien de temps à pied ? ياخد وقت قد إيه لو رحنا البحر مشي؟ [**yâ**-khod wa't **ad**-dé **êh** law **ŕoH**-na‿l **baHŕ**^e mashy ?]

ZOOM
Merci !

À côté du traditionnel shokran *et de ses variantes (*alf shokr, moutashakker, ashkorak*), d'autres expressions sont employées pour dire merci. On pourra par exemple utiliser les formules* Kattar kheirak *(« qu'il te soit accordé de la prospérité ») ou* allah yekhallîk *(« que Dieu te garde »), pour répondre à un compliment ou à une demande de nouvelles de la famille.*

▶ la mer est bonne ? المية حلوة؟ [el **may**-ya **Hel**-wa ?]
▶ la mer est un peu froide المية ساقعة شوية [el **may**-ya **sa'**-ɛa sh**way**-ya]
▶ la mer est agitée البحر هايج [el **baHr**ᵉ **hâ**-yeg]

merci ! شكرا! [**shok**-ŕan !]
▶ merci beaucoup ! شكرا جزيلا! [**shok**-ŕan ga-**zî**-lan !]
▶ merci pour tout ! شكرا على كل شيء! [**shok**-ŕan ɛa-la **koll**ᵉ **shê'** !]

mère أم [omm]
▶ ta mère est très gentille والدتك لطيفة جدا [wal-**dé**-tak la-**Tî**-fa **ged**-dan]

merveilleux رائع [ŕâ-éɛ]
▶ c'est un pays merveilleux البلد دي رائعة [el **ba**-lad-di **ŕâ**-é-ɛa]

message رسالة [ŕé-**sâ**-la]
▶ vous pourrez lui transmettre mon message ? ممكن توصل له رسالتي؟ [**mom**-ken té-waS-**Sal**-lo ŕé-**sal**-ti ?]
▶ tu as eu mon message ? *(vocal, e-mail)* وصلت لك رسالتي؟ [weS-**let**-lak ŕé-**sal**-ti ?]

remerciements **INFO**

▶ je vous remercie أنا متشكر [a-na mout-**shak**-keŕ]
▶ merci, c'est très gentil à vous ده ذوق منكم إشكرا [**shok**-ŕan da **zô'** **men**-kom]
▶ je ne sais comment vous remercier مش عارف أشكركم إزاي [mesh **ɛâ**-ŕef ash-**koŕ**-kom ez-**zây**]
▶ je vous remercie de votre aide أنا متشكر على مساعدتكم [a-na mot-**shak**-keŕ ɛa-la mou-saɛ-**det**-kom]
▶ je voulais vous remercier de m'avoir invité حبيت أشكركم ع العزومة! [Hab-**bêt** ash-**koŕ**-kom ɛa_l ɛo-**zou**-ma]

météo النشرة الجوية [en **nash**-ŕa‿g gaw-**wey**-ya]

▶ quelles sont les prévisions météo pour demain ? ايه تنبؤات جو بكرة؟ [**êh** ta-nab-bo-**ât** gaww[e] **bok**-ŕa ?]

métier مهنة [**meh**-na]

▶ tu fais quoi comme métier ? مهنتك إيه؟ [meh-**né**-tak **êh** ?]

mètre متر [metŕ]

▶ je mesure 1 mètre 75 طولي متر خمسة وسبعين [Tou-li metŕ[e] **kham**-sa wé sab-**εîn**]

métro *(réseau)* المترو [el **met**-ŕo] ; *(train)* مترو [**met**-ŕo]

▶ où est le métro le plus proche ? فين أقرب محطة مترو؟ [fên **a'**-ŕab ma-**HaT**-Tet **met**-ŕo ?]

▶ est-ce que je peux avoir un plan du métro ? ممكن تديني خريطة المترو؟ [**mom**-ken ted-**dî**-ni kha-**ŕî**-Tet‿el **met**-ŕo ?]

▶ à quelle heure est le dernier métro ? آخر مترو امتى؟ [â-kheŕ **met**-ŕo em-ta ?]

mettre *(placer, poser)* يحط [yé-**HoTT**] ; *(vêtement)* يلبس [**yel**-bes] ; *(temps)* ياخد وقت [**yâ**-khod **wa't**]

▶ je peux mettre mes bagages quelque part ? ممكن أحط شنطتي فين؟ [**mom**-ken a-**HoTT**[e] shan-**Té**-ti **fên** ?]

▶ je n'ai vraiment rien à me mettre ! حقيقي ما عنديش حاجة ألبسها! [Ha-**î**-i ma-εan-**dîsh** Ha-ga al-**bes**-ha !]

▶ combien de temps met-on pour aller à Port-Saïd ? بياخد وقت قد إيه عشان نروح بور سعيد؟ [bi-**yâ**-khod **wa't**[e] addé **êh** εa-**shân** né-**ŕouH** boŕ sa**εîd** ?]

miel عسل [**εa**-sal]

▶ c'est fait avec du miel ? ده معمول بالعسل؟ [da maε-**moul** b‿el **εa**-sal ?]

mieux أحسن [**aH**-san]

▶ il vaut mieux... يستحسن... [yous-**taH**-san...]

▶ quel est le mieux situé des deux hôtels ? أنهي أوتيل فيهم مكانه أحسن؟ [**an**-hi o-**têl** fî-hom, ma-**kâ**-no **aH**-san ?]

▶ est-ce que tu te sens mieux ? حاسس نفسك أحسن؟ [**Hâ**-ses **naf**-sak **aH**-san ?]

ZOOM
La mère

Le 21 mars, au moment où sous d'autres latitudes on fête le printemps, l'Égypte célèbre la mère. La mère est sacralisée : « sous les pieds des mères est le Paradis », dit le Coran. Ajoutons que l'Égypte est nommée Omm ed donya *(« la mère du monde »).*

ZOOM
Le miel

Il y a le miel blanc des abeilles, εasal abyaD, *et le miel noir,* εasal eswed, *mélasse de canne à sucre. Le miel, associé à la douceur, se retrouve dans de nombreuses expressions. On l'utilise ainsi dans la formule de salut* naharak zayy el εasal *(« que ta journée soit aussi douce que le miel »). On parle également de* shahr el εasal, *le « mois de miel », c'est-à-dire la « lune de miel ». Dire de quelqu'un qu'il est* εasal *signifie qu'il est « adorable ». Le mot miel entre aussi dans de nombreux proverbes, dont :* yôm εasal we yôm baSal *(« un jour de miel, un jour d'oignon »), que l'on peut traduire plus familièrement par « un jour avec, un jour sans ».*

milieu (au) وسط [wesT]

▸ je peux me mettre au milieu ? ممكن أقعد في النص؟ [**mom**-ken **a**-εod f‿en-**noSS** ?]

minaret مأذنة [ma'-**za**-na]

▸ est-il possible de monter dans le minaret ? ممكن نطلع في المأذنة؟ [**mom**-ken **neT**-laε f‿el ma'-**za**-na ?]

mince *(personne)* رفيع [ŕo-**fay**-yaε]

▸ elle est très mince هي رفيعة قوي [**hey**-ya ŕo-fay-**ya**-εa **a**-wi]

minimum (au) ع الأقل [εa‿l a-**all**]

minute دقيقة [dé-**î**-a]

▸ j'arrive dans 5 minutes حاوصل بعد خمس دقايق [**Haw**-Sal **baεd**ᵉ **kha**-mas da-**â**-ye']

▸ le train part dans 10 minutes القطر حيطلع بعد عشر دقايق [el **aTŕ**ᵉ Ha-yeT-laε **baεd**ᵉ εa-shaŕ da-**â**-ye']

mi-temps *(SPORT)* الهاف تايم [el hâf **tay**-me]

▸ la mi-temps a-t-elle déjà eu lieu ? خلص الهاف تايم؟ [khé-leS‿el haf **tay**-me ?]

mobylette اسكوتر [**skou**-taŕ]

▸ je voudrais louer une mobylette عايز أأجر اسكوتر [**εâ**-yez a-**ag**-gaŕ **skou**-taŕ]

moderne حديث [Ha-**dîs**]

▸ c'est un immeuble moderne ? دي عمارة حديثة؟ [di εé-**mâ**-ŕa Ha-**dî**-sa ?]

moi أنا [a-na]

▸ bonjour, moi c'est Olivier صباح الخير أنا أوليفييه [Sa-**bâH**‿el **khêŕ** **a**-na olivier]

▸ c'est pour moi ? ده عشاني؟ [da εa-**shâ**-ni ?]

moins أقل [a-**all**]

▸ il y a au moins trois heures de route الطريق بياخد تلت ساعات ع الأقل [eT Ta-**ŕî'** bi-**yâ**-khod ta-lat sa-**εât** ε‿al a-**all**]

▸ elle a deux ans de moins que moi هي أصغر مني بسنتين [hey-ya aS-raŕ men-ni bé-sa-na-tên]

mois شهر [shah-ŕ]

▸ au mois de juin في شهر يونيو [fi shah-r^e yon-yo]

▸ je repars dans un mois أنا ماشي بعد شهر [a-na mâ-shi baεd^e shah-ŕên]

moitié نص [noSS]

▸ tu en veux la moitié ? انت عايز النص؟ [en-ta εâ-yez‿en noSS ?]

moment وقت [wa't]

▸ pour le moment... حاليا... [Ha-lé-yan...]

▸ il y a une très bonne expo en ce moment فيه معرض كويس جدا حاليا [fîh maε-ŕaD kway-yes Ha-lé-yan]

momie موميا [moum-ya]

monde ناس [nâs]

▸ il y a beaucoup de monde فيه ناس كتير [fîh nâs ké-tiŕ]

moniteur مدرب [mou-daŕ-ŕeb]

▸ il y a un moniteur par niveau ? يا ترى فيه مدرب لكل مستوى؟ [ya ta-ŕa fîh mou-daŕ-ŕeb lé-koll^e mous-ta-wa ?]

monnaie فكة [fak-ka]

▸ pourriez-vous me faire de la monnaie ? ممكن تفكلي؟ [mom-ken té-fok-ké-li ?]

▸ gardez la monnaie خلي الباقي عشانك [khal-li‿l bâ-i εa-shâ-nak]

▸ je crois que vous vous êtes trompé en me rendant la monnaie أظن فيه غلط في الحساب [a-Zonn^e fîh ra-laT f‿el Hé-sâb]

monsieur أستاذ [os-tâz]

▸ merci, monsieur ! شكرا يا أستاذ! [shok-ŕan ya os-tâz !]

▸ monsieur Maalouf est-il là ? الأستاذ معلوف موجود؟ [el os-tâz maε-louf maw-goud ?]

montagne جبل [ga-bal]

▸ nous allons passer quelques jours à la montagne رايحين نقضي كام يوم في الجبل [ŕay-Hîn né-aD-Di kam yôm f‿el ga-bal]

monter *(route)* يطلع [yeT-laε] ; *(dans un véhicule, une embarcation, à cheval)* يركب [yeŕ-kab] ; *(une tente)* ينصب [yon-Sob] ; *(la clim)* يعلي [yé-εal-li] ; *(marée)* البحر بيعلى [yeε-la]

- est-ce que ça monte beaucoup ? يا ترى الطريق بيطلع جامد؟ [ya ta-ŕa eT Ta-ŕî' bi-**yeT**-laε **gâ**-med ?]
- combien de personnes peuvent monter dans ce bateau ? المركب بياخد كام راكب؟ [el **maŕ**-keb bi-**yâ**-khod kâm **ŕâ**-keb ?]
- pouvons-nous monter notre tente ici ? ممكن ننصب الخيمة هنا؟ [**mom**-ken non-Sob‿el **khê**-ma hé-na ?]
- tu peux monter la clim ? ممكن تعلي التكييف؟ [**mom**-ken té-**εal**-li‿t tak-**yîf** ?]
- tu sais monter à cheval ? تعرف تركب حصان؟ [**téε**-ŕaf **teŕ**-kab Ho-**Sân** ?]
- la mer est en train de monter البحر بيعلى [el **baH**ŕ[e] bi-**yeε**-la]

montre ساعة [**sâ**-εa]

- je n'ai pas de montre ما عنديش ساعة [ma-εan-**dîsh** sâ-εa]

montrer يوري [yé-**waŕ**-ŕi]

- pourriez-vous me montrer où ça se trouve sur la carte ? ممكن توريني ده فين ع الخريطة؟ [**mom**-ken té-waŕ-**ŕî**-ni da **fên** εa‿l kha-**ŕî**-Ta ?]

monument معالم اثرية [ma-**εâ**-lem a-sa-**ŕey**-ya]

- quels sont les monuments à voir absolument ? إيه هي المعالم اللي تتشاف ضروري؟ [êh **hey**-ya‿l ma-**εâ**-lem elli tet-**shâf** Da-**ŕou**-ŕi ?]

morceau *(part)* قطعة [**qeT**-εa] ; *(en-cas, collation)* لقمة [**lo'**-ma]

- je peux en reprendre un morceau ? ممكن آخد قطعة تانية؟ [**mom**-ken **â**-khod **qeT**-εa **tan**-ya ?]
- on va manger un morceau ? نروح ناكل لقمة؟ [né-**ŕouH** nâ-kol **lo'**-ma ?]

mordre يعض [yé-**εoDD**]

- je me suis fait mordre par un chien فيه كلب عضني [fîh **kalb**[e] εaD-**Dé**-ni]

mort ميت [**may**-yet]

- la batterie est morte البطارية نامت [el baT-Ta-**ŕey**-ya **nâ**-met]
- je suis mort de fatigue أنا ميت من التعب [a-na **may**-yet m‿et **ta**-εab]

mosquée مسجد [mas-ged]

- est-il possible de visiter la mosquée ? ممكن نزور الجامع؟ [**mom**-ken né-**zouŕ**‿el **gâ**-méε ?]

mot كلمة [**kel**-ma]

▶ je ne sais pas quel est le mot en arabe ما عرفش إيه هي الكلمة بالعربي [maɛ-**rafsh** êh **hey**-ya‿k **kel**-ma b‿el ɛa-**ŕa**-bi]

moteur موتور [mo-**tôŕ**]

▶ le moteur fume الموتور بيدخن [el mo-**tôŕ** biy-**dakh**-khan]

▶ le moteur fait un drôle de bruit الموتور بيعمل صوت غريب [el mo-**tôŕ** bi-yeɛ-mel **Sôt** ra-**ŕîb**]

moto موتوسيكل [mo-to-**sikl**]

▶ je voudrais louer une moto عايز أأجر موتوسيكل [**ɛâ**-yez a-**ag**-gaŕ mo-to-**sikl**]

mouche دبانة [deb-**bâ**-na]

mouchoir منديل [man-**dîl**]

▶ auriez-vous un mouchoir en papier ? عندكو مناديل ورق؟ [ɛan-**do**-ko ma-na-**dîl** wa-ŕa' ?]

mouillé مبلول [mab-**loul**]

▶ mon linge est encore mouillé غسيلي لسه مبلول [ra-**sî**-li **les**-sa mab-**loul**]

moules بلح البحر [ba-**laH**‿el **baHŕ**]

mousse à raser صابون حلاقة [Sa-**boun** Hé-**lâ**-a]

moustache شنب [**sha**-nab]

moustiquaire ناموسية [na-mou-**sey**-ya]

▶ la moustiquaire est déchirée الناموسية مقطوعة [en na-mou-**sey**-ya ma'-**Tou**-ɛa]

moustique ناموس [na-**mous**]

▶ je voudrais un produit contre les moustiques عايز حاجة للناموس [**ɛâ**-yez **Hâ**-ga l‿en na-**mous**]

moutarde موستاردة [mos-**taŕ**-da]

▶ avec de la moutarde, s'il vous plaît بالموستاردة لو سمحت [b‿el mos-**taŕ**-da law sa-**maHt**]

mouton *(viande)* ضاني [**Dâ**-ni]

▶ c'est de la viande de mouton ? دي لحم ضاني؟ [di **laHm**ᵉ **Dâ**-ni ?]

moyen *adj (acceptable, passable)* نص نص [noSS^e noSS]
m (de transport) وسيلة [wa-sî-la]
- le restaurant était moyen المطعم كان نص نص [el maT-ɛam kân noSS^e NoSS]
- quel est le moyen le plus rapide pour se rendre en ville ? إيه أسرع وسيلة عشان نوصل وسط البلد؟ [êh as-ɾaɛ wa-sî-la ɛa-shân new-Sal wesT‿el ba-lad ?]

mûr *(fruit)* مستوي [mes-té-wi]

musée متحف [mat-Haf]
- à quelle heure ouvre le musée ? المتحف بيفتح الساعة كام؟ [el mat-Haf bi-yef-taH‿es sâ-ɛa kâm ?]
- où se trouve le musée d'art contemporain ? متحف الفن الحديث فين؟ [mat-Haf‿el fann‿el Ha-dîs fên ?]

musique موسيقى [mou-sî-qa]
- on passe quel genre de musique dans cette boîte ? ايه نوع الموسيقى اللي بيقدموه في الديسكو؟ [êh nouɛ‿el mou-sî-qa‿lli biy-ad-dé-mouh f‿ed dis-ko ?]

musulman مسلم [mos-lem]
- êtes-vous musulman ? حضرتك مسلم؟ [HaD-ɾé-tak mos-lem ?]

N

nager يعوم [yé-ɛoum]
- mon fils ne sait pas nager ابني مبيعرفش يعوم [eb-ni mab-yéɛ-ɾafsh^e yé-ɛoum]
- peut-on nager dans la rivière ? ممكن نعوم في الترعة؟ [mom-ken né-ɛoum f‿et teɾ-ɛa ?]

naître مولود [maw-loud]
- je suis né le 2 août 1979 أنا مولود يوم اتنين أغسطس ألف وتسعمية تسعة وسبعين [a-na maw-loud yôm et-nên a-ros-Tos alf^e wé to-soɛ-mey-ya tes-ɛa wé sab-ɛîn]

natation سباحة [si-bâ-Ha]
- je fais de la natation بمارس السباحة [ba-mâ-ɾes‿es si-bâ-Ha]

nature *f* طبيعة [Ta-**bî**-εa]
adj (boisson) سادا [**sâ**-da]
▶ vous aimez la nature ? بتحب الطبيعة؟ [bet-**Hebb**‿eT Ta-**bî**-εa ?]
▶ un thé nature, s'il vous plaît شاي سادا لو سمحت [shây **sâ**-da law sa-**maHt**]

nausée غممان نفس [ra-ma-**mân** nefs]
▶ j'ai des nausées نفسي غامة علي [**nef**-si **ram**-ma εa-**lay**-ya]

navette خط [khaTT]
▶ y a-t-il une navette pour aller à l'aéroport ? يا ترى فيه أوتوبيس بيروح المطار؟ [ya ta-ŕa fîh o-to-**bîs** biy-**ŕouH**‿el ma-**Tâŕ** ?]

neiger ينزل تلج [**yen**-zel talg]
▶ il neige الدنيا بتنزل تلج [ed **den**-ya bet-**naz**-zel talg]

nettoyer ينضف [yé-**naD**-Daf]
▶ est-ce qu'il faut nettoyer l'appartement avant de partir ? يا ترى ضروري ننضف الشقة قبل ما نمشي؟ [ya ta-ŕa Da-**ŕou**-ŕi né-**naD**-Daf‿esh **sha'**-a abl[e]-ma **nem**-shi ?]

neuf *(nouveau)* جديد [gé-**dîd**]
▶ quoi de neuf ? فيه أخبار جديدة؟ [fîh akh-**bâŕ** gé-**dî**-da ?]

nez أنف [anf]

Nil نهر النيل [nahŕ‿en **nîl**]

ni... ni... لا... ولا... [lâ... wala...]
▶ je ne veux ni l'un ni l'autre مش عايز لا ده ولا ده [mesh **εâ**-yez la **da** wala da]

niveau *(compétences)* مستوى [mous-**ta**-wa] ; (AUTO) مقاس [mé-**âs**]
▶ j'ai un assez bon niveau en planche à voile مستوايا كويس في ركوب الألواح الشراعية [mous-ta-**wâ**-ya kway-yes fi ŕou-**koub**‿el al-**wâH**‿esh shé-ŕa-**εey**-ya]
▶ pouvez-vous vérifier le niveau d'huile ? ممكن تكشف لي ع الزيت؟ [mom-ken tek-**shef**-li εa‿z **zêt** ?]

ZOOM
Noël

Noël est fêté dans les milieux catholiques le 25 décembre. Les orthodoxes le fêtent le 7 janvier, qui est un jour de congé officiel depuis quelques années, en raison de la présence des coptes.

Noël عيد الميلاد المجيد [εîd‿el mi-**lâd**‿el ma-**gîd**], كريسماس [**kŕis**-mas]
- joyeux Noël ! عيد سعيد كل سنة وانتوطيبين! [εîd sa-**εîd**, koll^e **sa**-na w‿**en**-tou Tay-yé-**bîn** !]

noir اسود [**es**-wed]
- je voudrais une pellicule noir et blanc عايز فلم اسود وابيض [**εâ**-yez felm **es**-wed w‿**ab**-yaD]

noix جوز [gôz]
- noix de coco جوز هند [**gôz** hend]

nom اسم [esm]
- nom de famille لقب العيلة [**la**-qab‿el **εê**-la]
- j'ai réservé une chambre au nom de Loaye حجزت الغرفة باسم لؤي [Ha-**gazt**‿el **roŕ**-fa bé-**esm**^e Loaye]

non لا [lâ]
- non, merci ! لا شكراً! [lâ **shok**-ŕan !]
- je crois que non أفتكر لا [af-**té**-keŕ **lâ**]

non-fumeur غير مدخن [**rêŕ** mou-**dakh**-khen]
- y a-t-il un espace non-fumeur ? هو فيه مكان لغير المدخنين؟ [**how**-wa fîh ma-**kân** lé-**rêŕ**‿el mou-dakh-khé-**nîn** ?]

nord شمال [sha-**mâl**]
- c'est au nord de la ville ? هو في شمال المدينة؟ [**how**-wa fi sha-**mâl**‿el ma-**dî**-na ?]

note *(dans un hôtel, un café, une épicerie)* حساب [Hé-**sâb**]
- mettez ça sur ma note حطه على حسابي [**HoT**-To εa-la Hé-**sâ**-bi]
- vous pouvez préparer ma note, s'il vous plaît ? ممكن تحضر لي الحساب من فضلك؟ [**mom**-ken té-HaD-**Daŕ**-li el Hé-**sâb** men **faD**-lak ?]

noter يكتب [**yek**-teb]
- je vais noter ton adresse حاكتب عنوانك [**Hak**-teb εen-**wâ**-nak]

nous احنا [**eH**-na]
- nous sommes quatre احنا أربعة [**eH**-na **aŕ**-ba-εa]

nouveau جديد [gé-**dîd**]

▸ regarde ma nouvelle chemise بص شوف قميصي الجديد [**boSS**ᵉ shouf a-**mî**-Si ˍl gé-**dîd**]

nouvelle *(information)* خبر [**kha**-baŕ]

▸ quelle bonne nouvelle ! أما خبر حلو قوي! [am-ma **kha**-baŕ **Helw**ᵉ a-wi !]

▸ tu as des nouvelles de Marie ? عندك أخبار من ماري؟ [**ɛan**-dak akh-**bâŕ** men ma-ŕi ?]

noyer (se) يغرق [**yer**-ŕa']

▸ il est en train de se noyer, il faut appeler de l'aide ! الحقوا بيغرق أطلبوا مساعدة بسرعة! [el-**Ha**-ou bi-**yer**-ŕa', oT-lo-bou mou-**saɛ**-da bé-**sor**-ɛa !]

nuage غيم [rêm]

▸ tu crois que les nuages vont passer ? تفتكر السما حتصفى؟ [tef-**té**-keŕˍes sa-ma Ha-**teS**-fa ?]

nuit ليلة [**lê**-la] ; *(opposé à jour)* ليل [lêl]

▸ il fait nuit الدنيا ليل [ed **den**-ya lêl]

▸ bonne nuit ! تصبح على خير! [**teS**-baH ɛa-la **khêr** !]

▸ je voudrais rester une nuit supplémentaire عايز ليلة إضافية [**ɛâ**-yez **lê**-la i-Da-**fey**-ya]

▸ y a-t-il des bus de nuit ? يا ترى فيه أوتوبيسات خدمة ليلية؟ [ya ta-ŕa fîh o-to-bi-**sât** khed-ma lay-**ley**-ya ?]

nul أي كلام [ayyᵉ ka-**lâm**]

▸ je suis nulle en cuisine ما ليش في الطبيخ [ma-**lîsh** fˍeT Ta-**bîkh**]

▸ ce film est vraiment nul الفلم ده مقلب [el felmᵉ da **ma'**-lab]

numéro نمرة [**nem**-ŕa]

▸ quel est le numéro des pompiers ? نمرة المطافي كام؟ [**nem**-ŕet el ma-**Tâ**-fi **kâm** ?]

▸ je te laisse mon numéro ? أسيب لك نمرتي؟ [a-**seb**-lak nem-**ŕé**-ti ?]

▸ tu as un numéro de portable ? عندك رقم تليفون موبايل؟ [**ɛan**-dak **ŕa**-qam ti-li-**fôn** mo-**bayl** ?]

O

oasis واحة [wâ-Ha]

obélisque مسلة [ma-**sal**-la]

objet شيء [shê']

▸ où se trouve le bureau des objets trouvés ? فين مكتب المفقودات؟ [fên **mak**-tab‿el maf-qou-**dât** ?]

obligatoire اجباري [eg-**bâ**-ŕi]

▸ la réservation est-elle obligatoire ? يا ترى لازم الحجز؟ [ya ta-ŕa **la**-zem‿el **Hagz** ?]

obligé مضطر [moD-**Taŕŕ**]

▸ je suis obligé de repasser à l'hôtel أنا مضطر أفوت ع الفندق من تاني [**a**-na moD-**Taŕŕ**e a-**fout** ɛa‿l **fon**-do' men **tâ**-ni]

occasion فرصة [**foŕ**-Sa]

▸ d'occasion مستعمل [mos-**taɛ**-mal]

▸ j'espère qu'on aura l'occasion de se revoir اتمنى يكون فيه فرصة تانية نتقابل فيها [at-**man**-na yé-**koun** fih **foŕ**-Sa tan-ya net-**â**-bel **fî**-ha]

Occident غرب [raŕb]

occidental غربي [**raŕ**-bi]

occupé *(place, ligne de téléphone)* مشغول [mash-**roul**]

▸ cette place est occupée ? المكان ده مشغول؟ [el ma-**kân** da mash-**roul** ?]

▸ ça sonne occupé السكة مشغولة [es **sek**-ka mash-**rou**-la]

occuper de (s') *(se charger de)* يهتم ب [yeh-**tamm**e bi]

▸ pourriez-vous vous occuper de mes bagages ? ممكن تشوفولي الشنط؟ [**mom**-ken té-shou-**fou**-li‿sh **sho**-naT ?]

▸ on s'occupe de moi, merci شكرا فيه حد معايا بيشوف طلبي [**shok**-ŕan fîh **Hadd**e ma-**ɛâ**-ya biy-shouf **Ta**-la-bi]

océan محيط [mou-**HîT**]

œil عين [εên]

▸ il a de très beaux yeux verts ده عليه جوز عيون خضر جمال جدا [da εa-**lêh** goz εo-**youn** khoDŕ[e] go-**mâl** ged-dan]

▸ je crois que j'ai quelque chose dans l'œil افتكر فيه حاجة دخلت عيني [af-**té**-keŕ fîh Hâ-ga **da**-kha-let **εê**-ni]

▸ mon œil ! عيني في عينك كده! [**εê**-ni fi εê-nak **ké**-da !]

œuf بيض [bêD]

▸ je n'aime pas les œufs ما بحبش البيض [ma-ba-**Heb**-besh‿el **bêD**]

office de tourisme مكتب سياحة [**mak**-tab si-**yâ**-Ha]

▸ où se trouve l'office de tourisme ? ألاقي فين مكتب السياحة؟ [a-**lâ**-i fên **mak**-tab‿es si-**yâ**-Ha ?]

offrir يعزم على [**yéε**-zem εa-la] ; *(un cadeau)* يهدي [**yeh**-di]

▸ je t'offre un verre أعزمك على كاس [aε-**zé**-mak εa-la **kâs**]

▸ pouvez-vous m'offrir une cigarette ? ممكن تعزم علي بسيجارة؟ [**mom**-ken **téε**-zem εa-**lay**-ya bé-si-**gâ**-ŕa ?]

oignons بصل [ba-Sal]

oiseau عصفور [εaS-**fouŕ**]

ok ! ماشي أوكي! [**mâ**-shi **ok**-kay !]

olive زيتون [za-**toun**]

ombre ضل [Dell]

▸ je préférerais me mettre à l'ombre أفضل أقعد في الضل [a-**faD**-Dal a-εod f‿eD **Dell**]

omelette عجة [**εeg**-ga]

ZOOM
Œil

Ne vous méprenez pas si vous voyez quelqu'un pointer son index sous son œil : il ne s'agit pas d'un geste montrant l'incrédulité, mais de la traduction de « je te donnerais la prunelle des mes yeux pour te servir ». Le mot œil est entré dans une grande quantité d'expressions aux significations diverses et variées. Ainsi, pour dire « merveilleux ! » ou « super ! », on pourra utiliser la formule ya εêni ! *(« mon œil ! »). Pour exprimer sa compassion envers quelqu'un, on pourra dire* ya εêni εalêk *(« mon œil sur toi », c'est-à-dire « mon pauvre »). Pour complimenter une personne, tout en lui montrant que l'on n'est pas envieux pour autant, on pourra dire* εêni εalêk barda *(« l'œil que je porte sur toi est neutralisé, froid »). Et même dans le domaine culinaire, on retrouve l'œil, pour désigner les œufs au plat :* bêd εoyoun *(« des œufs aux yeux »). Employé seul, le mot œil (*el εên*) désigne « le mauvais œil ».*

on ▸ on y va ? يلا بينا؟ [**yal**-la **bî**-na ?]

oncle *(paternel)* عم [ɛamm] ; *(maternel)* خال [khâl]

ongles ضوافر [Da-**wâ**-feŕ]

opérer يعمل عملية [**yéɛ**-mel ɛa-ma-**ley**-ya]

▸ je me suis fait opérer il n'y a pas longtemps عملت عملية قريب [ɛa-**malt**^e ɛa-ma-**ley**-ya o-**ŕay**-yeb]

opinion رأي [ra'y]

▸ je ne partage pas votre opinion رأيي مش من رأيكم [**ra'**-yi mesh ra'-**yo**-kom]

opticien محل نضارات [ma-**Hall** naD-Da-**ŕât**]

or دهب [**da**-hab]

▸ c'est de l'or ? ده دهب؟ [da **da**-hab ?]

orage عاصفة [**ɛâ**-Sé-fa]

▸ vous croyez qu'il va y avoir de l'orage ? تفتكر الجو حيقلب لعاصفة؟ [tef-**té**-keŕ‿eg **gaw** Ha-**ye'**-leb lé-**ɛa**-Sé-fa ?]

orange *adj (couleur)* برتقاني [boŕ-to-**â**-ni]

f (fruit) برتقان [boŕ-to-**ân**]

▸ je voudrais une orange pressée عايز عصير برتقان فريش [**ɛâ**-yez ɛa-**Sîŕ** boŕ-to-**ân** fresh]

ordinateur كومبيوتر [komb-**you**-taŕ]

▸ ordinateur portable لاب توب [**lab** top]

▸ où pourrais-je trouver un ordinateur pour consulter mes mails ? ألاقي فين كومبيوتر عشان أقرا الميلات بتوعي؟ [a-**lâ**-i **fên** komb-**you**-taŕ ɛa-**shân** a'-ŕa‿el mé-**lât** bé-**tou**-ɛi ?]

opinions INFO

▸ je pense qu'il a raison أفتكر عنده حق [af-**té**-keŕ ɛan-do **Ha'**]

▸ franchement, je trouve qu'il exagère بصراحة انا شايفه بيبالغ [bé-Sa-**ŕâ**-Ha a-na **shay**-fo biy-**bâ**-ler]

▸ à mon avis, il ment في رأيي بيكدب [fi **ŕa'**-yi bi-**yek**-deb]

▸ je ne sais pas trop مش عارف بالظبط [mesh **ɛâ**-ŕef beZ **ZabT**]

▸ aucune idée ! معنديش فكرة! [ma-ɛan-**dîsh** fek-ŕa !]

ordonnance *(médicale)* روشتة [ŕo-**shet**-ta]

▶ délivrez-vous ce médicament sans ordonnance ? ممكن تصرفوا لي الدوا ده من غير روشتة؟ [**mom**-ken teS-ŕé-**fou**-li‿d **da**-wa-da men **rêŕ** ŕo-**shet**-ta ?]

ordures زبالة [zé-**bâ**-la]

oreille ودن [wedn]

▶ j'ai mal aux oreilles وداني بتوجعني [wé-**dâ**-ni bé-tew-**gaɛ**-ni]
▶ j'ai les oreilles bouchées وداني مسدودة [wé-**dâ**-ni mas-**dou**-da]

oreiller مخدة نوم [mé-**khad**-det **nôm**]

▶ pourrais-je avoir un autre oreiller ? ممكن مخدة تانية؟ [**mom**-ken mé-**khad**-da **tan**-ya ?]

organiser ينظم [yé-**naZ**-Zam]

▶ y a-t-il des visites organisées ? عندكو زيارات منظمة؟ [ɛan-**do**-ko zi-ya-**ŕât** mo-naZ-**Za**-ma ?]

Orient شرق [shar']

▶ le Proche-Orient الشرق الأدنى [esh **shar'**‿el **ad**-na]
▶ le Moyen-Orient الشرق الأوسط [esh **shar'**‿el **aw**-saT]

oriental شرقي [**shar**-'i]

origine أصل [aSl]

▶ tu es de quelle origine ? أنت من أصل إيه؟ [**en**-ta men **aSl**ᵉ êh ?]

orthodoxe أرثدوكس [oŕ-to-**doks**]

os عضم [ɛaDm]

▶ sans os مخلي [**makh**-li]

otite التهاب في الأذن [el-té-**hâb** f‿el **o**-zon]

▶ j'ai une otite عندي التهاب في ودني [**ɛan**-di el-té-**hâb** fi **wed**-ni]

ou *(déclarative)* أو [aw] ; *(interrogative)* ولا [**wal**-la]

▶ on prend du poulet ou du poisson ? ناخد فراخ ولا سمك؟ [**nâ**-khod fé-**râkh** wal-la **sa**-mak ?]

où فين [fên]

▶ excusez-moi, où se trouve la gare, s'il vous plaît ? لو سمحت المحطة فين؟ [law sa-**maHt**‿el ma-**HaT**-Ta **fên** ?]

▸ où habitez-vous ? انت ساكن فين؟ [en-ta **sâ**-ken **fên** ?]

oublier ينسى [yen-sa]

▸ j'ai oublié mon passeport à l'hôtel نسيت الباسبور في الأوتيل [né-**sît**‿el bas-**bôŕ** f‿el o-**têl**]

▸ j'ai oublié quelque chose dans l'avion نسيت حاجة في الطيارة [né-**sît** **Hâ**-ga f‿eT Tay-**yâ**-ŕa]

▸ n'oublie pas notre rendez-vous ! ما تنساش ميعادنا! [ma ten-**sâsh** mé-**ɛad**-na !]

ouest غرب [raŕ-b]

▸ c'est à l'ouest ? ده في الغرب؟ [da f‿el **raŕb** ?]

oui أيوه [ay-wa]

▸ oui, je veux bien أيوه ما فيش مانع [**ay**-wa ma-**fîsh** **mâ**-**néɛ**]

oursin ريتسا [ŕet-sa]

▸ attention, il y a des oursins ! حاسب فيه ريتسا! [**Hâ**-seb fîh **ŕet**-sa !]

ouvert فاتح [fâ-teH]

▸ le musée est-il ouvert toute la journée ? يا ترى المتحف فاتح طول النهار؟ [ya ta-ŕa‿l **mat**-Haf **fâ**-teH **Toul**‿en na-**hâŕ** ?]

▸ est-ce que c'est ouvert le dimanche ? هو مفتوح يوم الحد؟ [**how**-wa maf-**touH** yôm‿el Had ?]

ouvre-boîtes فتاحة [fat-**tâ**-Ha]

ouvrir يفتح [yef-taH]

▸ à quelle heure ouvrez-vous ? بتفتحوا الساعة كام؟ [bé-tef-**ta**-Hou‿s sa-ɛa **kâm** ?]

P

pain عيش [ɛêsh]

▸ où peut-on trouver du pain ? ألاقي عيش فين؟ [a-**lâ**-i ɛêsh **fên** ?]

▸ je peux avoir encore du pain ? ممكن عيش تاني؟ [**mom**-ken ɛêsh **tâ**-ni ?]

palais قصر [aS-ŕ]

▸ palais royal قصر ملكي [**aSŕ**ᵉ **ma**-la-ki]

palmeraie نخيل [na-**khîl**]

palmes زعانف [za-ɛâ-nef]

▸ combien coûte une paire de palmes ? بكام جوز الزعانف؟ [bé-**kâm** gôz‿ez za-ɛâ-nef ?]

palmier نخلة [**nakh**-la]

pamplemousse جريب فروت [**gŕayp** frout]

panne عطل [ɛa-Tal]

▸ panne de courant الكهربا انقطعت [el kah-**ŕa**-ba et-'a-**Ta**-ɛet]

▸ ma voiture est en panne عربيتي عطلانة [ɛa-ŕa-**bî**-ti ɛaT-**lâ**-na]

panneau يفطة [yaf-Ta]

▸ qu'est-ce qu'il y a écrit sur le panneau ? مكتوب إيه ع اليفطة؟ [mak-toub **êh** ɛa‿l **yaf**-Ta ?]

pansement ربطة [**ŕab**-Ta]

▸ je voudrais des pansements pour mes ampoules عايز بلاستر للبقاليل لو سمحت [ɛâ-yez **blas**-taŕ l‿el ba-a-**lîl**]

pantalon بنطلون [ban-Ta-**lôn**]

▸ je cherche un pantalon en lin بدور على بنطلون كتان [ba-**daw**-waŕ ɛa-la ban-Ta-**lôn** ket-**tân**]

papier *(document)* ورق [**wa**-ŕa'] ; *(feuille)* ورقة [**wa**-ŕa-a]

▸ papier alu ورق فويل [**wa**-ŕa' **foyl**]

▸ papiers d'identité أوراق إثبات شخصية [aw-**ŕâ'** es-**bât** shakh-**Sey**-ya]

▸ papier cadeau ورق لف هدايا [**wa**-ŕa' laff^e ha-**dâ**-ya]

▸ papier toilette ورق تواليت [**wa**-ŕa' **twa**-let]

▸ avez-vous du papier et un crayon ? عندك ورقة وقلم؟ [**ɛan**-dak **wa**-ŕa-a wé **a**-lam ?]

▸ il n'y a pas de papier toilette ما فيش ورق تواليت [ma-**fîsh** **wa**-ŕa' **twa**-let]

papyrus ورق بردي [**wa**-ŕa' **baŕ**-di]

ZOOM
Le pain

C'est aux Égyptiens que l'on doit d'avoir découvert la fermentation. Cette maîtrise technologique chimique, alliée à la maîtrise mécanique de l'utilisation du four, est à l'origine du pain. Plutôt que d'utiliser le mot khobz, *les Égyptiens désignent le pain par le mot* ɛêsh *(dont la racine signifie « la vie »). Le pain scelle l'amitié :* kalna sawa ɛêsh we malH *(« nous avons partagé le pain et le sel »). Le livreur de pain à bicyclette (une « institution » au Caire) pose en équilibre sur sa tête un long treillis de tiges de palmier (*nakhl*) ou un cageot ajouré où sont entassées des dizaines de galettes de pain, et se faufile ainsi entre voitures, charrettes, piétons et bus !*

paquet *(colis)* طرد [Taŕd] ; *(emballage)* لفة **[laf-fa]**

▶ paquet de cigarettes علبة سجاير [**ɛel**-bet sa-**gâ**-yeŕ]

▶ je voudrais envoyer ce paquet en France عايز أبعت الطرد ده لفرنسا [ɛâ-yez **ab**-ɛat‿eT **Taŕd**ᵉ da lé-fa-**ŕan**-sa]

▶ pourriez-vous me faire un paquet-cadeau ? ممكن تلف لي الهدية؟ [**mom**-ken té-lef-**fé**-li‿l hé-**dey**-ya ?]

paracétamol براسيتامول [ba-ŕa-**sé**-ta-mol]

▶ je voudrais un médicament avec du paracétamol عايز دوا ببراسيتامول [ɛâ-yez **da**-wa bé-ba-ŕa-**sé**-ta-mol]

paraître يظهر [yeZ-haŕ]

▶ il paraît que... الظاهر إن... [eZ **Zâ**-heŕ en...]

parapluie شمسية [sham-**sey**-ya]

▶ pourriez-vous me prêter un parapluie ? ممكن تسلفوا لي شمسية؟ [**mom**-ken té-sal-lé-**fou**-li sham-**sey**-ya ?]

parasol شمسية [sham-**sey**-ya]

▶ est-il possible de louer un parasol ? ممكن نأجر شمسية؟ [**mom**-ken né-**ag**-gaŕ sham-**sey**-ya ?]

parc جنينة [gé-**nê**-na]

▶ on va se promener dans le parc ? يلّلا نتفسح في الجنينة؟ [**yal**-la net-**fas**-saH f‿eg gé-**nê**-na ?]

parce que عشان [ɛa-**shân**]

▶ j'y vais parce qu'il est tard يلّلا أنا ماشي الوقت اتأخر [**yal**-l‿a-na **mâ**-shi, el wa'tᵉ met-'**akh**-khaŕ]

parcours *(de golf)* ملعب جولف [**mal**-ɛab golf]

▶ on pourrait faire un parcours de 18 trous ما نلعب دورة التمانتاشر حفرة [ma **nel**-ɛab **daw**-ŕa et ta-man-**tâ**-shaŕ **Hof**-ŕa]

pardon *(pour s'excuser)* آسف! [â-sef !] ; *(en passant près de quelqu'un)* عن إذنك! [ɛan **ez**-nak !] ; *(pour faire répéter)* أفندم؟ [a-**fan**-dem ?]

pare-brise قزاز العربية القدماني [é-**zâz**‿l ɛa-ŕa-**bey**-ya‿l od-da-**mâ**-ni]

▶ pourriez-vous nettoyer le pare-brise ? ممكن تنضف لي الباربريز؟ [**mom**-ken té-naD-**Daf**-li‿l **bâŕ** bŕiz ?]

pare-chocs أكصدام [ak-Sé-**dâm**]

parents أهل [ah-l]

▶ j'habite chez mes parents أنا ساكن عند أهلي [a-na **sâ**-ken **ɛand**ᵉ **ah**-li]

parfois ساعات [sa-**ɛât**]

▶ ça m'arrive parfois بيحصل لي ساعات [bé-teH-**Sal**-li sa-**ɛât**]

parfum *(odeur)* برفان [baŕ-**fân**] ; *(goût)* طعم [**Taɛ**-m]

▶ j'adore ton parfum باموت في البارفان بتاعك [ba-**mout** f‿el baŕ-**fân** bé-**tâ**-ɛak]

▶ je voudrais une glace avec trois parfums عايز أيس كريم بتلت أصناف مختلفة [**ɛâ**-yez **ays**ᵉ kŕim bé-ta-lat aS-**nâf** mokh-**ta**-lé-fa]

parking جراج [ga-**ŕâj**]

▶ le parking est-il payant ? الركن بفلوس؟ [eŕ **ŕakn**ᵉ bé fé-**lous** ?]

parler يتكلم [yet-**kal**-lem]

▶ allô, bonjour, je voudrais parler à M. Bassiouni, s'il vous plaît آلو السلام عليكم أحب أكلم الأستاذ بسيوني من فضلك [**â**lo ! es sa-**lâ**-mo ɛa-**lê**-kom, a-**Hebb**‿a-**kal**-lem‿el us-**tâz** bas-**you**-ni men **faD**-lak]

▶ je parle à peine l'arabe باتكلم يا دوب كلمتين عربي [bat-**kal**-lem ya **dôb** kel-mé-**tên** ɛa-ŕa-bi]

▶ pourriez-vous parler plus lentement ? ممكن تتكلم بالراحة ؟ [**mom**-ken tet-**kal**-lem b‿eŕ-**ŕâ**-Ha ?]

▶ y a-t-il quelqu'un qui parle français ? يا ترى فيه حد بيتكلم فرنساوي؟ [ya ta-ŕa fîh **Hadd**ᵉ bi-yet-**kal**-lem fa-ŕan-**sâ**-wi ?]

▶ vous parlez très bien français بتتكلم الفرنساوي كويس جدا [bé-tet-**kal**-lem el fa-ŕan-**sâ**-wi **kway**-yes **ged**-dan]

part *(portion)* قطعة [**qeT**-ɛa] ; *(au téléphone)* من طرف [men **Ta**-ŕaf]

▶ une part de gâteau, s'il vous plaît قطعة جاتو لو سمحت [**qeT**-ɛet ga-to law sa-**maHt**]

▶ c'est de la part de qui ? من طرف مين؟ [men **Ta**-ŕaf **mîn** ?]

partager يتقاسم [yet-**'â**-sem]

▶ on va partager, pouvez-vous nous apporter deux assiettes ? حنتقاسم ممكن تجيب لنا طبقين؟ [Ha-net-**'â**-sem **mom**-ken té-geb-**lé**-na Ta-ba-**ên** ?]

partie دور [**dôŕ**]

▶ on se fait une autre partie ? نلعب دور كمان؟ [nel-**ɛab** **dôŕ** ka-**mân** ?]

partir يمشي [yem-shi]

▶ de quel quai part le train pour... ? قطر ... بيطلع من أنهي رصيف؟ [aTŕe... bi-yeT-laɛ men an-hi ŕa-Sîf ?]

▶ quand part le prochain train pour... ? قطر... اللي جاي طالع الساعة كام؟ [aTŕe... el-li gayy Tâ-léɛ_es sâ-ɛa kâm ?]

▶ je partirai demain matin vers 9 h حمشي بكره الصبح في حدود الساعة تسعة [Ham-shi bok-ŕa_S Sob-H fi Hou-doud_es sâ-ɛa tes-ɛa]

▶ excuse-moi, je dois partir بعد إذنك لازم أمشي [baɛ-de ez-nak, lâ-zem am-shi]

partout في كل مكان [fi kolle ma-kân]

▶ j'ai voyagé un peu partout أنا لفيت في بلاد كتيرة [a-na laf-fêt fi bi-lâd ké-tî-ŕa]

pas ▶ je n'aime pas trop les oignons ما بحبش قوي البصل [ma-ba-Heb-besh a-wi _l ba-Sal]

▶ ça ne me plaît pas du tout ده مش عاجبني خالص [da mesh ɛa-geb-ni khâ-leS]

▶ tu viens ou pas ? انت جاي ولا مش جاي؟ [en-ta gayye wal-la mesh gayy ?]

passage *(court séjour)* إقامة سريعة [i-qâ-ma sa-ŕî-ɛa]

▶ passage clouté عبور للمشاة [ɛo-bouŕ l_el mo-shâh]

▶ je suis seulement de passage ici أنا مجرد معدي [a-na mé-gaŕ-ŕad mé-ɛad-di]

passager راكب [ŕâ-keb]

▶ c'est bien ici qu'arrivent les passagers du vol en provenance de Paris ? ركاب رحلة باريس بيوصلوا هنا مش كده؟ [ŕok-kâb ŕeH-let ba-ŕîs bi-yew-Sa-lou hé-na mesh ké-da ?]

passeport باسبور [bas-bôŕ], جواز سفر [ga-wâz sa-faŕ]

▶ j'ai perdu mon passeport ضيعت الباسبور [Day-yaɛt_el bas-bôŕ]

passer (TRANSP) يفوت [yé-fout] ; *(temps, vacances)* يقضي [ye'-Di] ; *(au téléphone)* يفوت [yé-faw-wet] ; *(donner)* يدي [yed-di]

▶ à quelle heure passe le bus ? الأتوبيس بيفوت الساعة كام؟ [el o-to-bîs biy-fout es sâ-ɛa kâm ?]

▶ j'ai déjà passé une semaine ici il y a quelques années أنا قضيت أسبوع هنا من كذا سنة [a-na a-Dêt ous-bouɛ hé-na men ka-za sa-na]

▶ pouvez-vous me passer Monsieur Ramez ? ممكن أكلم الأستاذ رامز؟ [mom-ken a-kal-lem_el os-tâz ŕâ-mez ?]

▶ tu peux me passer le sel ? ممكن تديني الملح؟ [mom-ken ted-dî-ni_l mal-H ?]

passer (se) *(arriver)* يحصل [yeH-Sal]

▸ que s'est-il passé ? حصل إيه؟ [Ha-Sal êh ?]

▸ ça se passe très bien كله تمام [kol-lo ta-mâm]

pastèque بطيخة [baT-Tî-kha]

pâte عجينة [ɛa-gî-na]

▸ comment on prépare la pâte ? بنعمل العجينة إزاي؟ [bé-néɛ-mel‿el ɛa-gî-na ez-zây ?]

pâtes مكرونة [ma-ka-ŕô-na]

▸ on fait des pâtes ? يللا نعمل مكرونة؟ [yal-la néɛ-mel ma-ka-ŕo-na ?]

pâtisserie *(gâteau)* حلويات [Ha-la-wey-yât]

▸ où peut-on trouver des pâtisseries traditionnelles ? ألاقي فين حلويات شرقية؟ [a-lâ-i fên Ha-la-wey-yât shaŕ-ey-ya ?]

pause راحة [ŕâ-Ha]

▸ on fait une pause ? يللا نريح شوية؟ [yal-la né-ŕay-yaH shway-ya ?]

pauvre فقير [fa-îŕ], مسكين [mas-kîn]

▸ oh, le pauvre ! مسكين! [mas-kîn !]

ZOOM

La pastèque

La baTTikha *est le fruit de l'été. Pour la choisir, on la « tambourine », mais comment sera-t-elle vraiment ? :* arɛa *(« chauve », c'est-à-dire insipide), ou bien* Hamra *(« rouge », c'est-à-dire à point) ? Les soirs d'été, on mange une pastèque* Hamra *avec du pain* baladi *et du fromage blanc. On retrouve le mot pastèque dans quelques dictons :* Hottaha fi baTnak baTTikha Sêfi *(« avale-la comme une pastèque d'été »), c'est-à-dire « ne te prends pas la tête ! » ;* Eg gawâz zayy el baTTikh *(« le mariage est comme une pastèque »), une manière de dire qu'au moment où l'on se marie, on ne sait pas si le mariage sera raté ou réussi.*

payant *(entrée)* بفلوس [bé-fé-lous]

▸ l'exposition est-elle payante ? يا ترى دخول المعرض بفلوس؟ [ya ta-ŕa dou-khoul‿el maɛ-ŕaD bé-fé-lous ?]

payer *(achat, facture, note)* يدفع [yed-faɛ]

▸ est-ce que je peux payer avec ma carte Bleue® ? ممكن أدفع بالفيزا كارت؟ [mom-ken ad-faɛ b‿el vî-za kaŕt ?]

▸ on va payer séparément كل واحد يدفع حصته [koll^e wâ-Hed yed-faɛ HeS-Sé-to]

pays بلد [ba-lad]

▸ tu es originaire de quel pays ? انت من أنهي بلد؟ [en-ta men an-hi ba-lad ?]

paysage منظر طبيعي [man-Zaŕ Ta-bî-ɛi]

péage *(taxe)* رسوم [ŕou-**soum**]

▸ cette autoroute est-elle à péage ? الطريق ده برسوم؟ [eT Ta-**ŕî'** da bé ŕou-**soum** ?]

peau بشرة [**bash**-ŕa]

▸ j'ai la peau sensible بشرتي حساسة [bash-**ŕé**-ti Has-**sâ**-sa]

pêche *(activité)* صيد [**Sêd**] ; *(fruit)* خوخ [**khôkh**]

▸ quels sont les bons coins pour la pêche ? أحسن أماكن للصيد فين؟ [**aH**-san a-**mâ**-ken LeS **Sêd** fên ?]

pêcher يصطاد [yeS-**Tâd**]

▸ on peut pêcher ici ? ممكن نصطاد هنا؟ [**mom**-ken neS-**Tâd** **hé**-na ?]

pédale *(de voiture)* دواسة [daw-**wâ**-sa] ; *(de vélo)* بدال [bad-**dâl**]

▸ les pédales de ma voiture sont bloquées الدواسات حجرت [ed daw-wa-**sât** **Ha**-ga-ŕet]

pédalo بدالات [bad-da-**lât**]

▸ combien coûte une heure de pédalo ? بكام تأجير ساعة البدالات؟ [bé-**kâm** ta'-**gîŕ** sâ-ɛa el bad-da-**lât** ?]

peigne مشط [**méshT**]

peine *(effort)* تعب [**ta**-ɛab] ; *(tristesse)* حزن [**Hozn**]

▸ non, merci, ce n'est pas la peine, je vais me débrouiller لا معلهش مفيش داعي حتصرف [la ma**fîsh** **dâ**-ɛi Hat-**Saŕ**-ŕaf]

▸ je ne voudrais pas lui faire de la peine مش عاوز أزعله [mesh **ɛâ**-wez a-zaɛ-**ɛa**-lo]

pellicule فلم كاميرا [felm **ka**-mé-ŕa]

▸ avez-vous des pellicules noir et blanc ? عندكو أفلام اسود وابيض؟ [ɛan-**do**-ko af-**lâm** es-wed w_**ab**-yaD ?]

▸ je voudrais faire développer cette pellicule عايز أحمض الفلم ده [**ɛâ**-yez a-**Ham**-maD_el **felm**ᵉ da]

pellicules قشر [**ésh**-ŕ]

▸ auriez-vous un shampooing contre les pellicules ? عندكو شامبو للقشر؟ [ɛan-**do**-ko sham-bou L_el **éshŕ** ?]

pendant خلال [khi-**lâl**]

▸ pendant mon séjour, ... خلال مدة إقامتي... [khi-**lâl** mod-det i-**qam**-ti...]

pénicilline بنسيلين [ben-si-**lîn**]

▸ je suis allergique à la pénicilline عندي حساسية من البنسيلين [ɛan-di Ha-sa-**sey**-ya men‿el ben-si-**lîn**]

penser يفكر [yé-**fak**-kaŕ]

▸ je pense rester ici quelques jours بافكر أقعد هنا كام يوم [ba-**fak**-kaŕ a-ɛod **hé**-na kam **yôm**]

▸ qu'est-ce que tu en penses ? رأيك إيه؟ [**ŕa'**-yak **êh** ?]

pension *(hôtel)* بنسيون [bans-**yôn**]

▸ demi-pension بيات نص إقامة [ba-**yât** noSSᵉ i-**qâ**-ma]

▸ pension complète بيات إقامة كاملة [ba-**yât** i-**qâ**-ma **kam**-la]

▸ est-ce que vous faites la demi-pension ? يا ترى ممكن آخد نص إقامة؟ [ya ta-ŕa **mom**-ken â-khod noSSᵉ i-**qâ**-ma ?]

▸ pouvez-vous m'indiquer une petite pension pas trop chère ? تعرفوا بنسيون مش غالي قوي؟ [téɛ-**ŕa**-fou bans-**yôn** mesh **râ**-li **a**-wi ?]

perdre ضيع [Day-yaɛ]

▸ j'ai perdu mes bagages, à qui dois-je m'adresser ? شنطي ضاعت أسأل مين؟ [shan-**Té**-ti **Dâ**-ɛet **as**-'al **mîn** ?]

perdre (se) يتوه [yé-**touh**]

▸ pourriez-vous m'aider ? je crois que je me suis perdu ممكن تساعدني افتكر تهت؟ [**mom**-ken té-sa-**ɛed**-ni, af-**té**-keŕ **toht** ?]

père آب [abb]

▸ mon père est né à Marsa Alam والدي مولود في مرسى عالم [**wal**-di maw-**loud** fi maŕ-**sa** ɛa-lam]

périmé منتهى الصلاحية [mon-**ta**-ha‿S Sa-la-**Hey**-ya]

▸ ce produit est périmé السلعة دي صلاحيتها خلصت [es **sel**-ɛa di Sa-la-hey-**yet**-ha en-**ta**-het]

permis de conduire رخصة [**ŕokh**-Sa]

▸ je n'ai pas mon permis de conduire sur moi ممعييش الرخصة [mam-ɛa-**yîsh** eŕ **ŕokh**-Sa]

persil بقدونس [ba'-**dou**-nes]

ZOOM

Le petit déjeuner

Le petit déjeuner typique égyptien est essentiellement salé et ne se prend pas au saut du lit mais en cours de matinée, y compris sur le lieu de travail. On mange des foul *(fèves), des* Taɛmeya *(beignets de purée de fèves), des œufs à la* bastourma *(viande de bœuf séchée, spécialité arménienne), ou encore des fromages. S'agissant du sucré, il y a les confitures, comme par exemple la* Halawa *(à base de pâte de sésame) et le miel (le blanc ou le noir, appelé mélasse).*

personne *f* شخص [shakh-S]

pron حد [Had]

▸ je voudrais réserver une chambre pour deux personnes عايز أحجز غرفة لشخصين [ɛâ-yez **aH**-gez **roŕ**-fa lé-shakh-**Sên**]

▸ combien ça coûte par personne ? بكام الفرد؟ [bé-**kâm**‿el faŕd ?]

▸ il n'y a personne مفيش حد [ma-**fîsh** Hadd]

perte فقد [faqd]

▸ déclaration de perte بلاغ فقد [ba-**lâr** faqd]

▸ je voudrais signaler la perte de ma carte de crédit عايز أبلغ عن فقد الفيزا كارت [ɛâ-yez a-**bal**-lar ɛan **faqd**‿el viza **kaŕt**]

petit صغير [So-**ray**-yaŕ]

▸ c'est trop petit pour moi ده صغير قوي عشاني [**da** So-**ray**-yaŕ **a**-wi ɛa-**shâ**-ni]

petit déjeuner فطار [fé-**Târ**]

▸ quel est le petit déjeuner typique ici ? بيقدموا إيه ع الفطار المصري التقليدي؟ [biy-ad-**dé**-mou **êh** ɛa‿l fé-**Târ**‿el **maS**-ri et taq-**lî**-di ?]

petite-fille حفيدة [Ha-**fî**-da ?]

▸ c'est votre petite-fille ? دي حفيدتك؟ [**di** Ha-**fed**-tek ?]

petit-fils حفيد [Ha-**fîd**]

▸ comment s'appelle votre petit-fils ? حفيدك إسمه إيه ؟ [Ha-**fî**-dak **es**-mo **êh** ?]

petits pois بسلة [bé-**sel**-la]

peu شوية [**shway**-ya]

▸ un peu شوية [**shway**-ya]

▸ puis-je avoir encore un peu de vin ? ممكن شوية نبيت كمان؟ [**mom**-ken **shway**-yet né-**bît** ka-**mân** ?]

▸ je suis un peu fatigué أنا تعبان شوية [a-na taɛ-**bân** **shway**-ya]

peur خوف [khôf]

▶ j'ai horriblement peur des serpents أنا بترعب من التعابين [a-na bat-ŕé-εeb m‿et ta-εa-**bîn**]

peut-être جايز [**gâ**-yez]

▶ il s'est peut-être perdu يمكن تاه [**yem**-ken **tâh**]

pharaon فرعون [feŕ-**εôn**]

phare منار [ma-**nâŕ**]

phares *(de voiture)* كشافات [kash-sha-**fât**]

▶ vous avez oublié d'éteindre vos phares نسيت تطفي الكشافات [né-**sît** **teT**-fi‿l kash-sha-**fât**]

pharmacie أجزاخانة [ag-za-**khâ**-na], صيدلية [Say-da-**ley**-ya]

▶ pharmacie de garde صيدلية خدمة ليلية [Say-da-**ley**-ya **khed**-ma lay-**ley**-ya]

▶ où se trouve la pharmacie la plus proche ? فين أقرب صيدلية؟ [fên **a'**-ŕab Say-da-**ley**-ya ?]

photo صورة [**Sou**-ŕa]

▶ est-ce que je peux vous prendre en photo ? ممكن أخدك صورة؟ [**mom**-ken **akh**-dak **Sou**-ŕa ?]

▶ pourriez-vous nous prendre en photo ? ممكن حضرتك تاخدنا صورة؟ [**mom**-ken HaD-**ŕé**-tak ta-**khod**-na **Sou**-ŕa ?]

▶ quand les photos seront-elles prêtes ? الصور حتجهز امتى؟ [eS So-**waŕ** Ha-**teg**-haz **em**-ta ?]

à la pharmacie — **INFO**

▶ je voudrais un médicament contre le mal de gorge عايز دوا للزور [εâ-yez **da**-wa l‿ez-**zôŕ**]

▶ j'aurais besoin d'un sirop contre la toux محتاج شراب للكحة [meH-**tâg** sha-**ŕâb** l‿el **koH**-Ha]

▶ je me suis fait piquer par une guêpe دبور قرصني [dab-**bouŕ** a-**ŕaS**-ni]

▶ pourriez-vous me recommander un médecin ? ممكن تدلوني على دكتور؟ [**mom**-ken té-del-**lou**-ni εa-la dok-**tôŕ** ?]

ZOOM
Le vin en pichet

*Dans les restaurants, le vin n'est jamais servi en pichet. Vous pourrez demander soit une bouteille (*é-zâ-za*), soit une demi-bouteille (*noS-Se é-zâ-za*), soit un verre (*kob-ba-yet né-bît*).*

photocopie صورة مستند [Sou-ŕa mous-**ta**-nad]

▸ où peut-on faire des photocopies ? ممكن أصورمستندات فين؟ [**mom**-ken a-**Saw**-waŕ mous-ta-na-**dât** fên ?]

pichet شفشق [**shaf**-sha']

pièce *(spectacle)* مسرحية [mas-ŕa-**Hey**-ya] ; *(en mécanique)* قطعة [**qeT**-εa] ; *(de monnaie)* عملة معدنية [**εom**-la maε-da-**ney**-ya]

▸ pièce de théâtre مسرحية [mas-ŕa-**Hey**-ya]

▸ la pièce était vraiment géniale ! المسرحية كانت رائعة! [el mas-ŕa-**Hey**-ya **kâ**-net **ŕa**-é-εa !]

▸ savez-vous où je pourrais trouver une pièce de rechange ? تعرف ألاقي فين قطعة غيار؟ [**téε**-ŕaf a-**lâ**-i fên **qeT**-εet ri-**yâŕ** ?]

▸ je n'ai que des pièces معنديش إلا عملات معدنية [ma-εan-**dîsh** el-la εom-**lât** maε-da-**ney**-ya]

pied رجل [ŕegl]

▸ ce n'est pas trop loin à pied ? مش بعيد لو رحت مشي؟ [mesh bé-**εîd** law **ŕoH**-na **mash**-ye ?]

▸ j'ai mal aux pieds رجليا بتوجعني [ŕeg-**lay**-ya bé-tew-**gaε**-ni]

▸ c'était vraiment le pied ! كان خطير حقيقي! [**kân** kha-**Tîŕ** Ha-**î**-i !]

pierre طوبة [**Tou**-ba]

pignons صنوبر [So-**nô**-baŕ]

▸ mettez-vous des pignons dans le thé ? بتحطوا صنوبر في الشاي؟ [bet-**HoT**-Tou So-**no**-baŕ f‿esh **shây** ?]

pile *(électrique)* بطارية [baT-Ta-**ŕey**-ya]

▸ j'ai besoin d'une pile pour ma montre عايز بطارية للساعة [**εâ**-yez baT-Ta-**ŕey**-ya l‿es-**sâ**-εa]

pilule حباية [Hab-**bâ**-ya]

▸ est-ce que tu prends la pilule ? بتاخدي حبوب لمنع الحمل؟ [bé-**takh**-di Hou-**boub** lé-**man**ε‿el Haml ?]

▸ je ne prends pas la pilule ما بخدش حبوب لمنع الحمل [ma-ba-**khodsh**ᵉ Hou-**boub** lé-**man**ε‿el Haml]

piment شطة [**shaT**-Ta]

pince à épiler ملقاط [mel-'âT]

ping-pong كورة بنج بونج [kô-ŕa beng **bong**]
▸ est-ce qu'il y a des tables de ping-pong ? يا ترى فيه طرابيزات بنج بونج؟ [ya ta-ŕa **fîh** Ta-ŕa-bé-**zât** beng **bong** ?]

pipe بايب [**pay**-pe]
▸ je fume la pipe بادخن البايب [ba-**dakh**-khan‿el pay-pe]

pique-nique رحلة في الخلا [**ŕeH**-la f‿el **kha**-la]
▸ et si on faisait un pique-nique ? ما نطلع رحلة خلوية؟ [ma-**neT**-laɛ **ŕeH**-la kha-la-**wey**-ya ?]

piquer *(insecte)* يقرص [**yo'**-ŕoS] ; *(voler)* ينشل [**yen**-shel]
▸ je me suis fait piquer par un scorpion فيه عقربة قرصتني [**fîh** ɛa'-**ŕa**-ba a-ŕa-**Set**-ni]
▸ on m'a piqué mon portefeuille محفظتي اتنشلت [maH-**faZ**-ti et-na-**sha**-let]

piquet وتد [**wa**-tad]
▸ il nous manque un piquet, vous en avez ? ناقصنا وتد عندكو واحد؟ [na-**eS**-na wa-tad, ɛan-**do**-ko **wâ**-Hed ?]

piqûre *(d'insecte)* قرصة [**aŕ**-Sa]
▸ auriez-vous une crème contre les piqûres de moustique ? عندكو مرهم لقرص الناموس؟ [ɛan-**do**-ko **maŕ**-ham lé-**aŕS**‿en na-**mous** ?]

piscine حمام سباحة [Ham-**mâm** si-**bâ**-Ha]
▸ piscine olympique حمام سباحة أولمبي [Ham-**mâm** si-**bâ**-Ha o-**lem**-bi]
▸ y a-t-il une piscine en plein air ? فيه حمام سباحة مفتوح؟ [**fîh** Ham-**mâm** si-**bâ**-Ha maf-**touH** ?]
▸ y a-t-il une piscine couverte ? فيه حمام سباحة مغطى؟ [**fîh** Ham-**mâm** si-**bâ**-Ha mé-**raT**-Ti ?]

piste طريق [Ta-**ŕî'**]
▸ piste cyclable طريق خاص بالعجل [Ta-**ŕî'** **khâS** b‿el-ɛa-gal]

pizza بيتزا [**bit**-za]
▸ je voudrais une pizza aux champignons عايز بيتزا بالمشروم [**ɛâ**-yez **bit**-za b‿el **mash**-ŕoum]

place *(billet)* تذكرة [taz-**ka**-ŕa] ; *(siège)* كرسي [**koŕ**-si] ; *(d'une ville)* ميدان [mi-**dân**] ; *(de parking)* مكان ركن [ma-**kân** ŕakn]

▸ je voudrais 3 places pour... عايز تلت تذاكر لـ... [**εâ**-yez **ta**-lat ta-**zâ**-keŕ lé...]
▸ est-ce qu'il vous reste de la place ? لسه فيه أماكن؟ [**les**-sa **fîh** a-**mâ**-ken ?]
▸ je voudrais une place côté fenêtre عايز كرسي جمب الشباك [**εâ**-yez **koŕ**-si **gamb**‿esh shob-**bâk**]
▸ cette place est-elle prise ? المكان ده فاضي؟ [el ma-**kân** da **fâ**Di ?]
▸ excusez-moi, je crois que vous êtes assis à ma place آسف افتكر حضرتك قاعد في مكاني [â-sef af-**té**-keŕ HaD-**ŕé**-tak â-εed fi ma-**kâ**-ni]
▸ où se trouve la place principale ? فين الميدان الرئيسي؟ [**fên**‿el mi-**dân**‿eŕ ŕa-i-si ?]

plage شاطئ [**shâ**-Té']

▸ cette plage est-elle surveillée ? الشاطئ ده عليه حراسة؟ [esh **shâ**-té' da εa-**lêh** Hé-**ŕâ**-sa ?]

plaie جرح [gaŕ-H]

▸ la plaie est en train de s'infecter الجرح بيتلوث [el **gaŕ**H[e] bi-yet-**law**-wes]

plainte بلاغ [ba-**lâr**]

▸ je voudrais porter plainte pour vol عايز أقدم بلاغ سرقة [**εâ**-yez a-**ad**-dem ba-**lâr** seŕ-a]

plaire يعجب [**yéε**-geb]

▸ s'il vous plaît لو سمحت [law sa-**maHt**]
▸ ça m'a beaucoup plu عجبني جدا [εa-**gab**-ni **ged**-dan]
▸ tu me plais énormément انت داخل مزاجي [**en**-ta **dâ**-khel ma-**zâ**-gi]

---

plaintes **INFO**

▸ je voudrais voir le directeur, s'il vous plaît لو سمحت عايز أقابل المدير [law sa-**maHt**[e] **εâ**-yez a-â-bel‿el mou-**dîŕ**]
▸ j'ai une réclamation à faire عندي شكوى أقدمها [**εan**-di **shak**-wa a-ad-**dem**-ha]
▸ il y a un problème avec la clim فيه مشكلة في التكييف [**fîh** mosh-**ké**-la f‿et tak-**yîf**]
▸ je compte sur vous pour régler ce problème أعتمد عليكو عشان تحلوا المشكلة [aε-té-med εa-**lê**-ko εa-**shân** té-**Hel**-lou‿el mosh-**ké**-la]
▸ j'exige le remboursement intégral de mon billet باطالب بإعادة فلوس التذكرة بالكامل [ba-**Tâ**-leb bé-i-**εâ**-det fé-**lous**‿et taz-**ka**-ŕa b‿el **kâ**-mel]

---

plaisanter يهزر [yé-haz-zaŕ]

- tu plaisantes ? انت بتهزر؟ [en-ta bet-haz-zaŕ ?]

plaisir سرور [sou-ŕouŕ]

- avec plaisir ! بكل سرور! [bé-koll^e sou-ŕouŕ !]
- ça me fait plaisir de vous revoir أنا سعيد برؤيتك مرة تانية [a-na sa-εîd bé-ŕo'-yé-tak maŕ-ŕa tan-ya]

plan خريطة [kha-ŕî-Ta]

- auriez-vous un plan de la ville ? عندك خريطة للمدينة؟ [εan-dak kha-ŕî-Ta l‿el ma-dî-na ?]

planche à voile لوحة شراع [lô-Ha shé-râε]

- peut-on faire de la planche à voile par ici ? ممكن نمارس رياضة الألواح الشراعية هنا؟ [mom-ken né-mâ-ŕes ŕi-yâ-Det‿el al-wâH‿esh shé-ŕa-εey-ya hé-na ?]

planche de surf لوحة سرف [lô-Het surf]

plante زرعة [zaŕ-εa]

plat *(dans un menu)* طبق [Ta-ba']

- plat du jour طبق اليوم [Ta-ba'‿el yôm]
- plat principal طبق رئيسي [Ta-ba' ŕa-î-si]
- avez-vous un plat à me recommander ? يا ترى فيه أكلة معينة ممكن تقولولي عليها؟ [ya ta-ŕa fîh ak-la mo-εay-ya-na mom-ken té-ou-lou-li εa-lê-ha ?]

plat (à) *(pneu, batterie)* نايمة [nay-ma]

- les pneus sont à plat العجلات نايمة [el εa-ga-lât nay-ma]
- la batterie est à plat البطارية نايمة [el baT-Ta-ŕey-ya nay-ma]

plein *(rempli)* مليان [mal-yân] ; *(de monde)* زحمة [zaH-ma]

- c'est plein de touristes كان مليان سواح [kân mal-yân sow-wâH]
- le bus était plein à craquer الأوتوبيس كان زحمة فوق العادى [el o-to-bîs kan zaH-ma fô'‿el εâ-da]
- le plein, s'il vous plaît فول لو سمحت [faw-wel law sa-maHt]

pleuvoir تمطر [té-maT-Taŕ]

- il pleut souvent ici ? بتمطر كتير هنا؟ [bet-maT-Taŕ ké-tîŕ hé-na ?]

ZOOM

Plan

On trouve maintenant pour Le Caire des plans assez complets et bien renseignés. Mais les Égyptiens préfèrent appliquer l'adage elli yes'al maytohsh *(« celui qui interroge ne se perd jamais »).*

▸ vous croyez qu'il va pleuvoir ? تفتكر حتمطر؟ [tef-**té**-keŕ Hat-**maT**-Taŕ ?]

plomb (AUTO) رصاص [ŕo-**SâS**] ; (*fusible*) فيوز [fyouz]

▸ essence sans plomb بنزين خالي من الرصاص [ben-**zîn** khâ-li m‿eŕ ŕo-**SâS**]

▸ le plein de sans plomb, s'il vous plaît فول بنزين خالي من الرصاص لو سمحت [faw-**wel** ben-**zîn** khâ-li m‿eŕ ŕo-**SâS**]

▸ les plombs ont sauté الكبس ضرب [el **kobs**ᵉ **Da**-ŕab]

plombage حشو [Hash-w]

▸ j'ai un plombage qui a sauté الحشو وقع [el **Hashw**ᵉ **wé**-éɛ]

plongée غوص [rôS]

▸ plongée sous-marine الغوص البحري [el **rôS**‿el **ba**-Ha-ŕi]

▸ j'aimerais prendre des cours de plongée أحب آخد دروس في الغوص [a-**Heb** a-khod dou-**ŕous** f‿el **rôS**]

▸ quel est le meilleur endroit pour faire de la plongée ? إيه أحسن مكان للغوص؟ [êh **aH**-san ma-**kân** l‿el **rôS** ?]

plonger يغطس [yor-Tos]

▸ peut-on plonger de nuit ? يا ترى الغوص في الليل مسموح؟ [ya ta-ŕa‿l **rôS** f‿el-**lêl** mas-**mouH** ?]

plus (*davantage*) أكتر [**ak**-taŕ] ; (*en supplément*) كمان [ka-**mân**] ; (*dans une négation*) بطلت [baT-**Talt**] ; (*comparatif*) أكتر من [**ak**-taŕ men]

▸ un peu plus, s'il vous plaît شوية كمان من فضلك [**shway**-ya ka-**mân** men **faD**-lak]

▸ est-il possible de rester une nuit de plus ? ممكن نبات ليلة إضافية؟ [**mom**-ken né-**bât** lê-la i-Da-**fey**-ya ?]

▸ je n'en veux plus, merci مش عاوز خلاص شكرا [mesh **ɛâ**-wez kha-**lâS** **shok**-ŕan]

▸ moi non plus ولاانا كمان [wa-**la**-na ka-**mân**]

▸ elle est plus grande que lui هي أطول منه [**hey**-ya **aT**-wal **men**-no]

plutôt ده عن ده [da ɛan da]

▸ je vais plutôt prendre celui-là أفضل آخد ده عن دكهة [a-**faD**-Dal **â**-khod **da** ɛan **dek**-ha]

pneu عجلة [ɛa-ga-la]

▸ le pneu est crevé كاوتش العجلة نام [ka-**wetsh**‿el ɛa-ga-la **nâm**]

poêle طاسة [Tâ-sa]

poignet مفصل الإيد [maf-Sal el îd]

▶ je me suis foulé le poignet لوحت مفصل إيدي [la-waHte maf-Sal î-di]

point *(cuisson)* مستوي [mes-té-wi] ; *(jeu, sport)* نقطة [no'-Ta]

▶ à point, s'il vous plaît ! مستوي يا دوب! [mes-té-wi ya dôb !]

▶ tu comptes les points ? بتعد النقط؟ [bet-εed‿en no-aT ?]

poire كومترا [kom-met-ŕa]

poireau كرات [koŕ-ŕât]

pois chiches حمص [Hom-moS]

poisson سمك [sa-mak]

▶ tu connais un endroit où on peut manger du poisson ? تعرف مطعم سمك؟ [téε-ŕaf maT-εam sa-mak ?]

▶ c'est quoi comme poisson ? ده سمك إيه؟ [da sa-mak êh ?]

poivre فلفل [fel-fel]

poivron فلفل أخضر [fel-fel akh-Daŕ]

police بوليس [bo-lîs], شرطة [shoŕ-Ta]

▶ il faut appeler la police لازم تكلم البوليس [lâ-zem té-kal-lem‿el bo-lîs]

▶ quel est le numéro de la police ? نمرة بوليس النجدة إيه؟ [nem-ŕet bo-lîs‿en nag-da êh ?]

▶ où se trouve le poste de police le plus proche ? فين أقرب قسم بوليس؟ [fên a'-ŕab qesme bo-lîs ?]

policier ضابط بوليس [Dâ-beT bo-lîs], ضابط شرطة [Dâ-beT shoŕ-Ta]

pommade مرهم [maŕ-ham]

▶ avez-vous de la pommade contre les brûlures ? عندك مرهم للحروق؟ [εan-dak maŕ-ham l‿el Hou-ŕou' ?]

pomme تفاح [tof-fâH]

pomme de terre بطاطس [ba-Tâ-Tes]

pompe à vélo منفاخ [mon-fâkh]

pompiers ضابط مطافي [Dâ-bet ma-Tâ-fi]

▶ appelez les pompiers ! أطلبوا المطافي! [oT-lo-bou‿l ma-Tâ-fi !]

pont *(sur un fleuve, une rivière)* كوبري [**kob**-ŕi] ; *(de bateau)* ظهر المركب [Dahŕ‿el **maŕ**-keb]

▸ y a-t-il un pont pour traverser la rivière ? يا ترى فيه كوبري عشان نعدي منه الترعة؟ [ya ta-ŕa **fîh** kob-ŕi ɛa-**shân** né-**ɛad**-di **men**-no‿t **teŕ**-ɛa ?]

▸ pouvons-nous rester sur le pont ? يا ترى ممكن نفضل على ظهر المركب؟ [ya ta-ŕa **mom**-ken **nef**-Dal ɛa-la **Dahŕ**‿el **maŕ**-keb ?]

portable *(ordinateur)* لاب توب [**lab** top] ; *(téléphone)* محمول [maH-**moul**], موبيل [mo-**bayl**]

▸ je te laisse mon numéro de portable أسيب لك رقم المحمول بتاعي [a-**seb**-lak ŕa-qam‿el maH-**moul** bé-**tâ**-ɛi]

▸ est-ce qu'il y a une prise pour que je recharge mon portable ? فيه كبس عشان أشحن البطارية؟ [fîh **kobs**ᵉ ɛa-**shân** ash-Hen‿el baT-Ta-**ŕey**-ya ?]

porte *(d'une maison)* باب [bâb] ; *(à l'aéroport)* صالة [**Sâ**la]

▸ je n'arrive pas à ouvrir la porte مش قادر أفتح الباب [mesh **â**-deŕ **af**-taH‿el **bâb**]

▸ où se trouve la porte d'embarquement du vol pour Paris ? صالة سفر باريس فين؟ [**Sâ**-let sa-faŕ ba-ŕis **fên** ?]

portefeuille محفظة [maH-**fa**-Za]

porte-monnaie كيس فلوس [**kîs** fé-**lous**]

porter يشيل [yé-**shîl**]

▸ pourriez-vous m'aider à porter mes bagages ? الله يخليك ممكن تشيل معايا الشنط؟ [al-**lah** yé-khal-**lîk** mom-ken té-**shîl** ma-**ɛâ**-ya‿sh **sho**-naT ?]

poser *(question)* يسأل سؤال [**yes**-'al so-'**âl**] ; *(problème)* يطرح مشكلة [**yeT**-ŕaH mosh-**ké**-la]

▸ je peux vous poser une question ? ممكن أسألك سؤال؟ [**mom**-ken **as**-'a-lak so-'**âl** ?]

▸ ça ne me pose aucun problème مفيش أي مشكلة [ma-**fish** **ayy**ᵉ mosh-**ké**-la]

possible ممكن [**mom**-ken]

▸ serait-il possible de rester une nuit supplémentaire ? ممكن أبات ليلة إضافية؟ [**mom**-ken a-**bât** lé-la i-Da-**fey**-ya ?]

poste بوسطة [**bos**-Ta]

▸ où se trouve le bureau de poste le plus proche ? أقرب بوسطة فين؟ [a'-ŕab **bos**-Ta **fên** ?]

pot *(AUTO)* شكمان [shak-**mân**] ; *(verre)* برطمان [baŕ-Ta-**mân**]

▸ le pot d'échappement fait un drôle de bruit الشكمان بيعمل صوت غريب [esh shak-**mân** bi-**yéε**-mel **Sôt** ra-**ŕîb**]

▸ on va boire un pot ? نروح نشرب حاجة؟ [né-**ŕouH** **nesh**-ŕab **Hâ**-ga ?]

potable صالح للشرب [**Sâ**-leH l‿esh **shoŕb**]

▸ cette eau est-elle potable ? يا ترى المية دي صالحة للشرب؟ [ya ta-ŕa‿l **may**-ya di **Sal**-Ha l‿esh **shoŕb** ?]

poubelle زبالة [zi-**bâ**-la]

▸ où sont les poubelles ? فين صناديق الزبالة؟ [**fên** Sa-na-**dî'** ez zi-**bâ**-la ?]

poule فرخة [**faŕ**-kha]

poulet فراخ [fé-**ŕâkh**]

pour *(exprime la destination, la durée)* ل [lé] ; *(exprime l'approbation)* مع [ma-εa]

▸ à quelle heure est le prochain train pour Le Caire ? قطر القاهرة اللي جاي الساعة كام؟ [**a**Tŕ‿el **qa**-hé-ŕa‿lli gayy‿es **sâ**-εa **kâm** ?]

▸ je suis là pour deux semaines أنا موجود لمدة أسبوعين [**a**-na maw-**goud** lé **mod**-det ous-bou-**εên**]

au bureau de poste — INFO

▸ je voudrais dix timbres pour la France عايز عشر طوابع لفرنسا [**εâ**-yez εa-shaŕ Ta-**wâ**-béε lé-fa-**ŕan**-sa]

▸ je voudrais envoyer ce paquet en recommandé عايز أبعت الطرد ده مسجل [**εâ**-yez ab-εat‿eT **Taŕd**ᵉ da mou-**sag**-gal]

▸ combien de temps ça va mettre pour arriver en France ? ياخد وقت قد إيه عشان يوصل فرنسا؟ [**yâ**-khod wa't **ad**-dé-**êh** εa-**shân** yew-Sal fa-**ŕan**-sa ?]

▸ est-il possible de faire des photocopies ? ممكن أصور مستندات ؟ [**mom**-ken a-**Saw**-waŕ mous-ta-na-**dât** ?]

▸ je voudrais consulter l'annuaire عايز أشوف في الدليل [**εâ**-yez a-**shouf** f‿ed da-**lîl**]

ZOOM
Pourboire

Le bakshish, *« gratification pour un service rendu », mot d'origine persane, est une véritable institution. Ce pourboire ne concerne pas uniquement les touristes, il est tout à fait accepté et pratiqué par les Égyptiens, qui entre eux ont l'avantage d'avoir des phrases-codes qui appellent et contrôlent le* bakshish.

▸ je suis pour ! أنا موافق ! [a-na mou-**wâ**-fe' !]

pourboire بقشيش [ba'-**shîsh**]

▸ faut-il laisser un pourboire ? لازم نسيب بقشيش؟ [**lâ**-zem né-**sîb** ba'-**shîsh** ?]

pourquoi ليه [**lêh**]

▸ pourquoi tu ne viendrais pas avec nous ? ليه متجيش معانا؟ [**lêh** mat-**gîsh** ma-**ɛâ**-na ?]

▸ pourquoi pas ? وليه لأ؟ [wé **lêh** lâ' ?]

pousser *(déplacer)* يزق [yé-**zo'**]

▸ pouvez-vous nous aider à pousser la voiture ? ممكن تزقوا معانا العربية؟ [**mom**-ken té-**zo'**-ou ma-**ɛâ**-na‿l ɛa-ŕa-**bey**-ya ?]

poussette عربية أطفال [ɛa-ŕa-**bey**-yet aT-**fâl**]

pouvoir *(avoir la possibilité de)* يقدر [**ye'**-daŕ]

▸ pourriez-vous... ? ممكن...؟ [**mom**-ken... ?]

▸ je ne suis pas sûr de pouvoir venir مش أكيد إن أقدر أجي [mesh a-**kîd** enn^e^ **a'**-daŕ **â**-gi]

▸ je n'en peux plus *(je suis fatigué)* مش قادر أنا تعبان [mesh **â**-deŕ **a**-na taɛ-**bân**]

▸ je n'en peux plus *(j'ai trop mangé)* مش قادر كلت كتير [mesh **â**-deŕ **kalt**^e^ ké-**tîŕ**]

▸ je n'y peux rien مش بإيدي [**mesh** bé-**î**-di]

pratiquant ممارس للعبادات [mou-**mâ**-ŕes l‿el ɛi-ba-**dât**]

▸ êtes-vous pratiquant ? حضرتك ممارس للعبادات؟ [HaD-**ŕé**-tak mou-**mâ**-ŕes l‿el ɛi-ba-**dât** ?]

▸ je suis croyant mais pas pratiquant أنا مؤمن بس مش ممارس للعبادات [a-na **mo'**-men **bass**^e^mesh mou-**mâ**-ŕes l‿el ɛi-ba-**dât**]

préfecture مركز محافظة [**maŕ**-kaz mou-**Haf**-Za]

préféré مفضل [mou-**faD**-Dal]

▸ c'est mon auteur préféré ده الكاتب المفضل عندي [da‿l **kâ**-teb‿el mou-**faD**-Dal **ɛan**-di]

préférer يفضل [yé-**faD**-Dal]

▶ je préfère la mer à la montagne بافضل البحر على الجبل [ba-**faD**-Dal‿el **baHr**ᵉ εa‿l **ga**-bal]

▶ je préférerais qu'on aille se promener أفضل نروح نتفسح [a-**faD**-Dal né-**rouH** net-**fas**-saH]

premier أول [aw-wel]

▶ première classe درجة أولى [**da**-ŕa-ga **ou**-la]

▶ c'est la première fois que tu viens ici ? هي أول مرة تيجي هنا؟ [**hey**-ya aw-wel **maŕ**-ŕa **tî**-gi **hé**-na ?]

prendre *(TRANSP)* يركب [**yeŕ**-kab] ; *(route, repas, boisson)* ياخد [**yâ**-khod]

▶ je préfère prendre l'avion بافضل أركب الطيارة [ba-**faD**-Dal **aŕ**-kab‿eT Tay-**yâ**-ŕa]

▶ quelle route dois-je prendre ? آخد أنهي طريق؟ [a-khod **an**-hi Ta-**ŕî'** ?]

▶ où pouvons-nous prendre le petit déjeuner ? ممكن نفطر فين؟ [**mom**-ken nef-**Taŕ** **fên** ?]

▶ ça te dit d'aller prendre un verre ? تيجي ناخد لنا كاس؟ [**tî**-gi **na**-khod **lé**-na **kâs** ?]

▶ tu prends quoi ? تاخد إيه؟ [**tâ**-khod **êh** ?]

prénom اسم [esm]

▶ c'est quoi le prénom de ta cousine ? اسم قريبتك إيه؟ [**esm**ᵉ a-**reb**-tak **êh** ?]

préparer *(CULIN)* يحضر [yé-**HaD**-Daŕ]

▶ comment ce plat est-il préparé ? الأكلة دي اتعملت إزاي؟ [el **ak**-la di et-**εa**-ma-let ez-**zây** ?]

---

préférence **INFO**

▶ plutôt que de prendre le bus, on pourrait y aller à pied الأفضل نروح مشي بدل ما ناخد الأوتوبيس [el **af**-Dal né-**ŕouH** **mashy**ᵉ ba-dal ma-**nâ**-khod‿el o-to-**bîs**]

▶ samedi me conviendrait mieux يوم السبت يناسبني أكتر [**yôm**‿es **sabt**ᵉ yé-na-**seb**-ni **ak**-taŕ]

▶ ça m'arrangerait qu'on se retrouve ailleurs أفضل لي نتقابل في مكان تاني [af-**Dal**-li net-'**â**-bel fi ma-**kân** **tâ**-ni]

▶ j'ai un faible pour le chocolat باموت في الشكولاتة [ba-**mout** f‿esh sho-ko-**lâ**-ta]

---

préparer (se) يجهز نفسه [yé-**gah**-hez **naf**-so]

▸ je me prépare et j'arrive ! بجهز نفسي وجاي! [ba-**gah**-hez naf-si wé **gayy** !]

près قريب [o-řay-yeb]

▸ c'est tout près de la gare ده قريب قوي من المحطة [da o-**řay**-yeb **a**-wi m‿el ma-**HaT**-Ta]

▸ près d'ici قريب من هنا [o-**řay**-yeb men **hé**-na]

présenter يقدم [yé-**ad**-dem]

▸ Dalila, je te présente Yohann يا دليلة أحب أقدم لك يوهان [ya da-**lî**-la a-Hebb a-ad-**dem**-lek Yohann]

▸ je me présente, je m'appelle Aurélie أقدم نفسي اسمي أوريلي [a-**ad**-dem **naf**-si **es**-mi **Au**-ré-lie]

préservatif عازل طبي [ɛ**â**-zel **Teb**-bi]

▸ où peut-on acheter des préservatifs ? أشتري منين عازل طبي؟ [ash-**té**-ri mé-**nên** ɛâ-zel **Teb**-bi ?]

presque تقريبا [ta'-**ři**-ban]

▸ il est presque minuit نص الليل قرب [**noSS**‿el lêl **ař**-řab]

pressé *(personne)* مستعجل [mes-**taɛ**-gel] ; *(fruit)* عصير [ɛa-**Sîř**]

▸ excusez-moi, je suis pressé آسف أنا مستعجل [**â**-sef a-na mes-**taɛ**-gel]

▸ un jus d'oranges pressées, s'il vous plaît عصير برتقان فرش من فضلك [ɛa-**Sîř** bořto-**ân** fresh men **faD**-lak]

pressing محل لتنظيف الملابس [ma-**Hall** lé-tan-**Zîf**‿el ma-**lâ**-bes], دراي كلين [dry clean]

pression *(bière)* درفت [dřaft] ; *(AUTO)* ضغط [DarT]

▸ une pression, s'il vous plaît ! واحد درفت لو سمحت [**wâ**-Hed dřaft[e] law sa-**maHt**]

▸ pourriez-vous vérifier la pression des pneus ? ممكن تشوف ضغط كوتش العربية؟ [mom-ken té-**shouf** DarT[e] ka-**wetsh**‿el ɛa-řa-**bey**-ya ?]

prêt جاهز [**gâ**-hez]

▸ ce sera prêt quand ? حيجهز امتى؟ [Ha-**yeg**-haz **em**-ta ?]

▸ je serai prête dans 10 minutes حكون جاهزة بعد عشر دقايق [ha-**koun** **gah**-za **baɛd**[e] ɛa-shař da-**â**-ye']

prêter يسلف [yé-sal-lef]

▶ pourriez-vous me prêter votre stylo ? ممكن تسلف لي قلمك؟ [mom-ken té-sal-lef-li a-la-mak ?]

prévenir *(avertir)* ينبه [yé-nab-beh]

▶ pourrez-vous me prévenir quand on arrivera à la bonne station ? ممكن تقولي لما نوصل المحطة؟ [mom-ken té-ol-li lam-ma new-Sal‿el ma-HaT-Ta ?]

prévoir ينظم [yé-naZ-Zam]

▶ combien de temps faut-il prévoir ? أعمل حسابي لقد إيه وقت؟ [aɛ-mel hé-sâ-bi lé-add^e êh wa't ?]

▶ tu as quelque chose de prévu ce soir ? وراك حاجة بالليل؟ [wa-râk Hâ-ga bel-lêl ?]

prier *(RELIG)* يصلي [yé-Sal-li]

▶ je vous en prie *(réponse à merci)* العفو [el ɛaf-w]

▶ je vous prie d'accepter mes excuses أرجو منك تقبل اعتذاري [ar-gou men-nak te'-bal eɛ-té-zâ-ri]

prière صلاة [Sa-lât]

▶ tu fais la prière ? بتصلي؟ [bet-Sal-li ?]

▶ à quelle heure sont les appels à la prière ? مواقيت الأذان إيه هي؟ [ma-wa-ît‿el a-zân êh hey-ya ?]

priorité *(sur la route)* أولوية [aw-la-wey-ya]

▶ il n'a pas respecté la priorité ماحترمش الأولوية [maH-ta-ramsh‿el aw-la-wey-ya]

prise *(de courant)* كبس [kobs]

privé خاص [khâS]

▶ c'est une plage privée ? ده شاطئ خاص؟ [da shâ-Té' khâS ?]

prix سعر [Séɛr]

▶ quel est le prix de la chambre pour une nuit ? الليلة بكام؟ [el lê-la bé-kâm ?]

▶ vous pourriez me faire un prix ? ممكن تنزل في السعر ؟ [mom-ken té-naz-zel f‿es séɛr ?]

problème مشكلة [mosh-ké-la]

▶ nous avons un gros problème عندنا مشكلة كبيرة [ɛan-dé-na mosh-ké-la ké-bî-ra]

▶ pas de problème ! مفيش مشكلة! [ma-fîsh mosh-ké-la !]

prochain اللي جاي [**el**-li gayy]

▸ à quelle heure est le prochain train pour Louxor ? قطر الأقصر اللي جاي حيطلع الساعة كام؟ [**aTŕ**ᵉ **lo'**-Soŕ‿elli **gayy**ᵉ Ha-**yeT**-laɛ‿es sa-ɛa **kâm** ?]

▸ à l'année prochaine ! إلى اللقاء السنة اللي جاية! [i-la‿l lé-**qâ'**‿es **sa**-na‿lli **gayya** !]

proche قريب [a-**ŕîb**]

▸ où se trouve la gare routière la plus proche ? فين أقرب محطة قطر؟ [fên a'-ŕab ma-**HaT**-Tet **aTŕ** ?]

produit منتج [mon-tag]

▸ quels sont les produits typiques de la région ? ايه هي المنتجات التقليدية الخاصة بالمنطقة؟ [êh **hey**-ya‿l mon-ta-**gât**‿el **khaS**-Sa b‿el man-**Té**-a ?]

prof (SCOL) مدرس [mou-**daŕ**-ŕes] ; *(enseignement supérieur)* أستاذ [os-**tâz**]

profiter de يتمتع ب [yet-**mat**-taɛ bé]

▸ j'ai envie de profiter à fond de mes vacances نفسي أتمتع للآخر بأجازتي [**nef**-si at-**mat**-taɛ l‿el **â**-kher bé-a-**gaz**-ti]

profond غويط [ra-**wîT**]

▸ est-ce que c'est profond ? يا ترى غويط؟ [ya ta-ŕa ra-**wît** ?]

profondeur عمق [ɛom-q]

▸ quelle est la profondeur de l'eau ? عمق المية قد إيه؟ [**ɛomq**‿el **may**-ya **ad**-dé **êh** ?]

promenade فسحة [**fos**-Ha]

▸ y a-t-il des promenades sympas à faire dans les environs ? يا ترى ممكن نعمل فسح ظريفة في المنطقة؟ [ya ta-ŕa **mom**-ken **néɛ**-mel fo-saH Za-**ŕî**-fa f‿el man-**Té**-a ?]

promener (se) يتفسح [yet-**fas**-saH]

▸ tu viens te promener avec moi ? تيجي تتفسح معايا؟ [**tî**-gi tet-**fas**-saH ma-**ɛâ**-ya ?]

prononcer (se) يتنطق [yet-**né**-Te']

▸ comment ça se prononce ? يتنطق إزاي؟ [yet-**né**-te' ez-**zây** ?]

proposer يقترح [yeq-**té**-ŕeH]

▸ je propose qu'on aille boire un verre أقترح نروح نشرب كاس [**aq**-té-ŕeH né-ŕouH **nesh**-ŕab **kâs**]

▸ auriez-vous autre chose à me proposer ? عندكو حاجة تانية تقدموها لي؟ [ɛan-**do**-ko **Hâ**-ga **tan**-ya té-ad-dé-mou-**hâ**-li ?]

propre نضيف [né-**Dîf**]

▸ l'eau est-elle propre ? المية نضيفة؟ [el **may**-ya né-**Dî**-fa ?]

propriétaire مالك [**mâ**-lek]

▸ je voudrais parler au propriétaire عايز أكلم صاحب الملك [**ɛâ**-yez a-**kal**-lem **Sâ**-Heb‿el **melk**]

protection حماية [Hé-**mâ**-ya]

▸ je voudrais une crème solaire haute protection عايز كريم للحماية من الشمس درجته عالية [**ɛâ**-yez kŕém l‿el Hé-**mâ**-ya m‿esh **shams**ᵉ **da**-ŕa-ga **ɛal**-ya]

protestant بروتستانت [bŕo-**tes**-tant]

▸ je suis protestant أنا بروتستانتي [**a**-na bŕo-tes-**tan**-ti]

prune برقوق [baŕ-'**ou**']

public جمهور [**gom**-houŕ]

▸ la mosquée est-elle ouverte au public ? هو دخول الجامع مسموح للجمهور؟ [**how**-wa dou-**khoul**‿eg **gâ**-méɛ mas-**mouH** l‿el gom-**houŕ** ?]

publicité إعلان [éɛ-**lân**]

pull بلوفر [**boul**-o-veŕ]

pyramide هرم [**ha**-ŕam]

▸ les pyramides de Giseh أهرام الجيزة [ah-**ŕâm**‿eg **gî**-za]

▸ combien de temps dure la visite de la pyramide ? زيارة الهرم بتاخد وقت قد إيه؟ [zi-**yâ**-ŕet‿el **ha**-ŕam bé-**tâ**-khod **wa'**tᵉ ad-dé **êh** ?]

Q

quai *(de gare)* رصيف [ŕa-**Sîf**]

▸ de quel quai part le train pour Saloum ? قطر السلوم بيطلع من أنهي رصيف؟ [**aT**ŕ‿es sal-**loum** bi-**yeT**-laɛ men **an**-hi ŕa-**Sîf** ?]

qualité جودة [**gaw**-da]

▸ de qualité جودة كويسة [**gaw**-da kway-**yé**-sa]

quand *(lorsque)* لما [**lam**-ma] ; *(interrogatif)* امتى [**em**-ta]

▸ quand part le prochain car pour Siwa ? اوتوبيس سيوا اللي جاي حيطلع امتى؟ [o-to-**bîs** **sîwa**‿lli **gayy**e Ha-**yeT**-laε emta ?]

quart ربع [ŕob-ε]

▸ je serai de retour d'ici un quart d'heure حارجع هنا بعد ربع ساعة [**Haŕ**-gaε hé-na **baεd**e **ŕobε**e **sâ**-εa]

quartier *(d'une ville)* حي [Hayy]

▸ est-ce qu'il y a un supermarché dans le quartier ? يا ترى فيه سوبر ماركت في الحي؟ [ya ta-ŕa fîh sou-baŕ **maŕ**-ket f‿el **Hayy** ?]

quel أنهي [**an**-hi]

▸ quel hôtel nous recommandez-vous ? تنصحنا بأنهي فندق؟ [ten-**SaH**-na bé-**an**-hi **fon**-do' ?]

quelque chose حاجة [**Hâ**-ga]

▸ je peux faire quelque chose pour vous aider ? ممكن أساعدكو في حاجة؟ [**mom**-ken a-sa-**εed**-ko fi **Hâ**-ga ?]

quelques *(plusieurs)* كذا [**ka**-za]

▸ j'ai passé un mois en Égypte il y a quelques années قضيت شهر في مصر من كذا سنة [a-**Dêt** shahŕe fi **maSŕ**e men **ka**-za sa-na]

quelqu'un حد [Hadd]

▸ il y a quelqu'un ? فيه حد هنا ؟ [fîh **Hadd**e **hé**-na ?]

question سؤال [so-'**âl**]

▸ je peux vous poser une question ? ممكن أسأل سؤال؟ [**mom**-ken **as**-'al so-'**âl** ?]

▸ il n'en est pas question ! ما فيش فايدة! [ma-**fîsh** **fay**-da !]

queue *(file d'attente)* طابور [ta-**bouŕ**]

▸ pendant combien de temps faut-il faire la queue ? لازم نقف في الطابور قد إيه؟ [**lâ**-zem **no**-af f‿eT Ta-**bouŕ** ad-dé **êh** ?]

qui *(interrogatif)* مين؟ [**mîn** ?] ; *(relatif)* اللي [elli]

▸ à qui dois-je m'adresser ? أسأل مين؟ [**as**-'al **mîn** ?]

▸ c'est bien la route qui mène à Abou Simbel ? ده الطريق اللي بيودي لأبوسمبل؟ [**da**‿T Ta-ŕî' elli biy-**wad**-di lé-a-bou **sim**-bel ?]

quitter *(un lieu)* يمشي من [**yem**-shi men] ; *(au téléphone)* يقفل السكة [ye'-fel ‿es sek-ka]

▶ à quelle heure faut-il quitter l'hôtel ? لازم نمشي من الأوتيل الساعة كام؟ [lâ-zem **nem**-shi men‿el o-**têl**‿es **sâ**-ɛa **kâm** ?]

▶ ne quittez pas خليك معايا [khal-**lîk** ma-ɛâ-ya]

quoi إيه [êh]

▶ quoi ? *(pour faire répéter)* أفندم؟ [a-**fan**-dem ?]

▶ c'est quoi ? ده إيه؟ [da êh ?]

▶ merci – il n'y a pas de quoi شكرا | عفوا [**shok**-ŕan – **ɛaf**-wan]

quotidien *(journal)* جريدة يومية [ga-**rî**-da yaw-**mey**-ya]

▶ avez-vous des quotidiens français ? عندكو جرايد يومية من فرنسا؟ [ɛan-**do**-ko ga-**ŕâ**-yed men fa-**ŕan**-sa ?]

R

raccommoder يصلح [yé-**Sal**-LaH]

▶ où puis-je faire raccommoder ma jupe ? ممكن أصلح الجونلة فين؟ [**mom**-ken a-**Sal**-laH‿eg go-**nel**-la **fên** ?]

raccompagner يوصل [yé-**waS**-Sal]

▶ pourriez-vous me raccompagner ? ممكن توصلوني؟ [**mom**-ken té-waS-Sa-**lou**-ni ?]

raccourci طريق مختصر [Ta-**rî**' mokh-**ta**-Seŕ]

▶ y a-t-il un raccourci ? يا ترى فيه طريق مختصر؟ [ya ta-ŕa fih Ta-**rî**' mokh-**ta**-Seŕ ?]

raconter يحكي [**yeH**-ki]

▶ je te raconterai ححكيلك [HaH-**kî**-lak]

▶ ne raconte pas de bêtises ! ما تحكيش أي كلام! [ma-teH-**kîsh** ayy[e] ka-**lâm** !]

radiateur *(d'automobile)* رادياتير [ŕad-ya-**têŕ**] ; *(de chauffage)* دفاية [daf-**fâ**-ya]

▶ il y a une fuite dans le radiateur الرادياتير بيفوت [eŕ ŕad-ya-**têr** biy-**faw**-wet]

▶ auriez-vous un radiateur électrique ? عندكو دفاية كهربا؟ [ɛan-**do**-ko daf-**fâ**-ya kah-**ŕa**-ba ?]

ZOOM
Le ramadan

Le Ramadan est la période d'un jeûne rituel qui se déroule le neuvième mois de l'année lunaire. C'est l'un des mois les plus importants de l'année, parce que c'est précisément au cours de ce mois que le Coran a été révélé (« Nuit du Destin »). Le jeûne du Ramadan, l'un des cinq piliers de l'Islam, impose au musulman des privations physiques du lever au coucher du soleil. Chaque jour, à la rupture du jeûne, on installe les « tables du rahman », ouvertes à tous, où sont servis des repas gratuits aux passants. On trouve partout des spécialités culinaires propres à ce mois de jeûne. Les nuits de Ramadan favorisent les rencontres entre les gens et le partage ; les manifestations religieuses (chants) et culturelles sont nombreuses et variées. Les programmes de télévision et de radio proposent des émissions spéciales. Notons qu'en arabe on ne dit pas « Est-ce que tu fais le Ramadan ? » mais « Est-ce que tu jeûnes ? ».

radio *(poste)* راديو [**řad**-yo] ; *(station)* محطة إذاعة [ma-**HaT**-Tet i-**zâ**-εa] ; (MÉD) اشعة [a-shé-εa]

▸ tu peux me conseiller des radios sympas ? ممكن تقولي على محطات إذاعية ظريفة؟ [**mom**-ken té-**ol**-li εa-la ma-HaT-**Tât** i-za-**εey**-ya Za-**řî**-fa ?]

▸ croyez-vous que je doive passer une radio ? تفتكر لازم أعمل أشعة؟ [tef-**té**-keř **lâ**-zem **aε**-mel **a**-shé-εa ?]

raisin عنب [**εé**-nab]

▸ raisins secs زبيب [zi-**bîb**]

raison عقل [εa'l]

▸ vous avez raison معاك حق [ma-**εâk** Ha']

rallonge *(électrique)* سلك توصيلة [**selk**^{e} taw-**Sî**-la]

ramadan رمضان [řa-ma-**Dân**]

▸ tu fais le ramadan ? بتصوم؟ [bet-**Soum** ?]

randonnée جولة مشي [**gaw**-la mashy^{e}]

▸ où peut-on faire de la randonnée ? ممكن نطلع جولة فين؟ [**mom**-ken **neT**-laε **gaw**-la **fên** ?]

rappeler *(au téléphone)* يتصل تاني [yet-**té**-Sel **tâ**-ni]

▸ pouvez-vous lui demander de me rappeler ? ممكن تقول له يتصل بي تاني؟ [**mom**-ken té-**ol**-lo yet-**té**-Sel **bey**-ya **tâ**-ni ?]

▸ je rappellerai plus tard حتصل بعدين [Hat-**té**-Sel baε-**dên**]

rappeler (se) *(se souvenir)* يفتكر [yef-**té**-keř] ; *(se téléphoner)* يتصلوا ببعض [yet-**teS**-lou bé-**baε**D]

▸ je ne me rappelle plus le chemin مش فاكر الطريق [mesh **fâ**-keř‿eT Ta-**řî**']

▸ on se rappelle, ok ? نتصل ببعض ماشي؟ [net-**té**-Sel bé-**baε**D **mâ**-shi ?]

raquette *(de tennis)* مضرب تنس [maD-ŕab té-nis] ; *(de ping-pong)* مضرب بنج بونج [maD-ŕab bing bong]

rasoir موس حلاقة [mous Hé-lâ-a]

▸ y a-t-il une prise pour mon rasoir électrique ? يا ترى فيه بريزا لمكينة الحلاقة بتاعتي؟ [ya ta-ŕa fih bé-ŕi-za lé-ma-ki-nat‿el Hé-lâ-a bé-taε-ti ?]

▸ il faut que j'achète des lames de rasoir لازم أشتري أمواس حلاقة [lâ-zem ash-té-ŕi am-wâs Hé-lâ-a]

rater *(TRANSP)* يفوت [yé-fout]

▸ j'ai raté mon train القطر فاتني [el aTŕe fat-ni]

▸ on va rater l'avion ! الطيارة حاتفوتنا! [eT Tay-yâ-ŕa Hat-fot-na !]

ravi سعيد [sa-εîd]

▸ je suis ravi d'avoir fait ta connaissance أنا سعيد جدا بمعرفتك [a-na sa-εîd ged-dan bé-maε-ŕef-tak]

rayon *(de grand magasin)* جناح [gé-nâH]

▸ où se trouve le rayon hommes ? فين قسم الملابس الرجالي؟ [fên qesm‿el ma-lâ-bes‿eŕ ŕi-gâ-li ?]

réception *(d'un hôtel)* رسبشن [ŕé-sap-shen]

▸ est-ce que je peux laisser mon sac à dos à la réception ? يا ترى ممكن أسيب شنطة ضهري في الرسبشن؟ [ya ta-ŕa mom-ken a-sîb shan-Tet Dah-ŕi f‿eŕ ŕé-sap-shen ?]

recette وصفة [waS-fa]

▸ pourriez-vous me donner la recette ? ممكن تديني الوصفة؟ [mom-ken ted-dî-ni‿l waS-fa ?]

recevoir *(colis, lettre)* جاله [gâ-lo] ; *(accueillir)* يستقبل [yes-ta'-bel]

▸ je n'ai pas reçu votre mail ما جاليش الميل بتاعك [ma-ga-lîsh‿el mêl be-tâ-εak]

▸ merci de m'avoir reçu si gentiment chez vous أشكركم على استقبالكم اللطيف [ash-koŕ-kom εa-la es-te'-bal-kom‿el la-Tîf]

rechange (de) *(en mécanique)* قطعة غيار [qeT-εet ri-yâŕ] ; *(linge)* غيار [ri-yâŕ]

▸ savez-vous où je pourrais trouver une pièce de rechange pour mon vélo ? تعرف ألاقي فين قطع غيار للموتوسيكل بتاعي؟ [téε-ŕaf a-la-i fên qé-Taε ri-yâŕ l‿el mo-to-sikle bé-tâ-εi ?]

▸ est-ce qu'il y a des draps de rechange ? هو فيه ملايات غيار؟ [**how**-wa **fîh** mé-la-**yât** ri-**yâŕ** ?]

recharger يشحن [**yesh**-Hen]

▸ il faut que je recharge mon portable ضروري أشحن المحمول [Da-**ŕou**-ŕi **ash**-Hen‿el maH-**moul**]

réclamation شكوى [**shak**-wa]

▸ je voudrais faire une réclamation عايز أقدم شكوى [**εâ**-yez a-**ad**-dem **shak**-wa]

recommandé *(lettre, paquet)* مسجل [mou-**sag**-gal]

▸ recommandé avec accusé de réception مسجل بعلم الوصول [mou-**sag**-gal bé-**εelm**‿el wou-**Soul**]

▸ je voudrais envoyer ce courrier en recommandé عايز أبعت الجواب ده مسجل [**εâ**-yez **ab**-εat‿eg ga-**wâb** da mou-**sag**-gal]

recommander يوصي [yé-**waS**-Si]

▸ tu pourrais me recommander un bon restaurant ? ممكن تنصحني بمطعم كويس؟ [**mom**-ken ten-**SaH**-ni bé-**maT**-εam **kway**-yes ?]

reconnaître يتعرف على [yet-εaŕ-ŕaf εala]

▸ je ne t'avais pas reconnu معرفتكش [maε-ŕef-**taksh**]

reçu وصل [waSl]

▸ puis-je avoir un reçu, s'il vous plaît ? ممكن أخد وصل من فضلك؟ [**mom**-ken **â**-khod **waSl**ᵉ men **faD**-lak ?]

récupérer *(reprendre)* يسترد [yes-ta-**ŕed**] ; *(se reposer)* يرتاح [yeŕ-**tâH**]

▸ quand pourrai-je récupérer ma voiture ? ممكن آجي آخد العربية امتى؟ [**mom**-ken **a**-gi **â**-khod‿el εa-ŕa-**bey**-ya **em**-ta ?]

▸ ces petites vacances vont me permettre de récupérer شوية الأجازة دول حيخلوني أرد من تاني [**shway**-yet‿el a-**gâ**-za dôl Hay-khal-**lou**-ni a-**rodd**ᵉ men **tâ**-ni]

réduction تخفيض [takh-**fîD**]

▸ faites-vous des réductions pour les étudiants ? يا ترى فيه تخفيض للطلبة؟ [ya ta-ŕa **fîh** takh-**fîD** l‿eT **Ta**-la-ba ?]

réduit مخفض [mou-**khaf**-faD]

▸ y a-t-il des billets de train à tarif réduit ? يا ترى فيه تذاكر قطر بسعر مخفض؟ [ya ta-ŕa **fîh** ta-**zâ**-keŕ **aTŕ**ᵉ bé-**séεŕ**ᵉ mou-**khaf**-faD ?]

réfléchir يفكر [yé-**fak**-kaŕ]

▶ il faut que je réfléchisse un peu لازم أفكر شوية [lâ-zem a-**fak**-kaŕ **shway**-ya]

refuge مكان للمبيت [ma-**kân** l‿el ma-**bît**]

▶ le refuge est à quelle altitude ? مكان المبيت على ارتفاع كام؟ [ma-**kân**‿el ma-**bît** εa-la eŕ-té-**fâε** kâm ?]

regarder *(observer)* يتفرج [yet-**faŕ**-ŕag] ; *(concerner)* يهم [yé-**hemm**]

▶ non, merci, je regarde seulement لا شكرا باتفرج بس [la **shok**-ŕan bat-**faŕ**-ŕag bass]

▶ ça ne te regarde pas ! ده مش شغلك! [**da** mesh **shor**-lak !]

régime رجيم [ré-**jîm**]

▶ je fais un régime باعمل رجيم [**baε**-mel ŕé-**jîm**]

région منطقة [man-**té**-a]

▶ je visite la région بازور المنطقة [ba-**zouŕ**‿el man-**Té**-a]

▶ de quelle région êtes-vous ? انت جاي منين؟ [**en**-ta **gayy**e mé-**nên** ?]

régler *(un appareil)* يظبط [yé-**Zab**-baT] ; *(un problème)* يحل [yé-**Hell**] ; *(payer)* يدفع [**yed**-faε]

▶ je n'arrive pas à régler le réveil مش عارف أظبط المنبه [mesh **εâ**-ŕef a-**Zab**-baT‿el mé-**nab**-beh]

▶ j'aimerais que ce problème soit réglé au plus vite أحب ان المشكلة دي تلاقي حل في أسرع وقت [a-**Hebb**‿en‿el mosh-**ké**-la di té-**lâ**-i Halle fi **as**-ŕaε wa't]

▶ je voudrais régler, s'il vous plaît عايز أدفع من فضلك [**εâ**-yez **ad**-faε men **faD**-lak]

▶ j'ai déjà réglé دفعت خلاص [da-**faε**te kha-**lâS**]

règles دورة شهرية [**daw**-ŕa shah-**ŕey**-ya]

▶ j'ai mes règles عندي الدورة [**εan**-di‿d **daw**-ŕa]

regretter *(déplorer)* يتأسف على [yet-'**as**-sef εa-la] ; *(se repentir)* يندم [**yen**-dam]

▶ je regrette de ne pas pouvoir rester plus longtemps للأسف ما قدرش أطول أكتر من كده [l‿el **a**-saf ma'-**daŕsh**e a-**Taw**-wel **ak**-taŕ men **ké**-da]

▶ je regrette ce que j'ai dit أنا ندمان على كلامي [**a**-na nad-**mân** εa-la ka-**lâ**-mi]

reine ملكة [**ma**-lé-ka]

reins كلى [**ké**-la]

rejoindre *(une personne)* يحصل [yé-**HaS**-Sal] ; *(un endroit)* يوصل [**yew**-Sal]
- je dois rejoindre des amis à midi رايح أحصل أصحابي على اتناشر الظهر [ŕâ-yeH a-**HaS**-Sal aS-**Hâ**-bi ɛa-la‿t-**nâ**-shaŕ‿eD **Dohŕ**]
- comment puis-je rejoindre l'autoroute ? أروح منين عشان أوصل الطريق السريع؟ [a-**ŕouH** mé-**nên** ɛa-**shân** aw-SaleT Ta-**ŕî'** es sa-ŕîɛ ?]

religion دين [dîn]

rembourser يرد [yé-**ŕodd**]
- les billets peuvent-ils être remboursés ? ممكن أرجع فلوس التذاكر؟ [**mom**-ken a-**ŕag**-gaɛ fé-**lous**‿et ta-**zâ**-keŕ ?]

remercier يشكر [**yosh**-koŕ]
- je ne sais pas comment vous remercier مش عارف أشكرك إزاي؟ [mesh **ɛâ**-ŕef ash-**ko**-ŕak ez-**zây** ?]

remorquer يسحب [**yes**-Hab]
- pourriez-vous nous remorquer jusqu'à un garage ? ممكن تقطرنا لحد ميكانيكي؟ [**mom**-ken té-aT-**Taŕ**-na lé-Had‿el mi-ka-**nî**-ki ?]

rencontrer يقابل [yé-**â**-bel]
- il me semble vous avoir déjà rencontré quelque part افتكر قابلت حضرتك قبل كده [af-**té**-keŕ a-**belt**ᵉ HaD-**ŕé**-tak **abl**ᵉ **ké**-da]

rendez-vous *(rencontre)* ميعاد [mé-**ɛâd**]
- faut-il prendre rendez-vous ? لازم آخد ميعاد؟ [**lâ**-zem **â**-khod mé-**ɛâd** ?]
- est-il possible d'avoir un rendez-vous dans la journée ? يا ترى ممكن ناخد ميعاد لانهارده؟ [ya ta-ŕa **mom**-ken **nâ**-khod mé-**ɛâd** l‿en-na-**haŕ**-da ?]
- j'ai rendez-vous avec le Docteur El Masri عندي ميعاد مع الدكتور المصري [**ɛan**-di mé-**ɛâd** ma-ɛa‿d dok-**tôŕ**‿el **maS**-ŕi]
- rendez-vous à 11 heures devant la mosquée ميعادنا الساعة حداشر قدام الجامع [mé-**ɛad**-na‿s **sâ**-ɛa hé-**dâ**-shaŕ od-**dâm**‿el **mas**-ged]

rendre *(restituer)* يرجع [yé-**ŕag**-gaɛ]
- à quelle heure faut-il rendre les clés de la chambre ? أرجع مفاتيح الغرفة الساعة كام؟ [a-**ŕag**-gaɛ ma-fa-**tîH**‿el **roŕ**-fa‿s **sâ**-ɛa **kâm** ?]

rendre (se) *(aller)* يروح [yé-**ŕouH**]
- comment puis-je me rendre dans le centre-ville ? أروح وسط البلد إزاي؟ [a-**ŕouH** **weSt**‿el **ba**-lad ez-**zây** ?]

renseignement استعلامات [es-téε-la-**mât**]

▶ les renseignements téléphoniques الدليل التليفوني [ed da-**lîl**‿et té-lé-**fô**-ni]

▶ je voudrais des renseignements sur... عايز معلومات عن... [**εâ**-yez maε-lou-**mât** εan...]

▶ je peux vous demander un renseignement ? ممكن أطلب معلومة؟ [**mom**-ken aT-lob maε-**lou**-ma ?]

renseigner يدل [yé-**dell**]

▶ pourriez-vous me renseigner sur les horaires des trains ? ممكن تديني مواعيد القطرة؟ [**mom**-ken ted-**dî**-ni ma-wa-**εîd** ‿el o-To-ŕa ?]

> ## ZOOM
> ### Les repas
> 
> *Dans les familles égyptiennes, on prend généralement trois repas par jour : un petit déjeuner consistant le matin, un déjeuner en rentrant du travail (entre 14 heures et 17 heures), et un repas très léger le soir. Le riz et le pain sont des composants essentiels du repas égyptien.*

rentrer *(chez soi)* يروح [yé-**ŕaw**-waH]

▶ ne m'attendez pas pour dîner, je rentrerai tard بلاش تستنوني ع العشا حتأخر [ba-**lâsh** tes-tan-**nou**-ni εa‿l **εa**-sha Hat-'**akh**-khaŕ]

▶ je rentre en France le 5 août راجع فرنسا يوم خمسة أغسطس [**ŕâ**-géε fa-**ŕan**-sa yôm **kham**-sa o-**ros**-Tos]

renverser *(liquide)* يدلق [**yéd**-lo'] ; *(piéton)* يخبط [**yekh**-baT]

▶ attention, j'ai renversé du café حاسب كبيت قهوة [**Hâ**-seb kab-**bêt** **ah**-wa]

▶ mon ami s'est fait renverser par une moto صاحبي خبطه موتوسيكل [**SaH**-bi **kha**-ba-To mo-to-**sikl**]

réparations *(AUTO)* تصليحات [taS-li-**Hât**]

▶ pourrez-vous faire les réparations dans la journée ? ممكن تقوم بالتصليحات النهاردة؟ [**mom**-ken té-**oum** b‿et taS-li-**Hât**‿en-na-**haŕ**-da ?]

réparer يصلح [yé-**Sal**-laH]

▶ pouvez-vous me réparer ça ? ممكن تصلحولي ده؟ [**mom**-ken té-Sal-la-**Hou**-li da ?]

repas وجبة [**wag**-ba]

▶ les repas sont-ils compris ? يا ترى السعر شامل الوجبات؟ [ya ta-ŕa‿s **séεŕ**^{e} **shâ**-mel‿el wag-**bât** ?]

▶ à quelle heure les repas sont-ils servis ? بتقدموا الأكل الساعة كام؟ [bet-ad-**dé**-mou‿l akl‿es **sâ**-εa **kâm** ?]

▸ merci pour cet excellent repas ! شكرا على الوجبة الممتازة! [**shok**-ŕan ɛa‿l **wag**-ba‿l mom-**tâ**-za !]

repasser *(passer à nouveau)* يفوت من تاني [yé-**fout** men **tâ**-ni] ; *(linge)* يكوي [**yek**-wi]

▸ je repasserai plus tard حفوت تاني بعد شوية [Ha-**fout** tâ-ni **baɛd**ᵉ **shway**-ya]

▸ je voudrais faire repasser mon linge عايز أبعت هدومي للمكوى [**ɛâ**-yez ab-ɛat hé-**dou**-mi l‿el **mak**-wa]

répéter يعيد [yé-**ɛîd**]

▸ vous pouvez répéter, s'il vous plaît ? ممكن تعيد من فضلك؟ [**mom**-ken té-**ɛîd** men **faD**-lak ?]

répondeur انسر ماشين [**an**-saŕ **mashin**]

▸ j'ai laissé un message sur ton répondeur سبت رسالة على الأنسر ماشين [**sebt**ᵉ ŕi-**sâ**-la ɛa‿l **an**-saŕ **mashin**]

répondre *(au téléphone)* يرد على [yé-**ŕodd**ᵉ ɛa-la]

▸ ça ne répond pas مفيش حد بيرد [ma-**fish** **Hadd**ᵉ biy-**ŕodd**]

reposer (se) يرتاح [yeŕ-**tâH**]

▸ je suis venu ici pour me reposer أنا جيت هنا عشان أرتاح [a-na **gêt** hé-na ɛa-**shân** aŕ-**tâH**]

reprendre *(se resservir)* ياخد من تاني [**yâ**-khod men **tâ**-ni] ; *(activité)* يكمل [yé-**kam**-mel]

▸ je peux en reprendre un peu ? ممكن أخد شوية تاني؟ [**mom**-ken **â**-khod **shway**-ya **tâ**-ni ?]

▸ le spectacle reprend dans combien de temps ? العرض حيكمل بعد قد إيه؟ [el **ɛaŕD**ᵉ Hay-**kam**-mel **baɛd**ᵉ **ad**-dé **êh** ?]

représentation *(spectacle)* عرض [ɛaŕD]

▸ à quelle heure commence la représentation ? العرض بيتدي الساعة كام؟ [el **ɛaŕD**ᵉ yeb-**té**-di‿s **sâ**-ɛa **kâm** ?]

réseau *(de téléphone portable)* شبكة [**sha**-ba-ka]

▸ il n'y a pas de réseau مفيش شبكة [ma-**fish** **sha**-ba-ka]

réservation حجز [Hagz]

▸ la réservation est-elle obligatoire ? يا ترى الحجز إجباري؟ [ya ta-ŕa‿l **Hagz**ᵉ eg-**bâ**-ŕi ?]

▶ est-ce que je peux changer ma réservation ? ممكن أغير الحجز بتاعي؟ [mom-ken a-ray-yaŕ‿el Hagz^e bé-tâ-ɛi ?]

réserver *(billet, chambre)* يحجز [yeH-gez]

▶ je voudrais réserver un billet pour... عايز أحجز مكان ل... [ɛâ-yez aH-gez ma-kân lé...]

▶ est-ce qu'il faut réserver ? هو الحجز ضروري؟ [how-wa‿l Hagz^e Da-ŕou-ŕi ?]

▶ j'ai réservé une chambre au nom de Fournier حجزت غرفة باسم فورنييه [Ha-gazt^e roŕ-fa bé-esm^e Fournier]

▶ nous n'avons pas réservé مش حاجزين [mesh Hag-zîn]

réservoir *(à essence)* تنك [tank]

▶ il y a une fuite dans le réservoir التنك بيخر [et tank^e biy-khoŕŕ]

respirer يتنفس [yet-naf-fes]

▶ j'ai du mal à respirer بتنفس بصعوبة [bat-naf-fes bé-Sou-ɛou-ba]

responsable *adj (coupable)* مسؤول عن اللي جرى [mas-'oul ɛan‿elli ga-ŕa]
nom (d'un établissement, d'un magasin) مسؤول [mas-'oul]

▶ je ne suis pas responsable de ce qui est arrivé أنا مش مسؤول عن اللي حصل [a-na mesh mas-'oul ɛan‿elli Ha-Sal]

▶ c'est moi qui suis responsable أنا المسؤول [ana‿l mas-'oul]

▶ je voudrais parler au responsable de l'établissement عايز أكلم مسؤول المحل [ɛâ-yez a-kal-lem mas-'oul‿el ma-Hal]

ressembler à يشبه [yesh-bah]

▶ tu ressembles à ton père انت شبه والدك [en-ta sha-bah wal-dak]

restaurant مطعم [maT-ɛam]

▶ pouvez-vous nous recommander un bon restaurant dans le quartier ? ممكن تدلونا على مطعم كويس في االحي؟ [mom-ken té-del-lou-na ɛa-la maT-ɛam kway-yes f‿el Hayy ?]

rester يقعد [yo-ɛod]

▶ nous pensons rester deux nuits بنفكر نقعد ليلتين [ben-fak-kaŕ no-ɛod lel-tên]

▶ est-ce qu'il vous reste des places ? عندكو لسة أماكن؟ [ɛan-do-ko les-sa a-mâ-ken ?]

retard تأخير [ta'-khîŕ]

▶ je suis désolé d'être en retard أنا آسف على تأخيري [a-na â-sef ɛa-la ta'-khî-ŕi]

▸ l'avion a eu deux heures de retard الطيارة اتأخرت ساعتين [eT Tay-**yâ**-ŕa et-'akh-**kha**-ŕet saɛ-**tên**]

▸ savez-vous si le train a du retard ? تعرفوا لو القطر حيتأخر؟ [téɛ-**ŕa**-fou law ‿el aTŕ^e^ Ha-yet-'**akh**-khaŕ ?]

retirer يسحب [**yes**-Hab]

▸ il faut absolument que je retire de l'argent لازم أسحب فلوس ضروري [**lâ**-zem **as**-Hab fé-**lous** Da-**ŕou**-ŕi]

▸ je viens retirer le billet que j'ai réservé par téléphone أنا حاجز تذكرة وجاي أسحبها [a-na **Hâ**-gez taz-**ka**-ŕa wé **gayy**^e^ as-**Hab**-ha]

retour رجوع [ŕou-**gouɛ**]

▸ il sera de retour dans une demi-heure هو راجع بعد نص ساعة [**how**-wa **ŕâ**-geɛ **baɛd**^e^ **noSS**^e^ **sâ**-ɛa]

▸ je t'appellerai dès mon retour en France حتصل بيك أول ماوصل فرنسا [Hat-**té**-Sel **bîk** **aw**-wel-**maw**-Sal fa-**ŕan**-sa]

▸ je voudrais un aller-retour pour Rosette عايز تذكرة رايح جاي لرشيد [**ɛâ**-yez taz-**ka**-ŕa **ŕâ**-yeH **gayy** lé-ŕa-**shîd**]

retraite معاش [ma-**ɛâsh**]

▸ je suis à la retraite أنا ع المعاش [a-na ɛa-l ma-**ɛâsh**]

retrouver *(rejoindre)* يحصل [yé-**HaS**-Sal]

▸ je dois retrouver quelqu'un à l'intérieur فيه حد مستنيني في الداخل؟ [fîh **Hadd**^e^ mes-tan-**nî**-ni f‿ed **dâ**-khel ?]

retrouver (se) يلتقي [yel-**té**-i]

▸ on se retrouve à quelle heure ? نلتقي الساعة كام؟ [nel-**té**-i‿s **sâ**-ɛa **kâm** ?]

au restaurant **INFO**

▸ je voudrais réserver une table pour ce soir عايز أحجز طرابيزة لليلة دي [**ɛâ**-yez **aH**-gez Ta-ŕa-**bê**-za l‿el lé-**lâ**-di]

▸ pouvons-nous voir la carte ? ممكن نشوف الكارت؟ [**mom**-ken né-**shouf**‿ek **kaŕt** ?]

▸ pourriez-vous nous recommander un bon vin ? ممكن توصينا على نبيت يكون كويس؟ [mom-ken té-waS-**Sî**-na a-la né-**bît** yé-**koun** **kway**-yes ?]

▸ l'addition, s'il vous plaît ! الحساب لو سمحت! [el Hé-**sâb** law sa-**maHt** !]

ZOOM
Au revoir !

La formule la plus proche de l'expression française « au revoir » est ila el leqa. *Mais la formule la plus répandue est* maεa es salama, *qui signifie « va et que rien de mal ne t'arrive ».*

réussir ينجح [yen-**gaH**]
- je n'ai pas réussi à le joindre ماعرفتش اتصل بيه [maε-**řef**-tesh at-**té**-Sel **bîh**]

rêve حلم [Helm]
- j'ai fait un rêve bizarre حلمت حلم غريب [Hé-**lemt**ᵉ **Helm**ᵉ ra-**řîb**]
- bonne nuit, fais de beaux rêves تصبح على خير أحلام سعيدة [**teS**-baH εa-la **khêř**, aH-**lâm** sa-**εî**-da]

réveil *(horloge)* منبه [mou-**nab**-beh]

réveiller يصحي [**yeS**-Ha]
- pourriez-vous me réveiller à 7 h ? ممكن تصحوني الساعة سبعة؟ [**mom**-ken té-SaH-**Hou**-ni‿s **sâ**-εa **sab**-εa ?]

réveiller (se) يصحى [**yeS**-Ha]
- je dois me réveiller très tôt demain matin لازم أصحى بدري جدا بكرة الصبح [**lâ**-zem **aS**-Ha **bad**-ři **ged**-dan **bok**-řa‿S **SobH**]

revenir *(venir de nouveau)* يرجع [**yeř**-gaε]
- je reviens tout de suite ! أنا راجع على طول! [a-na **řâ**-geε εa-la **Toul** !]
- je n'en reviens pas ! أنا مش مصدق عقلي! [a-na mesh mé-**Sad**-da' **εa'**-li !]

rêver يحلم [**yeH**-lam]
- j'ai rêvé que... حلمت إن... [hé-**lemt**ᵉ enn...]
- j'ai toujours rêvé d'aller en Égypte طول عمري وانا باحلم اروح مصر [Toul **εom**-ři wa-na **baH**-lam a-**řouH** maSř]
- ça fait rêver ! دي حاجة فوق الخيال! [di **Hâ**-ga fô'‿el kha-**yâl** !]
- non, mais je rêve ! دانا في حلم! [**da**-na‿f Helm !]

revoir (au) مع السلامة [ma-εa‿s sa-**lâ**-ma]
- au revoir, Madame ! مع السلامة يا هانم! [**ma**-εa‿s sa-**lâ**-ma ya **hâ**-nem !]
- ce n'est qu'un au revoir ده مجرد سلام [**da** mo-**gař**-řad sa-**lâm**]

revoir (se) *(se retrouver)* يتقابلو من تاني [yet-'**ab**-lou men **tâ**-ni]
- j'aimerais beaucoup qu'on se revoie يا ريت نتقابل تاني [ya **řêt** net-'**â**-bel **tâ**-ni]

ZOOM

Le rire

Les Égyptiens aiment rire. Leur rire est franc, sonore et communicatif. Deux adages résument assez bien la place du rire en Égypte : eDHak able maD DeHk yerla *(« profite, ris, avant que tu n'aies à payer ton rire » et* eDHaq led denya, teDHak lak *(« ris à la vie pour qu'elle te sourie en retour »).*

▸ j'espère qu'on se reverra bientôt أرجو إننا نتقابل تاني [aŕ-gou en-**né**-na net-'**â**-bel **tâ**-ni]

rez-de-chaussée دور أرضي [**dôŕ** aŕ-Di]

▸ notre chambre est au rez-de-chaussée اوضتي في الدور الأرضي [**oT**-Ti f‿ed **dôŕ**‿el **aŕ**-Di]

rhumatismes روماتيزم [ŕo-**ma**-tezm]

rhume زكام [zou-**kâm**]

▸ j'ai attrapé un rhume جالي زكام [**gâ**-li zou-**kâm**]

riche غني [ra-ni]

rien و لا حاجة [wa-la **Hâ**-ga]

▸ je n'ai rien compris ما فهمتش حاجة [maf-**hem**-tesh **Hâ**-ga]

▸ ça ne fait rien معليش [**maε**-lesh]

▸ merci ! – de rien ! شكرا عفوا [**shok**-ŕan ! – **εaf**-wan !]

rire يضحك [**yeD**-Hak]

▸ j'ai dit ça pour rire أنا بهزر [**a**-na ba-**haz**-zaŕ]

▸ ça ne me fait pas rire مش مضحك [mesh **moD**-Hek]

risqué خطر [**kha**-Taŕ]

▸ ce n'est pas risqué de plonger par ici ? الغوص هنا مش خطر؟ [el **rôS** hé-na mesh **kha**-Taŕ ?]

risques مخاطر [ma-**khâ**-Teŕ]

▸ le véhicule est-il assuré tous risques ? العربية ليها تأمين كامل؟ [el εa-ŕa-**bey**-ya **lî**-ha ta'**mîn** **kâ**-mel ?]

rive شط [shaTT], بر [baŕŕ]

rivière نهر [nah-ŕ]

riz رز [ŕozz]

robe فستان [fous-**tân**]

robinet حنفية [Ha-na-**fey**-ya]

▶ le robinet fuit الحنفية بتنقط [el Ha-na-**fey**-ya bet-**na**'-aT]

rocher صخرة [**Sakh**-ŕa]

roi ملك [**ma**-lek]

rollers رولرز [ŕo-**leŕz**]

romantique رومانسي [ŕo-**man**-si]

▶ cet endroit est très romantique المكان ده رومانسي جدا [el ma-**kân** da ŕo-**man**-si **ged**-dan]

rose *(fleur)* وردة [**waŕ**-da] ; *(couleur)* روز [ŕôz]

▶ vous l'avez en rose ? عندك منه روز؟ [**εan**-dak **men**-no **ŕôz** ?]

roue عجلة [εa-ga-la]

▶ roue de secours عجلة ستبن [εa-ga-la **stebn**]

▶ ma roue est crevée العجلة نايمة [el **εa**-ga-la **nay**-ma]

▶ vous pouvez m'aider à changer la roue ? ممكن تساعدني أغير العجلة؟ [**mom**-ken té-sa-**εed**-ni a-**ray**-yaŕ‿el **εa**-ga-la ?]

rouler *(véhicule)* يمشي [**yem**-shi] ; *(escroquer)* ينضحك على [yen-**Dé**-Hek εa-la]

▶ ne roule pas trop vite ! ما تجريش سوق على مهلك! [ma-teg-**ŕîsh**, **sou**' εa-la **mah**-lak !]

▶ je me suis fait rouler ! انضحك علي! [en-**Da**-Hak εa-**lay**-ya !]

route *(voie de circulation)* طريق [Ta-**ŕî**'] ; *(itinéraire)* طريق [Ta-ŕî']

▶ la route sera-t-elle dégagée rapidement ? يا ترى الطريق حيسلك بسرعة؟ [ya ta-ŕa‿T Ta-**ŕî**' Ha-**yes**-lak bé-**sor**-εa ?]

▶ quelle route dois-je prendre pour aller à Edfou ? آخد أنهي طريق عشان أروح ادفو؟ [â-khod **an**-hi Ta-**ŕî**' εa-**shân** a-**ŕouH** ed-fou ?]

roux أصهب [aS-hab]

▶ il a les cheveux roux لون شعره أحمر [lon **shaε**-ŕo **aH**-maŕ]

▶ c'est une grande rousse avec des lunettes دي واحدة صهبا وطويلة بنضارة [di **waH**-da **Sah**-ba wé Ta-**wî**-la bé-naD-**Dâ**-ŕa]

rue شارع [shâ-ŕeɛ]

▶ excusez-moi, je cherche la rue... لو سمحت شارع... فين؟ [law sa-**maH**t[e] **shâ**-reɛ... **fên** ?]

▶ c'est une rue piétonne ? يا ترى ده شارع للمشاه فقط؟ [ya ta-ŕa da **shâ**-ŕeɛ l‿el mou-**shah** fa-qaT ?]

ruines أطلال [aT-**lâl**]

S

sable رمل [ŕaml]

sac شنطة [**shan**-Ta]

▶ sac à dos شنطة ضهر [**shan**-Tet Dahŕ]

▶ sac à main شنطة يد [**shan**-Tet yad]

▶ sac de couchage كيس نوم [kis **nôm**]

▶ sac poubelle كيس زبالة [kis zé-**bâ**-la]

▶ puis-je avoir un sac plastique, s'il vous plaît ? ممكن كيس بلاستيك لو سمحت؟ [**mom**-ken kis **blas**-tik law sa-**maH**t ?]

safran زعفران [zaɛ-fa-**ŕân**]

▶ je voudrais du safran frais pas trop cher عايز من فضلك زعفران طازة ومش غالي [**ɛâ**-yez men **faD**-lak zaɛ-fa-**ŕân** **Ta**-za wé mesh **râ**-li]

saignant *(cuisson)* نص سوى [noSS[e] **sé**-wa]

▶ saignant, s'il vous plaît اللحم نص سوى لو سمحت [el **laH**m[e] **noSS**[e] **sé**-wa law sa-**maH**t]

saigner ينزف [yen-zef]

▶ ça n'arrête pas de saigner دا عمال ينزف [da ɛam-**mâl** **yen**-zef]

saison فصل [faS-l]

▶ quelle est la meilleure saison pour visiter la région ? إيه هو أجمل فصل نزور فيه المنطقة؟ [êh **how**-wa **ag**-mal faSl né-**zouŕ** fîh‿el man-**Té**-a ?]

▶ les prix augmentent-ils en haute saison ? يا ترى الأسعار بتغلى في الموسم السياحي؟ [ya ta-ŕa‿l as-**ɛâŕ** bé-**ter**-la f‿el **mou**-sem‿es si-**yâ**-Hi ?]

▶ nous reviendrons en basse saison حنرجع خارج الموسم السياحي [Ha-**neŕ**-gaɛ **khâ**-ŕeg‿el **mou**-sem‿es si-**yâ**-Hi]

salade سلطة [sa-la-Ta]

▶ salade composée سلطة مشكلة [sa-la-Ta mé-shak-ké-la]
▶ salade de fruits فروت سلاض [frout sa-lâD]

sale *(pas propre)* وسخ [wé-sekh] ; *(mauvais, désagréable)* وحش [wé-Hesh]

▶ le lavabo est sale الحوض وسخ [el HôD wé-sekh]
▶ quel sale temps ! الطقس زفت! [eT Ta's[e] zeft !]

salé مملح [mé-mal-laH]

▶ ce n'est pas assez salé ناقص ملح [nâ-eS mal-H]

salle قاعة [qâ-εa]

▶ salle de bains حمام [Ham-mâm]
▶ salle d'embarquement صالة السفر [Sâ-let es sa-fař]

salon *(boutique)* محل [ma-Hall] ; *(séjour)* صالون [Sa-lôn]

▶ salon de coiffure صالون كوافير [Sa-lôn kwa-fêř]
▶ ça ne me dérange pas de dormir dans le salon ممكن أنام في الصالون من غير مشكلة [mom-ken a-nâm f‿es Sa-lôn men rêř mosh-ké-la]

salut ! *(bonjour)* أهلا! [ah-lan !] ; *(au revoir)* مع السلامة! [ma-εa‿s sa-lâ-ma !]

▶ salut, ça va ? أهلا عامل إيه؟ [ah-lan εâ-mel êh ?]

SAMU طوارئ [Ta-wâ-řé']

▶ quel est le numéro du SAMU ? رقم تليفون النجدة كام؟ [řa-qam té-lé-fôn‿en nag-da kâm ?]

sandales صندل [San-dal]

sandwich سندوتش [san-da-wetsh]

▶ un sandwich au poulet, s'il vous plaît واحد سندوتش فراخ من فضلك [wâ-Hed san-da-wetsh[e] fé-řâkh men faD-lak]

sang دم [damm]

sanitaires حمام [Ham-mâm]

sans من غير [men rêř]

▶ sans oignons, s'il vous plaît من غير بصل لو سمحت [men rêř ba-Sal law sa-maHt]

santé صحة [SeH-Ha]

▸ à ta santé ! في صحتك! [fi SeH-**Hé**-tak !]

sarcophage تابوت [ta-**bout**]

sardine سردين [saŕ-**dîn**]

▸ on est serrés comme des sardines دحنا متزنقين زي السردين [**deH**-na met-zan-na-**în** zayy‿es saŕ-**dîn**]

sauce صلصة [**Sal**-Sa]

▸ sauce tomate صلصة طماطم [**Sal**-Set Ta-**mâ**-Tem]

▸ la sauce est un peu trop piquante الصلصة حامية حبتين زيادة [eS **Sal**-Sa **Ham**-ya Hab-bé-**tên** zi-**yâ**-da]

sauf إلا [**el**-la]

▸ tout le monde y est allé, sauf moi الكل راح إلا أنا [el **koll**ᵉ **ŕâH** ell‿a-na]

saumon سلمون [**sal**-mon]

sauvage متوحش [mou-ta-**waH**-Hesh]

▸ cet endroit est très sauvage المكان ده في منتهى الطبيعة الفطرية [el ma-**kân** da fi mon-**ta**-ha‿T Ta-**bî**-εa‿l feT-**ŕey**-ya]

savoir يعرف [**yeε**-ŕaf]

▸ si j'avais su... لو كنت عرفت... [law **kont**ᵉ εé-**ŕeft**...]

▸ je n'en sais rien ما عنديش أي فكرة [ma-εan-**dîshayy**ᵉ **fek**-ŕa]

▸ je ne sais pas ce que c'est ما عرفش ده إيه [maε-**ŕafsh**ᵉ da **êh**]

savon صابون [Sa-**boun**]

▸ savon noir صابون اسود [Sa-**boun es**-wed]

▸ il n'y a pas de savon مفيش صابون [ma-**fîsh** Sa-**boun**]

seau جردل [**gaŕ**-dal]

▸ est-ce que je pourrais avoir un seau pour me rincer ? ممكن جردل عشان اتشطف؟ [**mom**-ken **gaŕ**-dal εa-**shân** at-**shaT**-Taf ?]

scooter اسكوتر [**skou**-taŕ]

▸ scooter des mers اسكوتر البحر [**skou**-taŕ‿el **baH**-ŕ]

score نتيجة [na-**tî**-ga]

▸ quel est le score du match ? نتيجة الماتش كام؟ [na-**teg**-t‿el **matsh**ᵉ **kâm** ?]

scorpion عقرب [εa'-ŕab]

▶ je me suis fait piquer par un scorpion فيه عقربة قرصتني [fîh εa'-ŕa-ba a-ŕa-**Set**-ni]

Scotch® *(adhésif)* ورقة لزاق [wa-ŕa-a laz-**zâ'**]

sec ناشف [nâ-shef]

▶ mes cheveux ne sont pas encore secs شعري لسه ما نشفش [**sha**ε-ŕi **les**-sa man-**shefsh**]

sèche-cheveux سشوار [sesh-**wâŕ**]

sécher ينشف [yé-**nash**-shef]

▶ où puis-je faire sécher mes vêtements? ممكن أنشف هدومي فين؟ [**mom**-ken a-**nash**-shef hé-**dou**-mi **fên** ?]

sécheresse جفاف [ga-**fâf**]

seconde (TRANSP) تانية [**tan**-ya] ; *(unité de temps)* ثانية [**san**-ya]

▶ seconde classe درجة تانية [**da**-ŕa-ga **tan**-ya]

▶ un aller simple pour Alexandrie en seconde, s'il vous plaît تذكرة درجة تانية إسكندرية لو سمحت [taz-**ka**-ŕa **da**-ŕa-ga **tan**-ya es-ken-dé-**ŕey**-ya law sa-**maHt**]

▶ attends une seconde انتظر ثانية من فضلك [en-**té**-Zeŕ **san**-ya men **faD**-lak]

secours اسعاف [es-**εâf**]

▶ trousse de secours شنطة الاسعافات [**shan**-Tet‿el es-εa-**fât**]

▶ au secours ! الحقوني! [el-Ha-**ou**-ni !]

▶ il faut appeler les secours ! أطلبوا الاسعاف! [oT-**lo**-bou‿l es-**εâf** !]

sécurité أمان [a-**mân**]

▶ est-ce que je peux me promener seule en toute sécurité ? يا ترى ممكن أتفسح لوحدي في أمان؟ [ya ta-ŕa **mom**-ken at-**fas**-saH lé-**waH**-di fi a-**mân** ?]

séjour إقامة [i-**qâ**-ma]

▶ j'ai passé un séjour très agréable أنا في الحقيقة قضيت وقت جميل جدا [**a**-na f‿el Ha-**î**-a a-**Dêt** wa't^e ga-**mîl** **ged**-dan]

sel ملح [mal-H]

selle *(vélo)* كرسي [**koŕ**-si] ; *(cheval)* سرج [**saŕ**-g]

▶ la selle ne tient pas bien السرج لازم يتظبط [es **saŕg**^e **lâ**-zem yet-**Zab**-baT]

semaine اسبوع [ous-**bouɛ**]

▶ combien ça coûte pour une semaine ? بكام في الأسبوع؟ [bé-**kâm** f‿el ous-**bouɛ** ?]

▶ je repars dans une semaine أنا مسافر تاني بعد اسبوع [a-na mé-**sâ**-feŕ **tâ**-ni **baɛd**ᵉ ous-**bouɛ**]

semoule سميط البسبوسة [sé-**mîT**‿el bas-**bou**-sa]

▶ vous préparer la semoule vous-même ? يا ترى بتعملوا بنفسكو سميط البسبوسة؟ [ya ta-ŕa bé-teɛ-**mé**-lou bé-nas-**so**-ko sé-**mîT**‿el bas-**bou**-sa ?]

sentier درب [**daŕ**-b]

▶ y a-t-il des sentiers de randonnée ? يا ترى فيه طرق للتجول؟ [ya ta-ŕa **fîh** To-ŕo' ‿let ta-**gaw**-wol ?]

▶ le sentier est-il balisé ? يا ترى الطريق مخطط؟ [ya ta-ŕa‿T Ta-**ŕî'** mou-**khaT**-TaT ?]

▶ où démarre le sentier ? الطريق بيتدي منين؟ [eT Ta-**ŕî'** yeb-**té**-di mé-**nên** ?]

sentir *(odeur)* يشم ريحة [yé-**shemm**ᵉ **ŕî**-Ha]

▶ qu'est-ce que ça sent bon ! الريحة حلوة قوي! [eŕ **ŕî**-Ha **Hel**-wa **a**-wi !]

sentir (se) يحس [yé-**Hess**]

▶ je ne me sens pas très bien أنا حاسس نفسي مش كويس [a-na **Hâ**-ses **naf**-si mesh **kway**-yes]

serpent تعبان [teɛ-**bân**]

▶ je me suis fait mordre par un serpent فيه تعبان عضني [**fîh** teɛ-**bân** ɛaD-**Dé**-ni]

serré ضيق [**Day**-ya']

▶ c'est un peu trop serré دا ضيق شوية زيادة [da **Day**-ya' **shway**-ya zi-**yâ**-da]

serrure كالون [ka-**lôn**]

▶ la serrure est cassée الكالون مكسور [ek ka-**lôn** mak-**souŕ**]

serveur جارسون [gaŕ-**sôn**]

▶ tu peux appeler le serveur, s'il te plaît ? لو سمحت ممكن تنده الجارسون؟ [law sa-**maHt**ᵉ **mom**-ken **ten**-dah‿el gaŕ-**sôn** ?]

service *(au restaurant, faveur)* خدمة [**khed**-ma] ; *(au tennis)* سرفيس [seŕ-**vîs**]

▶ je peux vous demander un service ? ممكن أطلب منك خدمة؟ [**mom**-ken **aT**-lob **men**-nak **khed**-ma ?]

serviette *(de toilette)* فوطة وش [**fou**-Tet wesh] ; *(de table)* فوطة سفرة [**fou**-Tet **sof**-ŕa] ; *(de plage)* بشكير [bash-**kîŕ**]

- serviette hygiénique فوط صحية [**fo**-wat SeH-**Hey**-ya]
- nous n'avons pas de serviettes de toilette ما عندناش فوط [ma-ɛan-dé-**nâsh** **fo**-waT]
- puis-je avoir une serviette en papier ? ممكن منديل ورق؟ [**mom**-ken man-**dîl** wa-ŕa'?]

servir *(repas, plat)* يجيب [yé-**gîb**]

- à partir de quelle heure le petit déjeuner est-il servi ? الفطار يبتدي الساعة كام؟ [el fé-**Târ** yeb-**té**-di‿s **sâ**-ɛa **kâm** ?]
- avec quoi ce plat est-il servi ? الطبق بيجي معاه إيه؟ [eT **Ta**-ba' bi-**yî**-gi ma-**ɛâh** êh ?]

servir (se) *(à table)* يغرف لنفسه [**yer**-ŕef lé-**naf**-so] ; *(utiliser)* يستعمل [yes-**taɛ**-mel]

- je peux me servir ? ممكن أغرف لنفسي؟ [**mom**-ken **ar**-ŕef lé-**naf**-si ?]
- je peux me servir de votre téléphone portable ? ممكن أستعمل موبايلك؟ [**mom**-ken as-**taɛ**-mel mo-**bay**-lak ?]

set دور [dôŕ]

- elle a gagné les deux premiers sets كسبت اول دورين [**kes**-bet **aw**-wel do-**ŕên**]

seul لوحد [lé-**waHd**]

- je voyage seule باسافر لوحدي [ba-**sâ**-feŕ lé-**waH**-di]

seulement بس [bass]

- il vous reste seulement une chambre ? هو فاضل غرفة واحدة بس؟ [**how**-wa **fâ**-Del **roŕ**-fa **waH**-da **bass** ?]

shampooing شامبو [sham-**bou**]

- je voudrais un shampooing et un brushing عايز أعمل شامبو وبرشنج [**ɛâ**-yez **aɛ**-mel sham-**bou** wé bŕa-**shing**]

short شورط [shoŕtT]

- je peux y aller en short ? ممكن أروح بالشورط؟ [**mom**-ken a-**ŕouH** b‿esh **shoŕT** ?]

si لو [law]

▶ si j'avais su... لو كنت عرفت... [law **kont**ᵉ ɛé-**ŕeft**...]

▶ si tu veux, on y va لو حبيت يلّا نروح [law Hab-**bêt yalla**‿n-**ŕouH**]

▶ si seulement il pouvait arrêter de pleuvoir ! يا ريت الدنيا تبطل تمطر! [ya **ŕêt**‿ed **don**-ya té-**baT**-Tal té-**maT**-Taŕ !]

siècle قرن [qaŕn]

▶ ça date de quel siècle ? ده يرجع لأنهي قرن؟ [da **yeŕ**-gaɛ lé-**an**-hi **qaŕn** ?]

siège كرسي [**koŕ**-si]

▶ ce siège est-il pris ? الكرسي ده فاضي؟ [ek **koŕ**-si da **fâ**-Di ?]

sieste قيلولة [ay-**lou**-la]

▶ j'aimerais bien faire une petite sieste cet après-midi عايز أنام شوية النهارده بعد الضهر [**ɛâ**-yez a-**nâm shway**-ya‿n-na-**haŕ**-da baɛd‿ eD **Dohŕ**]

signaler يبلغ [yé-**bal**-lar]

▶ je voudrais signaler la perte de mes cartes de crédit عايز أبلغ عن فقد كروت الفيزا بتاعتي [**ɛâ**-yez a-**bal**-lar ɛan **faqd**ᵉ kou-**ŕout**‿el **vî**-za bé-**taɛ**-ti]

▶ nous devons le signaler à la police لازم نبلغ عنه للبوليس [**lâ**-zem né-**bal**-lar ɛan-no l‿el bo-**lîs**]

signer يمضي [**yem**-Di]

▶ je dois signer ici ? لازم أمضي هنا؟ [**lâ**-zem **am**-Di **hé**-na ?]

signifier يعني [**yaɛ**-ni]

▶ qu'est-ce que ça signifie ? يعني إيه؟ [**yaɛ**-ni êh ?]

simple *(billet)* رايح [**râ**-yeH] ; *(chambre)* مفرد [**mef**-ŕed] ; *(facile)* سهل [**sah**-l]

▶ un aller simple pour Assouan s'il vous plaît تذكرة رايح لأسوان من فضلك [taz-**ka**-ŕa **ŕâ**-yeH lé-as-**wân** men **faD**-lak]

▶ je voudrais une chambre simple عايز غرفة مفرد [**ɛâ**-yez **roŕ**-fa **mef**-ŕed]

▶ c'est très simple ده بسيط قوي [da ba-**sîT** a-wi]

Sinaï سينا [**Sî**-na]

sinon أحسن [**aH**-san]

▶ partons maintenant, sinon on va être en retard يلا نمشي دلوقتي أحسن نتأخر [yal-la **nem**-shi del-**wa**'-ti **aH**-san net-'**akh**-khaŕ]

sinusite التهاب الجيوب الأنفية [el-té-**hâb** eg gou-**youb**‿el an-**fey**-ya]

▸ j'ai une sinusite عندي التهاب الجيوب الأنفية [**ɛan**-di‿l-té-**hâb** eg gou-**youb**‿el an-**fey**-ya]

sirop دوا شرب [**da**-wa **shořb**]

site موقع [**maw**-qéɛ]

▸ site archéologique موقع اثري [**maw**-qéɛ **a**-sa-ři]

▸ site touristique مكان سياحي [ma-**kân** si-**yâ**-Hi]

ski nautique تزحلق ع المية [ta-**zaH**-loq ɛa‿l **may**-ya]

▸ c'est la première fois que je fais du ski nautique دي أول مرة أتزحلق ع المية [di **aw**-wel **mař**-řa at-**zaH**-la' ɛa-l **may**-ya]

slip كيلوت [**ki**-lot]

sms رسالة اس ام اس [ři-**sâ**-la és **ém** és]

▸ je t'envoie un sms pour te dire à quelle heure on se retrouve أبعتلك رسالة اس ام اس عشان أقولك ع الميعاد بتاعنا [ab-**ɛat**-lak ři-**sâ**-la és **em** és ɛa-**shân** a-**ol**-lak ɛa‿l mé-**ɛâd** bé-**taɛ**-na]

sœur أخت [**okht**]

▸ j'ai deux sœurs عندي أختين [**ɛan**-di okh-**tên**]

soie حرير [Ha-**řiř**]

soif عطش [**ɛa**-Tash]

▸ je meurs de soif حموت م العطش [Ha-**mout** m‿el **ɛa**-Tash]

soir ليلة [**lê**-la]

▸ vous reste-t-il des chambres pour ce soir ? عندكو لسه غرف لليلة دي؟ [ɛan-**do**-ko les-sa **ro**-řaf l‿el lé-**lâ**-di ?]

▸ y a-t-il des magasins ouverts tard le soir ? يا ترى فيه محلات فاتحة متأخر بالليل؟ [ya ta-řa **fih** ma-Hal-**Lât** fat-Ha met-'akh-khař bel lêl ?]

▸ que peut-on faire le soir ici ? ممكن نقضي وقتنا إزاي بالليل؟ [**mom**-ken né-**aD**-Di wa'-**té**-na ez-**zây** bel-**lêl** ?]

▸ qu'est-ce que tu fais ce soir ? حتعمل إيه الليلة؟ [Ha-**téɛ**-mel **êh**‿el **lê**-la ?]

soirée *(moment de la journée)* ليلة [**lê**-la] ; *(fête)* سهرة [**sah**-řa]

▸ bonne soirée ! ليلتك سعيدة! [**lel**-tak sa-**ɛî**-da !]

▶ nous avons passé une excellente soirée قضينا سهرة جميلة جدا [a-Dê-na sah-ŕa ga-mî-la ged-dan]
▶ j'organise une petite soirée pour mon départ أنا عامل سهرة صغيرة بمناسبة سفري [a-na ɛâ-mel sah-ŕa So-ray-ya-ŕa bé-mou-nas-bet sa-fa-ŕi]

soleil شمس [shams]
▶ chouette, il y a du soleil ! جميل! الدنيا شمس [ga-mîl ! ed den-ya shams]
▶ je ne peux pas rester en plein soleil ما قدرش استنى في الشمس [ma'-daŕsh as-tan-na f‿esh shams]

solution حل [Hall]
▶ ça me paraît être la bonne solution في رأيي هو ده الحل المناسب [fi ra'-yi how-wa da‿l Hall‿el mou-nâ-seb]

sommeil نوم [nôm]
▶ je n'ai pas sommeil أنا مش نعسان [a-na mesh naɛ-sân]

sommet قمة [qem-ma]
▶ on peut atteindre le sommet ? يا ترى ممكن نوصل للقمة؟ [ya ta-ŕa mom-ken new-Sal l‿el qem-ma ?]

somnifère منوم [mé-naw-wem]

sonner يرن [yé-ŕenn]
▶ ton téléphone sonne تليفونك بيضرب [té-lé-fô-nak bi-yeD-ŕab]

sortie *(d'autoroute)* فتحة [fat-Ha] ; *(excursion)* رحلة [ŕeH-la] ; *(au cinéma, au restaurant)* خروجة [kho-ŕou-ga]
▶ quelle est le nom de la sortie d'autoroute ? نخرج من أنهي فتحة؟ [nokh-ŕog men an-hi fat-Ha ?]
▶ nous avons raté la sortie فتحة الخروج فاتت [fat-Het el kho-ŕoug fâ-tet]
▶ des sorties en bateau sont-elles organisées ? يا ترى انتو عاملين رحلات بالمراكب؟ [ya ta-ŕa en-tou ɛam-lîn ŕeH-lât b‿el ma-ŕâ-keb ?]
▶ on pourrait se faire une sortie un de ces jours ما نعمل خروجة في يوم [ma néɛ-mel kho-ŕou-ga‿f yôm]

sortir *(gén)* يخرج [yokh-ŕog] ; *(film)* ينزل [yen-zel]
▶ à quel endroit dois-je sortir de l'autoroute ? أطلع من انهي فتحة؟ [aT-laɛ men an-hi fat-Ha ?]
▶ y a-t-il des endroits sympas pour sortir ? يا ترى فيه أماكن ظريفة للخروج؟ [ya ta-ŕa fîh a-mâ-ken Za-ŕî-fa l‿el khou-ŕoug ?]

▶ on pourrait sortir ce soir ممكن نعمل خروجة الليلة [mom-ken néε-mel khou-**ŕou**-ga‿l **lê**-la]
▶ ce film n'est pas sorti en France الفلم ده ما نزلش في فرنسا [el **felm**ᵉ da man-**zelsh**ᵉ fi fa-**ŕan**-sa]

souhaiter يتمنى [yet-**man**-na]
▶ je te souhaite un bon anniversaire كل سنة وانت طيب وعقبال ميت سنة [**koll**ᵉ sa-na **wen**-ta **Tay**-yeb wé εo'-**bâl** mît **sa**-na]

soûl سكران [sak-**ŕân**]
▶ je suis complètement soûl أنا سكران طينة [a-na sak-**ŕân** Tî-na]

soupe شربة [**shoŕ**-ba]
▶ je vais prendre une soupe de légumes أنا عايز شربة خضار [a-na **εâ**-yez **shoŕ**-bet kho-**Dâŕ**]

sourire ابتسامة [eb-té-**sâ**-ma]
▶ fais-moi un sourire ابتسم لي [eb-té-**sem**-li]

souris فار صغير [**fâŕ** So-**ray**-yaŕ]

sous تحت [taHt]
▶ il est sous la table هو تحت الطرابيزة [**how**-wa **taHt**‿eT Ta-ŕa-**bê**-za]

sous-titré مترجم [mou-**taŕ**-gem]
▶ ce film est sous-titré ? الفلم ده مترجم؟ [el **felm**ᵉ da met-**taŕ**-gem ?]

soutien-gorge سوتيان [sout-**yân**]

souhaits et regrets — INFO

▶ j'espère qu'il n'y aura pas trop de monde أتمنى ما يكونش فيه زحمة [at-**man**-na may-**konsh**ᵉ fîh **zaH**-ma]
▶ ce serait vraiment bien que tu restes يا ريت تقعد [ya **ŕêt** to-εod]
▶ si seulement nous avions une voiture ! آه لو كان عندنا عربية! [âh law **kân** εan-**dé**-na εa-ŕa-**bey**-ya !]
▶ pourvu qu'elle dise oui يا ريت هي توافق [ya **ŕêt** hey-ya té-**wâ**-fe']
▶ je regrette vraiment que vous n'ayez pas pu venir أنا زعلان فعلا إنكو ما قدرتوش تيجو [a-na zaε-**lân** féε-lan en-**no**-ko ma'-deŕ-**tous**h tî-gou]

souvenir *(objet)* تذكار [tez-**kâŕ**] ; *(impression)* ذكرى [**zek**-ŕa]

- où puis-je acheter des souvenirs ? ممكن أشتري هدايا منين؟ [**mom**-ken ash-**té**-ŕi ha-**dâ**-ya mé-**nên** ?]
- je garderai un excellent souvenir de mon séjour ici حتحفظ بذكرى جميلة من إقامتي هنا [HaH-**té**-feZ bé-**zek**-ŕa ga-**mî**-la men i-**qam**-ti hé-na]

souvenir de (se) يفتكر [yef-**té**-keŕ]

- vous vous souvenez de moi ? حضرتك فاكرني؟ [HaD-**ŕé**-tak fa-**keŕ**-ni ?]
- je ne me souviens plus de son nom مش فاكر اسمه [mesh **fâ**-keŕ **es**-mo]

souvent كتير [ké-**tîŕ**], غالبا [**ra**-lé-ban]

- tu viens souvent ici ? بتيجي هنا كتير؟ [bé-**tî**-gi hé-na ké-**tîŕ** ?]

sparadrap بلاستر [**blas**-taŕ]

spécialiste *(médecin)* أخصائي [a-kheS-**Sâ**-i]

- pourriez-vous me recommander un spécialiste ? ممكن تدلني على أخصائي؟ [**mom**-ken té-del-**lé**-ni ɛa-la a-kheS-**Sâ**-i ?]

spécialité أكلة معينة [**ak**-la mo-ɛay-**ya**-na]

- quelle est la spécialité locale ? هي إيه الأكلة المشهورة هنا؟ [**hey**-ya êh‿el ak-la‿l mash-**hou**-ŕa hé-na ?]

spectacle *(théâtre, cinéma, etc.)* عرض [ɛaŕD]

- est-ce qu'il y a un guide des spectacles ? يا ترى فيه دليل للعروض؟ [ya ta-ŕa fîh da-**lîl** l‿el ɛou-**ŕouD** ?]
- à quelle heure commence le spectacle ? العرض بيبتدي الساعة كام؟ [el **ɛaŕd**ᵉ bi-yeb-**té**-di‿s **sâ**-ɛa kâm ?]

sphinx أبو الهول [a-bou‿l **hôl**]

- est-ce qu'on peut visiter le sphinx ? ممكن نزور أبو الهول؟ [**mom**-ken né-**zouŕ** a-bou‿l **hôl** ?]

sport رياضة [ŕi-**yâ**-Da]

- pratiques-tu un sport ? يا ترى بتمارس رياضة؟ [ya ta-ŕa bet-**mâ**-ŕes ŕi-**yâ**-Da ?]
- je fais beaucoup de sport أنا بمارس رياضات كتير [a-na ba-**mâ**-ŕes ŕi-ya-**Dât** ké-**tîŕ**]

sportif رياضي [ŕi-**yâ**-Di]

- je ne suis pas très sportif ما بعملش رياضة كتير [ma-baɛ-**melsh**ᵉ ŕi-**yâ**-Da ké-**tîŕ**]

stade استاد [**stâd**]

stage دورة تدريبية [**daw**-ŕa tad-ŕi-**bey**-ya]

▸ je voudrais faire un stage de voile عايز أعمل دورة تدريبية في المراكب الشراعية [εâ-yez aε-mel **daw**-ŕa tad-ŕi-**bey**-ya f‿el ma-**ŕâ**-keb‿esh shé-ŕa-**εey**-ya]

station *(*TRANSP*)* محطة [ma-**HaT**-Ta] ; *(lieu de séjour)* منتجع [mon-**ta**-gaε]

▸ station balnéaire منتجع ع البحر [mon-**ta**-gaε εa‿l **baHr**]
▸ station de métro محطة مترو [ma-**HaT**-Tet **met**-ŕo]
▸ station de taxis موقف تاكسي [**maw**-'af **tak**-si]
▸ station thermale منتجع صحي [mon-**ta**-gaε **SeH**-Hi]

station-service محطة بنزين [ma-**HaT**-Tet ban-**zîn**]

▸ où puis-je trouver une station-service ? ألاقي فين محطة بنزين؟ [a-**lâ**-i fên ma-**HaT**-Tet ben-**zîn** ?]
▸ pouvez-vous m'emmener à la station-service la plus proche ? ممكن تاخدني على أقرب محطة بنزين؟ [**mom**-ken ta-**khod**-ni εa-la **a'**-ŕab ma-**HaT**-Tet ben-**zîn** ?]
▸ est-ce qu'il y a des stations-service ouvertes 24h/24 ? هو فيه محطات بنزين فاتحة أربعة وعشرين ساعة؟ [**how**-wa **fîh** ma-HaT-**Tât** ben-**zîn** fat-Ha ar-ba-εa wé εesh-**ŕîn** **sâ**-εa ?]

statue تمثال [tem-**sâl**]

steak استيك [es-**têk**]

style نوع [**nouε**]

▸ quel est ton style de musique ? بتحب أي نوع موسيقى؟ [bet-**Hebb**ᵉ **ayy**ᵉ **nouε** mou-**sî**-qa ?]

stylo قلم حبر [a-lam **Hebŕ**]

sucre سكر [**sok**-kaŕ]

▸ sucre de canne سكر قصب [**sok**-kaŕ **a**-Sab]
▸ sucre en morceaux سكر مكنة [**sok**-kaŕ **ma**-ka-na]
▸ sucre en poudre سكر بودرة [**sok**-kaŕ **bod**-ŕa]

sucré مسكر [mé-**sak**-kaŕ]

▸ c'est un peu trop sucré pour moi حلو زيادة على ذوقي [**Helw**ᵉ zi-**yâ**-da εa-la **zô**-i]

sud جنوب [ga-**noub**]
- nous voudrions aller dans le sud du pays عايزين نطلع جنوب مصر [ɛay-**zîn** **neT**-laɛ ga-**noub** maSŕ]

suffire يكفي [**yek**-fi]
- ça suffit ! كفاية كده! [ké-**fâ**-ya **ké**-da !]
- il suffit d'appuyer sur ce bouton مجرد تدوس على الزرار [mo-**gaŕ**-ŕad té-**dous** ɛa‿z zo-**ŕâŕ**]

suisse سويسري [**swes**-ŕi]
- je suis suisse أنا سويسري [a-na **swes**-ŕi]

Suisse *f (pays)* سويسرا [**swes**-ŕa]
nom (habitant) سويسري [**swes**-ŕi]
- j'habite en Suisse أنا ساكن في سويسرا [a-na **sâ**-ken fi **swes**-ŕa]

suite تكملة [tak-**mé**-la]
- à tout de suite ! دقايق واجي لك! [da-**â**-ye' wa-**gî**-lak !]

super *(formidable)* رائع [**ŕâ**-éɛ] ; *(carburant)* سوبر [**sou**-bar]
- super ! رائع! [**ŕâ**-éɛ !]
- c'était vraiment super ! كان رائع فعلا! [kan **ŕâ**-éɛ **féɛ**-lan !]
- je voudrais 20 litres de super عايز عشرين سوبر [**ɛâ**-yez ɛesh-**ŕîn** **sou**-bar]

supermarché سوبر ماركت [**sou**-beŕ **maŕ**-ket]

supplément *(coût)* زيادة [zi-**yâ**-da]
- faut-il payer un supplément ? يا ترى لازم أدفع حاجة زيادة؟ [ya ta-ŕa **lâ**-zem **ad**-faɛ **Hâ**-ga zi-**yâ**-da ?]
- doit-on payer un supplément si on laisse la voiture dans le camping ? يا ترى بندفع زيادة لو سبنا العربية في المعسكر؟ [ya ta-ŕa bé-**ned**-faɛ zi-**yâ**-da law **seb**-na‿l ɛa-ŕa-**bey**-ya f‿el mo-**ɛas**-kaŕ ?]

supplémentaire إضافي [i-**Dâ**-fi]
- est-il possible de rester une nuit supplémentaire ? ممكن نبات ليلة إضافية؟ [**mom**-ken né-**bât** lê-la i-Da-**fey**-ya ?]

supporter يستحمل [yes-**taH**-mel]
- je supporte mal la chaleur ما بستحملش الحر [ma-bas-taH-**melsh**‿el **Harr**]

suppositoire لبوس [lo-**bous**]

sur على [ɛa-la]

▶ je l'ai posé sur la table حطيته ع الطرابيزة [HaT-**Tê**-to ɛa-T Ta-ŕa-**bê**-za]

sûr *(certain)* أكيد [a-**kîd**]

▶ tu es sûr que ça se dit comme ça ? هي أكيد بتتقال كده؟ [**hey**-ya a-**kîd** bé-tet-**âl** ké-da ?]

▶ je n'en suis pas sûr أنا مش متأكد [**a**-na mesh mét-'**ak**-ked]

▶ bien sûr ! أكيد! [a-**kîd** !]

surf رياضة ركوب الأمواج [ŕi-**yâ**-Det ŕou-**koub**‿el am-**wâg**]

▶ je voudrais apprendre à faire du surf أحب أتعلم رياضة ركوب الأمواج [a-**Hebb** at-**ɛal**-lem ŕi-**yâ**-Det ŕou-**koub**‿el am-**wâg**]

▶ y a-t-il un endroit où louer des planches de surf ? يا ترى فيه مكان نأجر منه لوح لركوب الأمواج؟ [ya ta-ŕa fîh ma-**kân** né-**ag**-gaŕ **men**-no lo-waH lé-ŕou-**koub**‿el am-**wâg** ?]

surprise مفاجأة [mou-**fag**-'a]

▶ quelle bonne surprise ! ايه المفاجأة الحلوة دي! [**êh**‿el mou-**fag**-'a‿l **Hel**-wa di !]

surveiller يراقب [yé-ŕâ-eb]

▶ pouvez-vous surveiller mes affaires un instant ? ممكن تراقب حاجتي ثواني لو سمحت؟ [**mom**-ken té-**ŕâ**-eb **Hag**-ti sa-**wâ**-ni law sa-**maHt** ?]

survêtement لبس تدريب [**lebs**ᵉ tad-**ŕîb**]

sympa ظريف [Za-**ŕîf**]

▶ on a trouvé un petit hôtel très sympa لقينا فندق ظريف جدا [la-**ê**-na **fon**-do' Za-**ŕîf** **ged**-dan]

▶ c'est vraiment sympa de ta part ده ظرف منك [da **Zoŕf**ᵉ **men**-nak]

▶ j'ai rencontré des gens super sympas قابلت ناس في منتهى الظرف [a-**belt**ᵉ **nâs** fi mon-**ta**-ha‿Z **Zoŕf**]

▶ c'était très sympa كان آخر لذة [kan **â**-kheŕ **laz**-za]

synagogue معبد يهودي [maɛ-bad ya-**hou**-di]

T

tabac دخان [dokh-**khân**]

▶ vous vendez du tabac à rouler ? بتبيعوا دخان لف؟ [bet-**bî**-ɛou dokh-**khân** laff ?]

table طرابيزة [Ta-ŕa-**bê**-za]

▶ j'ai réservé une table au nom de Lebras أنا حاجز طرابيزة باسم لوبرا [a-na **Hâ**-gez Ta-ŕa-**bê**-za bé-**esm**ᵉ lebras]

▶ une table pour quatre, s'il vous plaît طرابيزة لأربع أشخاص لو سمحت [Ta-ŕa-**bê**-za lé-**aŕ**-baɛ ash-**khâS**]

▶ je peux vous aider à mettre la table ? ممكن أوضب السفرة معاكم؟ [**mom**-ken a-**waD**-Dab‿es **sof**-ŕa ma-**ɛâ**-kom ?]

▶ à table ! يلا الأكل ع السفرة! [**yal**-la‿l **akl**ᵉ ɛa‿s **sof**-ŕa !]

tache بقعة [**bo'**-ɛa]

▶ je me suis fait une tache بقعت نفسي [ba'-**aɛt**ᵉ **naf**-si]

taille *(partie du corps)* وسط [wesT] ; *(d'un vêtement)* مقاس [ma-**âs**]

▶ c'est un peu serré à la taille هو ضيق شوية ع الوسط [**how**-wa **Day**-ya' **shway**-ya ɛa‿l **wesT**]

▶ est-ce que toutes les tailles sont en rayon ? يا ترى المقاسات كلها معروضة؟ [ya ta-ŕa‿l ma-a-**sât** kol-**la**-ha maɛ-**ŕou**-Da ?]

▶ avez-vous le même modèle dans une plus grande taille ? عندكو نفس الموديل في مقاس أكبر؟ [ɛan-**do**-ko nafs‿el mo-**dêl** fi ma-**âs** ak-baŕ ?]

tajine طاجن [**Tâ**-gen]

▶ je voudrais acheter un plat à tajine عايز أشتري طاجن [ɛ**â**-yez ash-**té**-ŕi **Tâ**-gen]

talon *(de chaussure)* كعب [kaɛb] ; *(du pied)* كعب رجل [**kaɛb**ᵉ ŕegl]

▶ le talon de ma chaussure est cassé كعب الجزمة انكسر [**kaɛb**‿eg **gaz**-ma en-ka-saŕ]

▶ j'ai une ampoule au talon عندي بقليلة على كعب رجلي [**ɛan**-di bo'-**lê**-la fi **kaɛb**ᵉ **ŕeg**-li]

tampon *(hygiénique)* تامبكس [tam-**baks**]

▸ tu peux me passer un tampon ? ممكن آخد منك تامبكس؟ [**mom**-ken **â**-khod **men**-nek tam-**baks** ?]

tante *(paternelle)* عمة [**ɛam**-ma] ; *(maternelle)* خالة [**khâ**-la]

taper *(soleil)* حامية [**Ham**-ya] ; *(code)* يضرب كود [**yeD**-ŕabKôd]

▸ le soleil tape fort aujourd'hui الشمس حامية النهارده [esh **shams**ᵉ **Ham**-ya en na-**har**-da]

▸ je dois taper mon code ? هو لازم أعمل الرقم السري؟ [**how**-wa **lâ**-zem aɛ-mel ‿eŕ **ŕa**-qam‿es **seŕ**-ŕi ?]

tapis سجاد [seg-**gâd**]

▸ tapis de sol حصيرة [Ha-**Sî**-ŕa]

▸ je n'ai pas assez d'argent pour acheter un tapis ما عنديش فلوس كفاية عشان أشتري سجادة [ma-ɛan-**dîsh** fé-**lous** ké-**fâ**-ya ɛa-**shân** ash-**té**-ŕi seg-**gâ**-da]

tard متأخر [met-'**akh**-khaŕ]

▸ il est tard الوقت متأخر [el **wa'**tᵉ met-'**akh**-khaŕ]

▸ à plus tard ! إلى اللقاء، أشوفك قريب! [i-**la**‿l lé-**qâ'**, a-**shou**-fak o-**ŕay**-yeb !]

▸ il n'y a pas de train plus tard ? مفيش قطر بعد كده؟ [ma-**fîsh** aTŕᵉ **baɛd**ᵉ **ké**-da ?]

▸ mieux vaut tard que jamais أحسن من بلاش [**aH**-san men ba-**lâsh**]

tarif سعر [**séɛŕ**]

▸ tarif réduit سعر مخفض [**séɛŕ**ᵉ mou-**khaf**-faD]

▸ deux tarifs réduits et un plein tarif, s'il vous plaît اتنين بسعر مخفض وواحد كامل لو سمحت [et-**nên** bé-**séɛŕ**ᵉ mou-**khaf**-faD wé **wâ**-Hed **kâ**-mel law sa-**maHt**]

▸ avez-vous un tarif étudiant ? يا ترى بتعملوا تخفيض للطلبة؟ [ya ta-ŕa bé-téɛ-**mé**-lou takh-**fîD** l‿eT **Ta**-la-ba ?]

tarte تارت [**taŕt**]

tasse فنجان [fen-**gân**]

▸ je prendrais bien une autre tasse de thé أحب أشرب فنجان شاي تاني [a-**Hebb** ash-ŕab fen-**gân** shây **tâ**-ni]

▸ j'ai bu la tasse بلعت مية [ba-**laɛt**ᵉ **may**-ya]

taxe ضريبة [Da-ŕî-ba]

- le prix est-il toutes taxes comprises ? السعر شامل الضريبة؟ [es **séεŕ**ᵉ shâ-mel‿eD Da-**ŕî**-ba ?]
- doit-on payer une taxe pour annuler la réservation ? يا ترى فيه غرامة لو لغينا الحجز؟ [ya ta-ŕa fîh ra-**ŕâ**-ma law la-**rê**-na‿l **Hagz** ?]
- où se trouve la boutique hors taxes ? فين محل السوق الحرة؟ [fên ma-**Hall**‿es **sou'** el **Hoŕ**-ŕa ?]

taxi تاكسي [tak-si]

- où se trouve la station de taxi la plus proche ? فين أقرب موقف للتاكسي؟ [fên **a'**-ŕab **maw**-'af l‿et **tak**-si ?]
- je voudrais réserver un taxi pour demain matin عايز أحجز تاكسي لبكرة الصبح [εâ-yez **aH**-gez **tak**-si lé-**bok**-ŕa‿S **Sob**-h]
- pourriez-vous m'appeler un taxi, s'il vous plaît ? ممكن تطلبوا لي تاكسي من فضلكو؟ [**mom**-ken toT-lo-**bou**-li **tak**-si men faD-**lo**-ko ?]
- combien coûte un taxi d'ici à l'aéroport ? بكام مشوار التاكسي من هنا للمطار؟ [bé-**kâm** mesh-**wâŕ**‿et tak-si men **hé**-na l‿el ma-**Tâŕ** ?]

tee-shirt تي شرت [ti **shiŕt**]

télé تليفزيون [té-lé-viz-**yôn**]

- je ne regarde pas trop la télé ما بتفرجش كتير ع التليفزيون [ma-bat-faŕ-**ŕagsh** ké-**tiŕ** εa‿t té-lé-viz-**yôn**]

téléphone تليفون [té-lé-**fôn**]

- téléphone portable موبايل [mo-**bayl**]
- je voudrais acheter une carte SIM عايز اشتري شريحة للمحمول [εâ-yez ash-**té**-ŕi sha-**ŕî**-Ha l‿el maH-**moul**]

prendre un taxi **INFO**

- à l'aéroport, s'il vous plaît ع المطار من فضلك [εa-l ma-**Tâŕ** men **faD**-lak]
- arrêtez-vous au feu اوقف عند الإشارة [o-af εand‿el i-**shâ**-ŕa]
- pourriez-vous m'attendre quelques minutes ? ممكن تستناني دقايق؟ [**mom**-ken tes-tan-**nâ**-ni da-**â**-ye' ?]
- combien je vous dois ? حسابك كام؟ [Hé-**sâ**-bak **kâm** ?]
- gardez la monnaie خلي الباقي عشانك [**khal**-li‿l **bâ**-i εa-**shâ**-nak]

- savez-vous où je peux trouver une recharge pour mon téléphone portable ? تعرفوا أجيب منين كروت لشحن الموبايل؟ [téɛ-ŕa-fou a-**gîb** mé-**nên** kou-ŕout lé-**shaHn**‿el mo-bayl ?]
- où puis-je acheter une carte de téléphone ? اشتري منين كارت للتليفون؟ [ash-**té**-ŕi mé-**nên** kaŕt l‿et té-lé-**fôn** ?]
- nous n'avons pas utilisé le téléphone ماستعملناش التليفون [mas-taɛ-mel-**nâsh**‿et té-lé-**fôn**]

téléphoner يتصل ب [yet-**té**-Sel bi]

- je voudrais téléphoner à l'étranger عايز أعمل مكالمة للخارج [**ɛâ**-yez aɛ-mel mo-**kal**-ma l‿el **khâ**-ŕeg]
- je vais lui téléphoner حتصل بيه [Hat-**té**-Sel **bîh**]

télévision تليفزيون [té-lé-viz-**yôn**]

- y a-t-il la télévision dans la chambre ? يا ترى فيه تليفزيون في الغرفة؟ [ya ta-ŕa **fîh** té-lé-viz-**yôn** f‿el **roŕ**-fa ?]

tellement من كتر [men **kotŕ**], من كترة [men **kas**-ŕet]

- il y a tellement de choix que je ne sais pas quoi prendre من كتر الإختيارات مش عارف أختار [men **kotŕ**‿el ekh-ti-ya-**ŕât** mesh **ɛâ**-ŕef akh-**taŕ**]

température حرارة [Ha-**ŕâ**-ŕa]

- la température est très agréable درجة الحرارة كويسة [**da**-ŕa-get‿el Ha-**ŕâ**-ŕa kway-**yé**-sa]
- quelle est la température de l'eau ? درجة حرارة المية كام؟ [**da**-ŕa-get Ha-**ŕâ**-ŕet‿el **may**-ya kâm ?]

au téléphone **INFO**

- allô ? آلو؟ [a-lo ?]
- Henri Lebras à l'appareil السيد هنري لوبرا معاك ع الخط [es **say**-yed hen-ri le bras ma-**ɛâk** ɛa‿l **khat**]
- je voudrais parler à monsieur Nabil أحب أكلم الأستاذ نبيل [a-**Hebb** a-**kal**-lem‿el os-**tâz** na-**bîl**]
- ne quittez pas, je vous le passe لحظة خليك معايا حيكلمك [**laH**-za khal-**lîk** ma-**ɛâ**-ya, Hay-kal-**lé**-mak]
- je peux lui laisser un message ? ممكن أسيب له رسالة؟ [**mom**-ken a-**seb**-lo ŕi-**sâ**-la ?]
- je crois que vous faites erreur أعتقد النمرة غلط [aɛ-**ta**-qed‿en **nem**-ŕa **ra**-laT]

tempête عاصفة [εa-Sé-fa]

▸ tu crois qu'il va y avoir une tempête ? تفتكر حتقلب لعاصفة؟ [tef-**té**-keŕ Ha-**te'**-leb lé-**εa**-Sé-fa ?]

temple معبد [**maε**-bad]

temps *(durée)* مدة [**mod**-da] ; *(météo)* جو [gaww]

▸ on ne sait pas combien de temps on va rester ما نعرفش حنقعد قد إيه [ma-néε-**ŕafsh**ᵉ Ha-no-εod **ad**-dé **êh**]

▸ combien de temps dure la visite ? مدة الزيارة قد إيه؟ [**mod**-det‿ez zi-**yâ**-ŕa **ad**-dé **êh** ?]

▸ j'ai tout mon temps قدامي وقت طويل [od-**dâ**-mi **wa't**ᵉ Ta-**wîl**]

▸ on a de la chance avec le temps ! بختنا حلو مع الجو ! [bakh-**té**-na **Helw**ᵉ ma-εa‿g **gaww** !]

▸ il fait un temps magnifique الجو روعة [eg **gaww**ᵉ **ŕaw**-εa]

tendance *(à la mode)* ع الموده [εa‿l **mô**-da]

▸ elles sont super tendance, tes baskets ! الجزمة الكوتش بتاعتك آخر موده! [eg **gaz**-ma‿k ka-**wetsh** bé-**taε**-tak â-kheŕ **mô**-da !]

tenir *(porter)* يمسك [**yem**-sek]

▸ tu veux bien tenir mon sac un instant ? ممكن تمسك لي الشنطة لحظة؟ [**mom**-ken **tem**-sek-li‿sh **shan**-Ta **laH**-Za ?]

tennis *m (sport)* رياضة التنس [ŕi-**yâ**-Det‿et **té**-nis]
fpl (chaussures) جزمة كوتش [**gaz**-ma ka-**wetsh**]

▸ où peut-on jouer au tennis ? ممكن نلعب تنس فين؟ [**mom**-ken **nel**-εab té-nis **fên** ?]

▸ elles sont sympas, tes tennis ! الجزمة بتاعتك ظريفة! [eg **gaz**-ma bé-**taε**-tak Za-**ŕî**-fa !]

tension (MÉD) ضغط [**DarT**]

▸ il faut que je prenne ma tension لازم أقيس الضغط [**lâ**-zem a-**îs**‿eD **DarT**]

tente خيمة [**khé**-ma]

▸ je voudrais réserver un emplacement pour une tente عايز أحجز مكان لخيمة [**εâ**-yez **aH**-gez ma-**kân** lé-**khé**-ma]

tenter *(essayer)* يحاول [yé-**Hâ**-wel] ; *(attirer)* يغري [yer-ŕi]

- je vais tenter de faire du surf حجرب رياضة ركوب الأمواج [Ha-**gaŕ**-ŕab ŕi-**yâ**-Det ŕou-**koub**‿el am-**wâg**]
- une partie de tennis, ça te tente ? تحب تلعب دور تنس؟ [té-**Hebb**e **tel**-εab **dôŕ** té-nis ?]

terminal مطار [ma-**Tâŕ**]

- de quel terminal part l'avion pour Paris ? طيارة باريس من أنهي مطار؟ [Tay-**yâ**-ŕet ba-**ŕîs** men **an**-hi ma-**Tâŕ** ?]

terminus موقف [**maw**-'af]

terrain ملعب [**mal**-εab]

- il y a un terrain de foot près d'ici ? يا ترى فيه ملعب كرة قدم قريب من هنا؟ [ya ta-ŕa fîh **mal**-εab **kô**-ŕet **qa**-dam o-**ŕay**-yeb men **hé**-na ?]

terrasse *(de café)* بره ع الرصيف [**baŕ**-ŕa εa‿ŕ ŕa-**Sîf**], تراس [té-**râs**] ; *(de maison)* سطوح [sou-**TouH**]

- on se met en terrasse ? نقعد بره ع التراس؟ [**no**-εod **baŕ**-ŕa εa‿t té-**râs** ?]
- je peux avoir une chambre avec terrasse ? ممكن غرفة ببلاكونة؟ [**mom**-ken **roŕ**-fa bé-ba-la-**kô**-na ?]

terre battue ملعب رملي [**mal**-εab **ŕam**-li]

- je préfère jouer sur terre battue أفضل ألعب على أرض رملية [a-**faD**-Dal **al**-εab εa-la **aŕ**De ŕam-**ley**-ya]

terrible *(fantastique)* فظيع [fa-**Zîε**]

- ce restaurant n'est pas terrible المطعم ده مش قوي [el **maT**-εam da mesh **a**-wi]

tétanos تيتانوس [ti-ta-**nôs**]

- je suis vacciné contre le tétanos خدت تطعيم التيتانوس [**khatt**e taT-**εîm**‿et ti-ta-**nôs**]

tête راس [**ŕâs**]

- j'ai la tête qui tourne راسي بتلف [**ŕâ**-si bet-**lefl**]
- arrête de te prendre la tête ! اشتري دماغك! [esh-**té**-ŕi dé-**mâ**-rak !]

thé شاي [**shây**]

- thé à la menthe شاي بنعناع [**shây** bé-néε-**nâε**]
- thé glacé شاي متلج [**shây** mé-**tal**-leg]

▶ thé nature شاي ساده [shây sâ-da]
▶ thé vert شاي أخضر [shây akh-Daŕ]
▶ je vais prendre un thé عايز شاي [ɛâ-yez shây]
▶ comment prépare-t-on le thé à la menthe ? الشاي بنعناع بيتعمل إزاي؟ [esh shây b‿en néɛ-nâɛ bi-yet-ɛé-mel ez-zây ?]

théâtre مسرح [mas-ŕaH]
▶ j'irais bien au théâtre بافكر أروح المسرح [ba-fak-kaŕ a-ŕouH‿el mas-ŕaH]

théière براد شاي [baŕ-ŕâd shây]
▶ je voudrais acheter une théière عايز أشتري إبريق شاي [ɛâ-yez ash-té-ŕi ab-ŕî' shây]

thermomètre (MÉD) ميزان حرارة طبي [mi-zân Ha-ŕâ-ŕa Teb-bi] ; *(météo)* ميزان حرارة جوي [mi-zân Ha-ŕâ-ŕa gaw-wi]
▶ je crois que j'ai de la fièvre, auriez-vous un thermomètre ? أفتكر عندي سخونية يا ترى عندك ميزان حرارة؟ [af-té-keŕ ɛan-di sou-khou-ney-ya ya ta-ŕa ɛan-dak mi-zân Ha-ŕâ-ŕa ?]
▶ le thermomètre indique 30 degrés الميزان بيقول درجة الحرارة ثلاثين مئوية [el mi-zân biy-'oul da-ŕa-get‿el Ha-ŕâ-ŕa ta-la-tîn mé-a-wey-ya]

Thermos® ترموس [teŕ-mos]

thon تونة [tou-na]

ticket تذكرة [taz-ka-ŕa]
▶ ticket de métro تذكرة مترو [taz-ka-ŕet met-ŕo]
▶ je voudrais un ticket pour... عايز من فضلك تذكرة لـ... [ɛâ-yez men faD-lak taz-ka-ŕa lé...]
▶ un carnet de tickets, s'il vous plaît لو سمحت كارنيه عشر تذاكر [law sa-maHt kaŕ-nêh ɛa-shaŕ ta-zâ-keŕ]
▶ peut-on acheter les tickets dans le bus ? ممكن نشتري التذاكر في الأوتوبيس؟ [mom-ken nesh-té-ŕi‿t ta-zâ-keŕ f‿el o-to-bîs ?]

timbre طابع بوسته [Tâ-béɛ bos-Ta]
▶ six timbres pour la France, s'il vous plaît ست طوابع لفرنسا من فضلك [sett^e Ta-wâ-béɛ lé-fa-ŕan-sa]

timide خجول [kha-goul]
▶ je suis un peu timide أنا باتكسف شوية [a-na bat-ké-sef shway-ya]

tire-bouchon فتاحة قزايز [fat-**tâ**-Het a-**zâ**-yez]

tisane منقوع [man-**qouε**]

tissu قماش [o-**mâsh**]

▶ c'est quoi comme tissu ? نوع القماش إيه؟ [**nouε**‿el o-**mâsh** êh ?]

toi انت [enta]

▶ je reste avec toi حفضل معاك [**Haf**-Dal ma-**εâk**]

toilettes تواليت [**twa**-let]

▶ toilettes pour dames حمام السيدات [ham-**mâm**‿es say-yé-**dât**]

▶ toilettes pour hommes حمام الرجال [Ham-**mâm**‿eŕ ŕi-**gâl**]

▶ où sont les toilettes, s'il vous plaît ? الحمام فين لو سمحت؟ [el Ham-**mâm** fên law sa-**maHt** ?]

▶ y a-t-il des toilettes pour handicapés ? يا ترى فيه حمام للمعوقين؟ [ya ta-ŕa fîh Ham-**mâm** l‿el mou-εaw-wa-**qîn** ?]

tomate طماطم [Ta-**mâ**-tem]

tombeau مدفن [**mad**-fan]

tomber يقع [**yo**-aε]

▶ je suis tombé وقعت [wé-**éεt**]

▶ je tombe de fatigue أنا هلكان [**a**-na hal-**kân**]

▶ ça tombe bien ! جا في وقته! [**ga** fi **wa'**-to !]

▶ laisse tomber ! سيبك منه! [**sî**-bak **men**-no !]

torchon *(de cuisine)* فوطة مطبخ [**fou**-Tet **maT**-bakh]

tordre (se) *(partie du corps)* يتلوح [yet-**lé**-weH]

▶ je me suis tordu la cheville رجلي اتلوحت [**ŕeg**-li et-la-**wa**-Het]

tort غلطة [**ral**-Ta]

▶ j'ai eu tort de lui parler comme ça ما كانش مفروض أكلمه بالطريقة دي [ma-**kansh**e maf-**ŕouD** a-kal-**le**-mo b‿eT Ta-**ŕî**-a di]

▶ c'est moi qui suis en tort أنا اللي غلطان [a-na‿**lli** ral-**Tân**]

▶ tu n'as pas tort ! معاك حق! [ma-**εâk** Ha' !]

tôt بدري [**bad**-ŕi]

▶ je partirai tôt demain matin حمشي بدري بكرة الصبح [**Ham**-shi **bad**-ŕi **bok**-ŕa‿S **Sob**-h]

▸ il n'y a pas un train plus tôt ? مفيش قطر قبل كده؟ [ma-**fîsh** aTŕ^e **abl**^e **ké**-da ?]

toucher يلمس [yel-mes]

▸ je peux toucher ? ممكن ألمس؟ [**mom**-ken **al**-mes ?]

▸ nous n'avons touché à rien ما لمسناش حاجة [ma-la-mas-**nâsh** **Hâ**-ga]

toujours *(tout le temps)* دايما [**day**-man] ; *(encore)* لسه [**les**-sa]

▸ je l'ai toujours sur moi أنا شايله دايما معايا [a-na **shay**-lo **day**-man ma-**ɛâ**-ya]

▸ je ne sais toujours pas si je vais y aller أنا لسه مش عارف رايح ولا لأ [a-na **les**-sa mesh **ɛâ**-ŕef law **ŕâ**-yeH wal-la la']

tour *(promenade)* لفة [**laf**-fa], جولة [**gaw**-la] ; *(succession, rang)* دور [**dôŕ**]

▸ on va faire un tour ? يلا نعمل لفة؟ [yal-la **néɛ**-mel **laf**-fa ?]

▸ je t'emmène faire un tour sur ma moto ? يلا أخدك لفة ع الموتوسيكل؟ [yal-la **akh**-dak **laf**-fa ɛa‿l mo-to-**sekl** ?]

▸ c'est à ton tour de jouer الدور عليك [ed **dôŕ** ɛa-**lêk**]

touriste سايح [**sâ**-yeH]

▸ vous êtes touriste ? انت سايح هنا؟ [**en**-ta **sâ**-yeH **hé**-na ?]

▸ c'est un attrape-touriste ! دي خدعة عاملينها للسياح! [di **khed**-ɛa ɛam-**len**-ha l‿es soy-**yâH** !]

touristique سياحي [si-**yâ**-Hi]

▸ c'est une ville très touristique دي مدينة سياحية [di ma-**dî**-na si-ya-**hey**-ya]

tournée *(au bar)* دور [**dôŕ**] ; *(tour)* لفة [**laf**-fa]

▸ c'est ma tournée ! الدور علي أنا! [ed **dôŕ** ɛa-**lay**-ya **a**-na !]

▸ la prochaine tournée est pour moi علي أنا الدور الجاي [ɛa-**lay**-ya **a**-na ed **dôŕ** eg **gayy**]

▸ on a fait la tournée des bars لفينا البارات [laf-**fê**-na‿l ba-**ŕât**]

tourner يلف [yé-**leff**]

▸ c'est bien ici que je dois tourner pour aller à Qift ? أحود هنا عشان أروح قفط؟ [a-**Haw**-wed hé-na ɛa-**shân** a-**ŕouH** qefT ?]

▸ il faut tourner à droite لازم ندخل يمين [**lâ**-zem **nod**-khol yé-**mîn**]

▸ j'ai la tête qui tourne راسي بتلف [**ŕâ**-si bet-**leff**]

tournesol عباد الشمس [ɛé-**bâd**‿esh **shams**]

tous كلهم [kol-**lo**-hom]

▸ ils sont tous partis كلهم مشيوا [kol-**lo**-hom **mesh**-you]

tousser يكح [yé-**koHH**]

▶ je tousse depuis plusieurs jours بقالي كام يوم وانا بكح [ba-**a**-li kam **yôm** wa-na ba-**koHH**]

tout *(gén)* كل [koll] ; *(pour le complément de temps)* طول [Toul]

▶ on n'a pas eu le temps de tout voir ما لحقناش نتفرج على كل حاجة [mal-He'-**nâsh** net-**fař**-řag ɛa-la **koll**ᵉ Hâ-ga]

▶ ça ne me dérange pas du tout ما يضايقنيش بالمرة [may-Da-yé'-**nîsh** b‿el **mař**-řa]

▶ ce sera tout, merci بس خلاص كده شكرا [**bass**ᵉ kha-**lâS** ké-da **shok**-řan]

▶ on a marché toute la journée فضلنا نمشي طول النهار [fé-**Del**-na **nem**-shi **Toul**‿en na-**hâř**]

toux كحة [**koH**-Ha]

▶ j'aurais besoin de quelque chose contre la toux محتاج حاجة للكحة [meH-**tâg** Hâ-ga l‿ek **koH**-Ha]

train قطر [aTř]

▶ quand part le prochain train pour Assouan ? قطر أسوان طالع إمتى؟ [aTřᵉ as-**wân** **Tâ**-léɛ **em**-ta ?]

▶ de quel quai part le train pour Le Caire ? قطر القاهرة بيطلع من أنهي رصيف؟ [aTř‿el **qâ**-hé-řa bi-**yeT**-laɛ men **an**-hi řa-**Sîf** ?]

▶ ce train va bien à Alexandrie ? القطر ده رايح اسكندرية مش كده؟ [el **aTř**ᵉ da **řâ**-yeH es-ken-dé-**řey**-ya mesh **ké**-da ?]

trajet *(voyage)* رحلة [**řeH**-la]

▶ combien de temps dure le trajet ? مدة السفر قد إيه؟ [**mod**-det‿es **sa**-fař **ad**-dé **êh** ?]

tramway ترماي [toř-**mây**]

▶ il faut prendre quelle ligne de tramway ? خط الترماي نمرة كام؟ [**khaT**‿et toř-**mây** nem-řa **kâm** ?]

▶ est-ce qu'on peut acheter les billets dans le tramway ? يا ترى ممكن نشتري تذاكر في الترماي؟ [ya ta-řa **mom**-ken nesh-**té**-ři ta-**zâ**-keř f‿et toř-**mây** ?]

tranche ترنشة [**třan**-sha]

▶ pouvez-vous le couper en tranches ? ممكن تقطعه ترنشات؟ [**mom**-ken te'-Ta-ɛo třan-**shât** ?]

tranquille هادي [**hâ**-di]

▶ est-ce que c'est une plage tranquille ? يا ترى الشاطئ ده هادي؟ [ya ta-ŕa esh **shâ**-Te' da **hâ**-di ?]

▶ laissez-nous tranquilles ! سيبونا في حالنا! [si-**bou**-na‿f **Hal**-na !]

transat شيز لونج [**shèz** long]

travailler يشتغل في [yesh-**ta**-ral fi]

▶ tu travailles dans quoi ? انت بتشتغل في أنهي مجال؟ [**en**-ta bé-tesh-**ta**-ral fi **an**-hi ma-**gâl** ?]

▶ je travaille dans le bâtiment بشتغل في البناء [bash-**ta**-ral f‿el bi-**nâ'**]

traveller's cheques شيكات سياحية [shi-**kât** si-ya-**Hey**-ya]

▶ vous acceptez les traveller's cheques ? يا ترى بتقبلوا الشيكات السياحية؟ [ya ta-ŕa bé-te'-**ba**-lou esh shi-**kât**‿es si-ya-**Hey**-ya ?]

traversée *(maritime)* رحلة بحرية [**ŕeH**-la ba-Ha-**rey**-ya]

▶ combien de temps dure la traversée ? مدة الرحلة البحرية قد إيه؟ [**mod**-det ‿eŕ **ŕeH**-la‿el ba-Ha-**ŕey**-ya **ad**-dé **êh** ?]

▶ combien coûte la traversée avec une voiture ? سعر الرحلة البحرية كام بالعربية؟ [**séεŕ**‿eŕ **ŕeH**-la‿l ba-Ha-**rey**-ya kâm b‿el εa-ŕa-**bey**-ya ?]

traverser *(rue)* يعدي [yé-**εad**-di]

▶ on traverse ? نعدي؟ [né-**εad**-di ?]

très قوي [a-wi]

▶ je suis très content d'être là أنا مبسوط جدا بوجودي هنا [a-na mab-**souT** **ged**-dan bé-wou-**gou**-di **hé**-na]

trésor كنز [kenz]

triste حزين [Ha-**zîn**]

▶ je suis un peu triste de te quitter أنا زعلان على فراقك [a-na zaε-**lân** εa-la fo-**ŕâ**-ak]

tromper (se) يغلط [yer-laT]

▶ j'ai dû me tromper de numéro الظاهر غلطت في النمرة [eZ **Zâ**-heŕ ré-**leT** f‿en **nem**-ŕa]

▶ je crois que vous vous êtes trompé en me rendant la monnaie أفتكر إنك غلطان في الحساب [af-**té**-keŕ **en**-nak ral-**Tân** f‿el Hé-**sâb**]

trop كتير [ké-**tîŕ**], زيادة [zi-**yâ**-da]

- il y a un peu trop de monde فيه زحمة كتير شوية [fih **zaH**-ma ké-**tîŕ** **shway**-ya]
- j'ai trop mangé أكلت كتير قوي [a-**kalt**ᵉ ké-**tîŕ** a-wi]
- je suis arrivée trop tard ما لحقتش وصلت متأخرقوي [mal-**He**'-tesh we-**Selt**ᵉ met-'**akh**-khaŕ a-wi]

trou *(cavité)* حفرة [**Hof**-ŕa]

- il y a des trous dans la route فيه مطبات في الطريق [**fih** ma-Tab-**bât** f‿eT Ta-**ŕî'**]
- j'ai un trou de mémoire الذاكرة خدعتني [ez **zâ**-ké-ŕa kha-da-**εet**-ni]

trousse *(d'écolier)* مقلمة [ma'-**la**-ma]

- trousse de toilette شنطة التواليت [**shan**-Tet‿et **twa**-let]
- avez-vous une trousse de secours? عندكو شنطة الإسعافات؟ [εan-**do**-ko **shan**-Tet‿el es-εa-**fât** ?]

trouver يلاقي [yé-**lâ**-i]

- savez-vous où je pourrais trouver...? تعرف ألاقي فين...؟ [**téε**-ŕaf a-**lâ**-i **fên**... ?]

trouver (se) *(personne)* يلاقي نفسه [yé-**lâ**-i **naf**-so]; *(chose)* موجودة [maw-**gou**-da]

- pourriez-vous m'indiquer où je me trouve sur la carte? ممكن توريني ع الخريطة أنا فين بالظبط؟ [**mom**-ken té-waŕ-**ŕî**-ni εa‿l kha-**ŕî**-Ta ana fén b‿ez ZabT ?]
- où se trouve la gare? المحطة فين؟ [el ma-**HaT**-Ta **fên** ?]

truc *(chose)* حاجة [**Hâ**-ga]

- c'est quoi, ce truc? ايه البتاع ده؟ [**êh**‿el bé-**tâε** da ?]

tu أنت [**enta**]

- comment tu t'appelles? اسمك إيه؟ [**es**-mak **êh** ?]

tuba بايب [**bay**-b]

- je voudrais acheter un masque et un tuba عايز أشتري نضارة للغوص وبايب [**εâ**-yez ash-**té**-ŕi naD-**Dâ**-ŕa l‿el **rôS** wé **bayb**]

turista إسهال [es-**hâl**]

- j'ai la turista عندي إسهال [**εan**-di es-**hâl**]

TVA ضريبة المبيعات [Da-ŕî-bet‿el mou-bi-ɛât]

▶ la TVA est-elle comprise ? يا ترى شامل ضريبة المبيعات؟ [ya ta-ŕa **shâ**-mel Da-ŕî-bet‿el mou-bi-**ɛât** ?]

typique نمطي [**na**-ma-Ti]

▶ quels sont les produits typiques de la région ? إيه هي المنتجات المحلية هنا في المنطقة؟ [êh **hey**-ya‿l mon-ta-**gât**‿el ma-Hal-**ley**-ya hé-na f‿el man-**Té**-a ?]

U

urgences الطوارئ [eT Ta-**wâ**-ŕé']

▶ il faut l'emmener aux urgences لازم نوديه الطوارئ [**lâ**-zem né-wad-**dîh** eT Ta-**wâ**-ŕé']

▶ où se trouve le service des urgences ? جناح الطوارئ فين؟ [gé-**nâH**‿eT Ta-**wâ**-ŕé' fên ?]

urgent مستعجل [mes-**taɛ**-gel]

▶ c'est très urgent ! ده مستعجل جدا! [da mes-**taɛ**-gel **ged**-dan !]

utiliser يستعمل [yes-**taɛ**-mel]

▶ je peux utiliser le fer à repasser ? ممكن أستعمل المكوى؟ [**mom**-ken as-**taɛ**-mel‿el **mak**-wa ?]

V

vacances أجازة [a-**gâ**-za]

▶ vous êtes ici en vacances ? انتو هنا في أجازة؟ [**en**-tou **hé**-na fi a-**gâ**-za ?]

▶ bonnes vacances ! أجازة سعيدة! [a-**gâ**-za sa-**ɛî**-da !]

vaccin تطعيم [taT-**ɛîm**]

▶ tous mes vaccins sont à jour أنا واخد كل التطعيمات اللازمة [a-na **wâ**-khed **koll**‿eT taT-ɛi-**mât** el-**laz**-ma]

vache بقرة [**ba**-a-ŕa]

vague موجة [mô-ga]

▸ comment sont les vagues dans le coin ? الموج بيكون إزاي هنا في المنطقة؟ [el **mông** biy-**koun**‿ez-**zây** hé-na f‿el man-**Té**-a ?]

vaisselle مواعين [ma-wa-**εîn**]

▸ je peux vous aider à faire la vaisselle ? ممكن أشطب معاكم المواعين؟ [mom-ken a-**shaT**-Tab ma-**εâ**-ko‿l ma-wa-**εîn** ?]

valable صالح [**Sâ**-leH]

▸ le ticket est-il également valable pour l'exposition ? التذكرة تنفع برضه للمعرض؟ [et taz-**ka**-ŕa **ten**-faε **baŕ**-do l‿el **maε**-ŕaD ?]

valise شنطة سفر [**shan**-Tet **sa**-faŕ]

▸ j'ai une valise et un bagage à main عندي شنطة سفر كبيرة وشنطة يد [**εan**-di **shan**-Tet sa-faŕ ké-**bî**-ŕa wé **shan**-Tet **yad**]

▸ ma valise a été abîmée pendant le transport شنطتي باظت في النقل [shan-**Té**-ti **bâ**-Zet f‿en **na'l**]

▸ il faut que je fasse ma valise لازم أحضر شنطتي [**lâ**-zem a-**HaD**-Daŕ shan-**Té**-ti]

vallée وادي [**wâ**-di]

▸ la vallée du Nil وادي النيل [**wâ**-di‿n **nîl**]

▸ la vallée des Reines وادي الملكات [**wâ**-di‿l ma-lé-**kât**]

▸ la vallée des Rois وادي الملوك [**wâ**-di‿l mou-**louk**]

valoir يساوي [yé-**sâ**-wi]

▸ il vaut mieux... أحسن... [**aH**-san...]

▸ ça en vaut la peine ? ده يستاهل؟ [da yes-**tâ**-hel ?]

vanille فانيليا [va-**nel**-ya]

veau *(viande)* بتلو [bi-**tel**-lo]

végétarien نباتي [na-**bâ**-ti]

▸ je suis végétarien أنا نباتي [a-na na-**bâ**-ti]

vélo عجلة [**εa**-ga-la]

▸ je voudrais louer un vélo pour une heure عايز أأجر عجلة لمدة ساعة [**εâ**-yez a-**ag**-gaŕ **εa**-ga-la lé-**mod**-det **sâ**-εa]

▸ y a-t-il un endroit où laisser les vélos ? يا ترى فيه مكان لركن العجل؟ [ya ta-ŕa **fîh** ma-**kân** lé-ŕakn‿el **εa**-gal ?]

ZOOM
Vendeur

Peut-être surprendrez-vous un geste qui vous étonnera un peu chez le vendeur que vous venez de payer. Si vous voyez celui-ci embrasser l'argent avant de l'encaisser, cela signifie que c'est sa première vente de la journée. On retrouve ce geste aussi bien chez le vendeur ambulant que chez le petit commerçant : tous les deux sont à leur compte.

vendeur بياع [bay-**yâɛ**]

vendre يبيع [yé-**bîɛ**]

- ▸ est-ce que vous vendez des timbres ? بتبيعوا طوابع؟ [bet-**bî**-ɛou Ta-**wâ**-béɛ ?]

venir ييجي [**yî**-gi]

- ▸ d'où venez-vous ? انت منين؟ [**en**-ta mé-**nên** ?]
- ▸ je viens de Paris أنا من باريس [**a**-na men ba-**ŕîs**]
- ▸ tu viens souvent ici ? بتيجي هنا كتير؟ [bé-**tî**-gi **hé**-na ké-**tîŕ** ?]
- ▸ c'est la première fois que je viens دي أول مرة آجي فيها [di **aw**-wel **maŕ**-ŕa **â**-gi **fî**-ha]
- ▸ je suis déjà venu il y a plusieurs années أنا جيت قبل كده من كذا سنة [**a**-na **gêt** abl^e ké-da men **ka**-za **sa**-na]
- ▸ alors, tu viens ? يلا تيجي؟ [**yal**-la **tî**-gi ?]
- ▸ désolé, je ne peux pas venir avec vous للأسف ما قدرش آجي معاكو [l‿el **a**-saf ma'-**daŕsh** **â**-gi ma-**ɛâ**-ko]

vent هوا [ha-wa]

- ▸ il y a du vent aujourd'hui ? يا ترى الدنيا هوا النهارده؟ [ya ta-ŕa‿d **den**-ya **ha**-wa‿n na-**haŕ**-da ?]
- ▸ il y a un vent terrible الهوا فظيع [el **ha**-wa fa-**Zîɛ**]
- ▸ attention, c'est un vent de terre حاسب الهوا بري [**Hâ**-seb‿el **ha**-wa **baŕ**-ŕi]
- ▸ il n'y a pas assez de vent مفيش هوا كفاية [ma-**fîsh** ha-wa ké-**fâ**-ya]

ventilateur مروحة [maŕ-**wa**-Ha]

- ▸ comment marche le ventilateur ? المروحة بتشتغل إزاي؟ [el maŕ-**wa**-Ha bé-tesh-**ta**-ral‿ez-**zây** ?]

ventre بطن [baTn]

- ▸ j'ai mal au ventre عندي مغص [**ɛan**-di **ma**-raS]

verre *(de thé, d'eau)* كباية [kob-**bâ**-ya] ; *(d'alcool)* كاس [kâs]

- ▸ je vais prendre un verre de vin حاشرب كاس نبيت [**Hash**-ŕab **kâs** né-**bît**]
- ▸ ça te dit d'aller boire un verre ? تحب نروح نشرب كاس؟ [té-**Heb** né-**ŕouH** nesh-ŕab **kâs** ?]

▸ je peux vous offrir un verre? أحب أعزمك على كاس؟ [a-**Hebb** aɛ-**zé**-mak ɛa-la **kâs**?]

vers *(temps)* حوالي [Ha-**wâ**-li]; *(lieu)* في اتجاه [fi et-té-**gâh**]

▸ je rentrerai vers minuit حرجع على نص الليل [**Haŕ**-gaɛ **ɛa**-la **noSS**‿el **lêl**]

▸ ça se trouve vers la gare حتلاقيه من ناحية المحطة [Hat-la-**îh** men **naH**-yet‿el ma-**HaT**-Ta]

verser *(argent)* يدفع [**yed**-faɛ]

▸ faut-il verser des arrhes? يا ترى ندفع فلوس مقدم؟ [ya ta-ŕa **ned**-faɛ fé-**lous** mo-**ad**-dam?]

vert أخضر [akh-**Daŕ**]

▸ est-ce que vous avez le même modèle en vert? عندك نفس الموديل على لون أخضر؟ [ɛ**an**-dak **nafs**‿el mo-**dêl** ɛa-la **lôn akh**-**Daŕ**?]

vertige دوخة [**dô**-kha]

▸ j'ai le vertige أنا دايخ [**a**-na **dâ**-yekh]

veste جكيت [ja-ket]

vestiaire مستودع الملابس [mous-**taw**-daɛ‿el ma-**lâ**-bes]

▸ je voudrais laisser mes affaires au vestiaire عايز أترك ملابسي الخارجية في الأمانات [ɛ**â**-yez **at**-ŕok ma-**lab**-si‿l kha-re-**gey**-ya f‿el a-ma-**nât**]

vétérinaire طبيب بيطري [Ta-**bîb bé**-Ta-ŕi]

viande لحمة [**laH**-ma]

▸ viande hachée لحمة مفرومة [**laH**-ma maf-**ŕou**-ma]

▸ je ne mange pas de viande ما باكلش لحمة [ma-ba-**kolsh**ᵉ **laH**-ma]

▸ je n'ai pas envie de viande aujourd'hui ما ليش نفس في لحمة النهارده [ma-**lîsh** nefsᵉ fi **laH**-ma‿n na-**haŕ**-da]

vidange تفريغ [taf-**ŕîr**]

▸ il faut faire la vidange التفريغ لازم يتعمل [et taf-**ŕîr lâ**-zem yet-**ɛé**-mel]

vide فاضي [**fâ**-Di]

▸ la bouteille est vide القزازة فاضية [el é-**zâ**-za **faD**-ya]

vieux *(personne)* عجوز [ɛa-**gouz**]; *(chose)* قديم [a-**dîm**]

▸ c'est un vieux tee-shirt ده تي شرت قديم [da ti-**shiŕt** a-**dîm**]

village قرية [qaŕ-ya]

▶ pouvez-vous nous conseiller un restaurant dans le village ? تعرف مطعم كويس في القرية؟ [téε-ŕaf maT-εam kway-yes f‿el qaŕ-ya ?]

ville مدينة [ma-dî-na]

▶ je voudrais un ticket pour le centre-ville عايز تذكرة لوسط البلد [εâ-yez taz-ka-ŕa lé-wesT‿el ba-lad]

▶ où puis-je trouver un plan de la ville ? ألاقي فين خريطة للمدينة؟ [a-lâ-i fên kha-ŕî-Ta l‿el ma-dî-na ?]

vin نبيت [né-bît]

▶ vin blanc نبيت أبيض [né-bît ab-yaD]

▶ vin rosé نبيت روزيه [né-bît ŕo-zêh]

▶ vin rouge نبيت أحمر [né-bît aH-maŕ]

▶ pouvez-vous nous apporter la carte des vins ? ممكن تجيب لنا قائمة النبيت؟ [mom-ken té-geb-lé-na qa-é-met‿el né-bît ?]

▶ nous allons prendre une bouteille de vin حناخد قزازة نبيت [Ha-nâ-khod é-zâ-zet né-bît]

vinaigre خل [khal]

violet بنفسجي [ba-naf-sé-gi]

virement *(bancaire)* تحويل [taH-wîl]

▶ je voudrais faire un virement عايز أحول فلوس [εâ-yez a-Haw-wel fé-lous]

visa تأشيرة [ta'-shî-ŕa]

▶ j'ai un visa d'entrée عندي تأشيرة دخول [εan-di ta'-shi-ret dou-khoul]

se déplacer en ville INFO

▶ quel est le bus qui va à la gare ? أوتوبيس نمرة كام بيروح المحطة؟ [o-to-bîs nem-ŕa kâm biy-ŕouH‿el ma-HaT-Ta ?]

▶ quel est le moyen le plus rapide pour se rendre à l'aéroport ? إيه هي أسرع وسيلة عشان نروح المطار؟ [êh hey-ya as-ŕaε wa-sî-la εa-shân né-ŕouH‿el ma-Târ ?]

▶ pourrez-vous me prévenir quand je devrai descendre ? ممكن تقولي لما تيجي المحطة؟ [mom-ken té-ol-li lam-ma tî-gi‿l ma-HaT-Ta ?]

visite زيارة [zi-**yâ**-ŕa]

▶ visite guidée زيارة مع مرشد [zi-**yâ**-ŕa ma-ɛa **moŕ**-shed]

▶ y a-t-il une visite en français? يا ترى هو فيه زيارة بالفرنساوي؟ [ya ta-ŕa **how**-wa **fîh** zi-**yâ**-ŕa b‿el fa-ŕan-**sâ**-wi ?]

visiter يزور [yé-**zouŕ**]

▶ j'aimerais bien visiter... أحب أزور... [a-**Hebb** a-**zouŕ**...]

▶ qu'y a-t-il d'intéressant à visiter? إيه هي المعالم هنا؟ [êh **hey**-ya‿l ma-**ɛâ**-lem **hé**-na ?]

vite بسرعة [bé-**soŕ**-ɛa]

▶ tu roules trop vite انت بتسوق بسرعة [**en**-ta bet-**sou'** bé-**soŕ**-ɛa]

▶ est-ce que vous pourriez parler un peu moins vite? لو سمحت ممكن تتكلم على مهلك شوية؟ [law sa-**maHt**ᵉ **mom**-ken tet-**kal**-lem ɛa-la **mah**-lak **shway**-ya ?]

vitesse سرعة [**soŕ**-ɛa]

▶ à combien la vitesse est-elle limitée sur cette route? حد السرعة كام؟ [**Hadd**‿es **soŕ**-ɛa **kâm** ?]

vitre قزاز [é-**zâz**]

▶ la vitre est cassée القزاز مكسور [el é-**zâz** mak-**souŕ**]

vive طرخين [Taŕ-**khîn**]

▶ est-ce qu'il y a des vives? فيه سمك طرخين؟ [**fîh** **sa**-mak Taŕ-**khîn** ?]

vœu تهاني [ta-**hâ**-ni]

▶ tous mes vœux de bonheur! ألف مبروك! [**alf**ᵉ mab-**ŕouk** !]

▶ fais un vœu! اعمل ندر! [**éɛ**-mel **nadŕ** !]

voie *(de gare)* رصيف [ŕa-**Sîf**]

▶ de quelle voie part le train pour Alexandrie? قطر اسكندرية بيطلع من أنهي رصيف؟ [**aTŕ**‿es-ken-dé-**ŕey**-ya bi-**yeT**-laɛ men **an**-hi ŕa-**Sîf** ?]

voilà أهو [a-**ho**]

▶ voilà mon mari زوجي أهو [**zô**-gi a-**ho**]

voile شراع [shé-**ŕâɛ**]

▶ je fais de la voile أنا من ممارسين رياضة المراكب الشراعية [**a**-na men mou-ma-ŕé-**sîn** ŕi-**yâ**-Det‿el ma-**ŕâ**-keb‿esh shé-ŕa-**ɛey**-ya]

▸ je voudrais prendre des cours de voile pour débutants أنا عايز دروس للمبتدين في رياضة المراكب الشراعية [a-na εâ-yez dou-ŕous l̲el mob-ta-dîn fi ŕi-yâ-Det̲el ma-ŕâ-keb̲esh shé-ŕa-εey-ya]

▸ il faut régler la voile ارفع الشراع [eŕ-faε̲esh shé-ŕâε]

voir يشوف [yé-shouf]

▸ je voudrais voir le Docteur Ibrahim عايز أقابل الدكتور إبراهيم [εâ-yez a-â-bel̲ed dok-tôŕ ib-ŕa-hîm]

▸ quelles sont les choses à voir absolument dans la région ? إيه الحاجات اللي لازم تتشاف هنا؟ [êh̲el Ha-gât elli lâ-zem tet-shâf hé-na ?]

▸ je peux voir les boucles d'oreilles ? ممكن أشوف الحلق؟ [mom-ken a-shouf̲el Ha-la' ?]

voir (se) يتقابلوا [yet-'ab-lou]

▸ il me semble que nous nous sommes déjà vus quelque part أفتكر اتقابلنا قبل كده [af-té-keŕ et-'a-bel-na ablᵉ ké-da]

▸ on se voit demain soir ? نتقابل بكره بالليل؟ [net-'â-bel bok-ŕa bel-lêl ?]

▸ j'espère qu'on pourra se voir quand tu viendras à Paris يا ريت نشوف بعض لما تيجي باريس [ya ŕêt né-shouf baεDᵉ lam-ma tî-gi ba-ŕîs]

voisin جار [gâŕ]

▸ ils sont sympas, les voisins ? يا ترى الجيران كويسين؟ [ya ta-ŕa̲l gi-ŕân kway-ye-sîn ?]

voiture *(automobile)* عربية [εa-ŕa-bey-ya] ; *(wagon)* عربية [εa-ŕa-bey-ya]

▸ est-ce que c'est loin en voiture ? هو بعيد بالعربية؟ [how-wa bé-εîd b̲el εa-ŕa-bey-ya ?]

▸ c'est bien la voiture 15 ? هي دي عربية خمستاشر؟ [hey-ya di εa-ŕa-bey-ya kha-mas-tâ-shaŕ ?]

▸ savez-vous s'il y a une voiture-restaurant dans ce train ? انتو عارفين لو فيه عربية مطعم في القطر؟ [en-tou εaŕ-fîn law fîh εa-ŕa-bey-ya maT-εam f̲el aTŕ ?]

voix صوت [Sôt]

▸ je n'ai plus de voix صوتي راح [Sô-ti ŕâH]

vol *(trajet en avion)* رحلة [ŕeH-la] ; *(délit)* سرقة [seŕ-'a]

▸ combien y a-t-il de vols par jour ? فيه كام رحلة في اليوم؟ [fîh kâm ŕeH-la f̲el yôm ?]

▸ je voudrais faire une déclaration de vol عايز أعمل بلاغ سرقة [εâ-yez aε-mel ba-lâr seŕ-'a]

volant *(de voiture)* ديركسيون [di-řek-si-**yôn**]

▸ j'ai trop bu, je préfère que tu prennes le volant أفضل انك تسوق انت عشان شربت كتير [a-**faD**-Dal **en**-nak té-**sou'** en-ta ɛa-**shân** shé-**řebt**ᵉ ké-**tîř**]

voler *(argent, objet)* يسرق [**yes**-řa']

▸ on m'a volé mes papiers أوراقي اتسرقت [aw-**řâ**-i et-**sa**-řa-et]

volet شيش [shîsh]

volley كرة طائرة [**ko**-řa ta-**é**-řa]

▸ voulez-vous faire une partie de volley ? تحبوا تلعبوا فولي؟ [**tî**-gou **nel**-ɛab volley ?]

volontiers بكل ممنونية [bé-**koll**ᵉ mam-nou-**ney**-ya]

▸ j'en reprendrais volontiers أحب قوي آخذ تاني [a-**Hebb**ᵉ a-wi **â**-khod **tâ**-ni]

vomir يرجع [yé-**řag**-gaɛ]

▸ j'ai envie de vomir نفسي غامة علي [**nef**-si **ram**-ma ɛa-**lay**-ya]

▸ j'ai vomi toute la nuit رجعت طول الليل [rag-**gaɛt**ᵉ **Toul**‿el **lêl**]

vouloir *(désirer, avoir envie de)* يحب [yé-**Hebb**] ; *(accepter)* يقبل [**ye**'-bal] ; *(être fâché)* يزعل من [**yez**-ɛal men]

▸ je voudrais... عايز من فضلك... [**ɛâ**-yez men **faD**-lak...]

▸ qu'est-ce que tu veux ? تحب إيه؟ [té-**Hebb**ᵉ **êh** ?]

▸ qu'est-ce que ça veut dire ? ايه الكلام ده؟ [**êh**‿ek ka-**lâm** da ?]

louer une voiture — INFO

▸ je voudrais louer une voiture pour une semaine عايز أأجر عربية لمدة أسبوع [**ɛâ**-yez a-**ag**-gař ɛa-řa-**bey**-ya lé-**mod**-det ous-**bouɛ**]

▸ combien coûte la location d'une voiture pour le week-end ? بكام تأجير العربية في عطلة آخر الأسبوع؟ [bé-**kâm** ta'-**gîř**‿el ɛa-řa-**bey**-ya fi **ɛoT**-let **â**-kheř ‿el ous-**bouɛ** ?]

▸ avec une assurance tous risques, s'il vous plaît بتأمين كامل لو سمحت [bé-ta'-**mîn** **kâ**-mel law sa-**maHt**]

▸ est-il possible de rendre la voiture à l'aéroport ? يا ترى ممكن أرجع العربية في المطار؟ [ya ta-řa **mom**-ken a-**řag**-gaɛ‿el ɛa-řa-**bey**-ya f‿el ma-**Târ** ?]

▸ quel est le montant de la franchise ? مبلغ خلوص التأمين يطلع بكام؟ [**mab**-lar khou-**louS**‿et ta'-**mîn** **yeT**-laɛ bé-**kâm** ?]

ZOOM

Le vouvoiement

Bien qu'il n'y ait pas de vouvoiement de politesse en arabe (et le tutoiement n'est pas une impolitesse), des formules équivalentes sont utilisées pour marquer la distanciation polie. La plus utilisée est HaDretak *(« l'excellence de toi ») pour un homme et* HaDretek *pour une femme (« l'excellence de toi »).*

- tu prends un verre ? – oui, je veux bien تاخد كاس؟ - قوي بكل ممنونية [**tâ**-khod **kâs** ? – **a**-wi bé-**koll**[é] mam-nou-**ney**-ya]
- tu m'en veux ? انت زعلان مني؟ [**en**-ta **zaε**-lân **men**-ni ?]

vous *(pluriel)* انتو [**en**-tou] ; *(forme de politesse)* حضرتك [HaD-**ŕé**-tak]

- est-ce que vous vous connaissez ? انتو تعرفوا بعض؟ [**en**-tou téε-**ŕa**-fou **baε**D ?]
- c'est à vous ? ده بتاعكم؟ [da bé-**taε**-kom ?]

voyage سفر [sa-faŕ]

- c'est notre voyage de noces احنا في شهر العسل [**eH**-na fi **shahŕ**‿el **εa**-sal]
- je suis en voyage d'affaires أنا في رحلة عمل [**a**-na fi **ŕeH**-let **εa**-mal]
- bon voyage ! تسافر بالسلامة! [té-**sâ**-feŕ b‿es sa-**lâ**-ma !]

voyager يسافر [yé-**sâ**-feŕ]

- je voyage avec une copine أنا مسافر مع صديقة [a-na mé-**sâ**-feŕ ma-εa Sa-**dî**-qa]

vrai *(exact)* حقيقي [Ha-î-i]

- à vrai dire... في الحقيقة... [f‿el Ha-î-a...]
- c'est pas vrai ! مش حقيقي غلط! [mesh Ha-î-i, **ra**-laT !]

vraiment و الله [wal-**lâ**-hi]

vue *(panorama)* منظر [**man**-Zaŕ]

- je préférerais une chambre avec vue sur la mer أفضل غرفة بتطل ع البحر [a-**faD**-Dal **roŕ**-fa bet-**Tol** εa‿l **baH**-ŕ]

W

week-end عطلة آخر الأسبوع [**εo**T-let â-kheŕ‿el ous-**bouε**]

- on part ce week-end احنا مسافرين آخر الأسبوع ده [**eH**-na‿m-saf-**ŕîn** a-kheŕ‿el ous-**bouε** da]

Y

yaourt زبادي [za-**bâ**-di]

Z

zone منطقة [man-Té-a]

- ▸ zone fumeur مكان للتدخين [ma-**kân** l‿et tad-**khîn**]
- ▸ zone piétonne منطقة للمشاه [man-**Té**-a l‿el mou-**shâh**]
- ▸ quelle est la zone réservée aux baigneurs? فين منطقة الإستحمام ؟ [**fên** man-**té**-et‿el es-teH-**mâm** ?]

zoo جنينة الحيوانات [gé-**nê**-net‿el Ha-ya-wa-**nât**]

L'arabe dans tous ses états

Mystères et secrets de la langue arabe

La langue arabe est la langue officielle de l'Égypte, comme il est inscrit à l'article 2 de sa constitution. À l'instar des 22 pays qui constituent un ensemble politico-linguistique, appelé le monde arabe, l'Égypte présente un phénomène linguistique connu sous le nom de *diglossie*. En effet, la langue arabe comporte deux registres différenciés : la **fosHa** (la langue de l'éloquence) et la **ɛameyya** (la langue populaire, vernaculaire). Tous les arabes, en même temps que la langue arabe « classique » ou « littérale », utilisent un parler régional ou national qui s'est forgé à partir d'un substrat linguistique antérieur. En Égypte, la langue arabe, moins de cent ans après la conquête islamique, est devenue l'idiome officiel du pays et a remplacé progressivement la langue copte, que plus personne ne parle, mais qui s'est maintenue dans la liturgie.

Ainsi, la « langue de l'éloquence » (**al lora al fosHa**) est celle du littéral, c'est à dire de l'écrit (classique, religieux, littéraire, moderne, journalistique), fixée par les lexicographes et les grammairiens, comprise à travers l'ensemble du monde arabe.

La « langue populaire » (**al lora al ɛameyya**), considérée comme la déformation de la langue mère, est utilisée dans le domaine de la pensée spontanée : le dialecte exprime le réel et reste la langue de la communication quotidienne. Aucun Arabe instruit ne peut dire qu'il ne pratique qu'un seul des deux volets ; le littéral (la langue formelle) et le parler entretiennent entre eux des rapports très étroits – c'est ce qui fait la richesse de cette langue.

Le « parler égyptien », l'arabe dialectal, tout en marquant la frontière géographique entre les parlers orientaux et les parlers du Maghreb, a largement prédominé sur tous les autres parlers. Langue rapide, élégante, enrichie d'un grand nombre d'expressions populaires, de proverbes et de dictons, elle est l'expression de tout un peuple qui s'exprime par images pour illustrer les situations quotidiennes. La production médiatique (cinéma parlant, industrie du disque et bien sûr télévision) d'une Égypte toujours à l'avant-garde a permis à cet ensemble linguistique de se diffuser et de s'imposer dans le monde arabe. Ce parler égyptien a été porté par la chanson arabe à travers

تونس
tūnis
Tunisie
المغرب
al-maghrib
Maroc
الجزائر
al-jazā'ir
Algérie
موريتانيا
mūrītāniyā
Mauritanie

لبنان
lubnān
Liban
سوريا
sūryā
Syrie
الضفة الغربية
aḍ-ḍiffa l-gharbiya
Cisjordanie
العراق
al-εirāq
Irak
الكويت
al-kuwayt
Koweït
غزة
ghazza
Gaza
الأردن
al-'urdun
Jordanie
البحرين
al-bahrayn
Bahreïn
ليبيا
lībiyā
Libye
مصر
misr
Égypte
قطر
qaṭar
Qatar
السعودية
as-saεūdiya
Arabie saoudite
السودان
as-sūdān
Soudan
اليمن
al-yaman
Yémen
عمان
εumān
Oman
جيبوتي
jībūtī
Djibouti
الصومال
aṣ-ṣūmāl
Somalie
الإمارات العربية المتحدة
al-'imārāt al-εarabiya al-muttahida
Émirats arabes unis
اتحاد القمر
it-tihād l-qamār
Comores

des comédies musicales qui ont connu un immense succès : Oumm Kalthoum, Farid el Atrash, Layla Mourad, Abdel Wahab, Nagat, Abdel-Halim Hafez, Warda... ont participé par leur talent à diffuser la langue égyptienne au-delà des frontières, jusqu'à constituer le fonds commun de la culture musicale arabe dans son ensemble. Cet auditoire, devenu par la suite spectateur du fameux feuilleton sacralisé égyptien le **mousalsal**, a poursuivi ainsi sa connaissance intime du parler venu des bords du Nil ; c'est ainsi que des expressions populaires liées à l'identité du peuple égyptien se retrouvent dans la bouche d'un Arabe non égyptien qui les exprime avec délectation.

De quel égyptien s'agit-il ? Il s'agit du « parler du Caire », dont les caractéristiques sont le « **g** » dur (comme dans le français *gare*) et l'absence du **qâf** dans les mots du quotidien ; par opposition aux parlers du Sud, qui prononcent le **jim**, comme tous les Arabes, et prononcent le **qâf** « **gâf** » : **gamal/jamal** (*chameau*) ; **ahwa/gahwa** (*café*).

L'égyptien n'est pas une langue homogène : à l'intérieur même du pays, il existe des sous-ensembles de parlers régionaux, citadins, campagnards, du Sud, du Nord et d'autres langues, comme le nubien et le berbère, qui coexistent avec la langue arabe.

Le rapport au classique

La langue arabe est une langue sémitique. Elle est confondue avec l'Islam car Dieu s'est révélé dans cette langue. Formelle, fixée par l'écriture, par les lexicographes et les grammairiens au 8e siècle ap. J.-C., elle constitue un élément fondamental de cohésion linguistique. C'est celle que tout enfant arabe apprend à lire et à écrire une fois scolarisé.

L'arabe contemporain est le résultat d'un processus de modernisation porté par le mouvement de renaissance littéraire, la **Nahda** (littéralement « action de se relever »), dès la fin du 19e siècle. Ce mouvement aura pour effet sur la langue une simplification de la syntaxe et du style, l'emploi plus abondant de la phrase relative, l'introduction de la ponctuation et la fabrication de néologismes (60 % des mots actuels), en réactualisant des mots archaïques avec un sens nouveau ou en pratiquant l'emprunt direct de mots étrangers et leur arabisation (phénomène que la langue arabe a pratiqué tout au long de son histoire).

Mais aujourd'hui comme hier, c'est toujours le système d'origine qui perdure. En effet, cet arabe de l'écrit sous ses différentes formes (liturgique, littéraire, classique, standard moderne, journalistique) présente les mêmes caractéristiques linguistiques fondamentales. La langue arabe formelle est toujours une langue à déclinaisons (il y a trois cas : sujet - cas direct - cas indirect) et, à l'exception de quelques particules et outils grammaticaux, l'arabe est une langue à racines apparentes (différentes des racines des langues indo-européennes).

La racine est une réalité constante, l'épine dorsale du mot. Elle est purement consonantique : elle contient généralement trois consonnes, parfois quatre, très rarement deux. Si elle exprime une idée, une abstraction, elle ne peut constituer un mot à elle seule, d'autres éléments viennent se combiner pour l'actualiser. La racine se coule dans des moules qui ne servent pas tous mais sont prêts à la recevoir (il en existe un peu plus d'une centaine, que l'on appelle schèmes). Les éléments de la dérivation sont limités (**a**, **i**, **ou**, **m**, **t**, **s**, **n**). Prenons l'exemple connu de la racine **KTB** (notion d'écrire) :

maKTouB = *écrit*
maKTaBa = *bibliothèque*
KiTâB = *livre*
KâTiB = *écrivain*

L'écriture arabe (**al khaTT**) est un bel objet à regarder. L'assemblage des lettres fascine le non arabophone mais également l'Arabe, qu'il soit lettré ou non. La calligraphie, née avec la transcription du texte coranique, codifiée au milieu du 10e siècle (adoption du point comme point de mesure à partir d'un cercle) fascine toujours. Les styles **naskhi**, **thuluth**, **koufi** et **roq'a**, entre autres, font partie du champ visuel. Éléments d'ornement architectural pour les façades des mosquées, ce que l'on désigne par « arabesques » sont des textes (versets coraniques, poèmes) qui ornent également les intérieurs des maisons anciennes.

La pratique de la calligraphie est toujours vivante. En Égypte, comme ailleurs dans les sociétés arabes, la « lettre » continue de tenir une place importante : là où les yeux se portent (les murs, les camions, les charrettes, les barques de pêcheurs, les boutiques...), l’élégante écriture cursive est omniprésente.

Dix sept caractères pour représenter 28 consonnes

Des points placés au-dessus ou en dessous marquent les différences.

أ ب ت ث ج ح خ د د ر ز س ش ص ض ط ظ ع غ ف ق ك ل م ن ه و ي

L’arabe s’écrit de droite à gauche. Les lettres se lient entre elles pour former un mot (même en typographie). Elles se présentent sous une forme différente, sont simplifiées selon leur position dans le mot (initiale ou médiane), mais sont toujours reconnaissables ; la lettre retrouve son caractère à la fin d’un mot. Il y a six lettres qui ne se lient jamais à gauche. L’écriture se contente de noter les consonnes laissant apparaître le squelette radical ; les voyelles sont notées séparément du squelette : on les place au-dessus ou en dessous de la consonne ou bien ou les rend optionnelles. En réalité, la vocalisation est rarement marquée dans les textes, hormis dans les livres pour enfants et dans le texte coranique. La ponctuation est d’introduction récente et il faut noter que les lettres majuscules n’existent pas dans l’écriture arabe.

Écrit-on l’arabe dialectal ?

L’arabe dialectal, en particulier l’égyptien, s’écrit sans le moindre problème avec l’alphabet arabe. Les lettres privées, les scripts de films, les journaux satiriques, les recueils de poèmes populaires, et aussi les dialogues d’un très grand nombre d’œuvres littéraires contemporaines, sont écrits en arabe dialectal ; les auteurs participent de cette situation de bilinguisme appelé *diglossie*.

Cependant, le dialectal écrit ne peut être lu correctement que par les seules personnes qui le parlent ; pour les autres, il demeure la difficulté de la prononciation.

L'égyptien a une littérature abondante par ses poèmes, ses pièces de théâtre, ses romans. Le langage, lui, est imagé, pittoresque, savoureux et rempli d'humour.

On ne peut passer sous silence la caricature : la place qu'elle occupe dans la presse égyptienne atteste de cet « art » à part entière et les noms des Égyptiens caricaturistes dépassent largement les frontières. Petit clin d'œil : c'est le mot français *caricature* qui est à l'origine du mot adopté en arabe, **ka-ri-ka-tir**.

Le voyage des mots

Le lexique du français s'est enrichi de nombreux mots d'origine arabe. Il en va ainsi des mots avec *al*, comme *algèbre* et *algorithme*, mais aussi du mot *amiral*, forme écourtée de **amîr al baHr** (*le prince de la mer*). L'arabe a également donné au français les mots *gazelle* et *génie*. *Mesquin* et *récif* sont deux autres mots qui n'ont plus le même sens dans les deux langues : le premier a un sens péjoratif en français, alors qu'en arabe, il signifie « le pauvre » ou encore « celui qui est à plaindre » ; *récif*, quant à lui, a gardé en français le sens arabe d'origine, alors qu'aujourd'hui en Égypte, il signifie aussi bien le « quai de gare » que le « trottoir ».

Si, pour des raisons historiques, les parlers du Maghreb ont fourni à la langue française une partie de son vocabulaire argotique comme *flouze* ou *klebs*, l'égyptien, en revanche, n'a pas été très généreux.

Par contre, le dialecte égyptien est truffé de mots empruntés au français, à l'italien ou à l'anglais, qui se sont confondus avec la langue à tel point que leur origine a été oubliée. Il en va ainsi par exemple des termes liés à l'automobile : **el bougiyât** (forme plurielle de *bougies de voiture*), **shakman** (le *tuyau d'échappement*). Les mots désignant le mobilier moderne ont aussi des sonorités françaises : **salôn**, **fautél**, **commodino**, **aba joura**. Le mot **mademoiselle** ou **mazmazel** rivalise toujours avec son homologue arabe **anesa**. En ville, on entend **merci** accolé à **shokran**. Dans le domaine culinaire, les mots **salsa** (*sauce*) et **farawla** (de « fragola » – *fraise*) sont italiens. Le **roba bekya** (*vieilles* *choses*) crié par une sorte de brocanteur ambulant, véritable « figure de quartier », est aussi d'origine italienne. Des termes anglais ont également été coulés dans les moules de l'arabe : « shooter » a donné le verbe **yéshout** et le nom dérivé **shôta** (*un tir de ballon*) ; faire le plein d'essence a donné un verbe dérivé : **fawwel** (de « fuel »). Plus récemment sont apparus le **mobayl** (*téléphone portable*), l'**ansar mashin** (*répondeur*), le **maykro wave** (*micro-onde*), etc. Bref, il faudrait un opuscule à lui tout seul pour rapporter tous les mots étrangers qui sont entrés dans le quotidien des Égyptiens.

Tout ce que vous avez toujours voulu savoir sur l'égyptien sans jamais oser le demander

Il existe deux types de phrases en arabe : la phrase verbale et la phrase nominale. En dialectal, les phrases suivent en général le même ordre qu'en français : l'adverbe ne suit pas obligatoirement le verbe, l'adjectif se met toujours après le nom, et enfin les termes qui renforcent les adjectifs ou les noms, comme **awi** (*très*) ou **kétîŕ** (*beaucoup*), se placent toujours après.

البلد جميلة قوي
el balad gamîla awi
le pays (est) beau très

فيه ناس كتير هنا
fîh nâs ketîŕ héna
il y a du monde beaucoup ici

L'article

Il n'existe pas d'article indéfini, il suffit de nommer la chose :

كتاب	**kitâb**	*un livre*	كتب	**kotob**	*des livres*

L'article défini **el** est invariable, et traduit à la fois *le*, *la* et *les* ; en graphie arabe, il se rattache directement au mot qu'il détermine : الولد (**el walad**) (*le garçon*), المدرسة (**el madŕasa**) (*l'école*), المصريين (**el maSŕiyyîn**) (*les Égyptiens*).

Bien que maintenu en graphie arabe, l'article **el** subit des transformations sur le plan phonétique :

a) *disparition de la voyelle* **e** quand il suit un mot terminé par une voyelle pour permettre la liaison ; observez l'exemple en arabe, l'article est maintenu graphiquement : *derrière la maison* = **wara** + **el** + **bêt** s'entend **waŕa‿l bêt** (وَرا الْبيتْ).

b) *assimilation du* **l** par certaines consonnes que les grammairiens nomment *consonnes solaires*, en référence au modèle **esh shams** (الشَّمْش) (*le soleil*).

Cette assimilation apparaît dans la transcription phonétique des phrases du livre. La consonne est redoublée : النور (**en nouŕ**) (*la lumière*), السِت (**es sett**) (*la femme*), الدكتور (**ed dok-tôŕ**) (*le docteur*).

Les consonnes solaires sont :

d	D	n	ŕ	s	sh	t	T	z	Z	g	k
د	ض	ن	ر	س	ش	ت	ط	ز	ظ	ج	ك

Notons que la liste des consonnes solaires n'a pas besoin d'être mémorisée ; ne pas marquer l'assimilation ne gêne pas à la compréhension.

Les consonnes qui n'assimilent pas le **l** de l'article sont appelées *lunaires*, en référence au modèle القمر (**el a-maŕ**) (*la lune*).

L'article accompagne le substantif mais on le trouve également devant l'adjectif.

L'article disparaît lorsque le nom est suivi d'un complément de nom :

بِنْت الدّكتُور
bent ed dok-tôŕ
la fille du médecin

L'article disparaît également devant les mots *rue* (شارع), *place* (ميدان) et *jour* (يوم) s'ils sont suivis de leur nom :

la rue Sennan	شارِعْ سَنّان	**shâreɛ san-nân**
la place Zaghloul	ميدان زغلول	**mi-dân zar-loul**
le jeudi	يوم الخميس	**yôm el khamîs**

Il ne faut jamais ajouter l'article aux noms de pays ou de villes qui ne l'ont pas dans leur appellation d'origine :

la France	فَرَنْسا	**faŕansa**
le Canada	كندا	**kanada**

le Brésil	البرازيل	**el bŕâzîl**
le Caire	القاهِرَة	**el qâ-hé-ŕa**

Le nom

En arabe, les noms sont du genre masculin ou féminin. Voici comment les reconnaître quand on ne maîtrise pas la graphie arabe : un nom est masculin quand il ne se termine pas par la voyelle **a** ; a contrario, les mots féminins, sauf exceptions, se terminent par la voyelle **a**.

Notons que la marque du féminin est un **t** muet qui apparaît dès lors que le nom féminin est suivi d'un complément ou d'un suffixe.

nom féminin isolé	**ŕîHa**	ريحة	*odeur*
nom féminin en construction	**ŕîHet el bêt**	ريحة البيت	*l'odeur de la maison*

On peut former le féminin de la plupart des noms de métiers en ajoutant un **a** à la fin de la forme masculine :

doktôŕ	دكتور	*docteur*
doktôra	دكتورة	

Le pluriel

Il existe deux types de pluriel : le *pluriel externe* et le *pluriel interne*.

a) *le pluriel externe* consiste à ajouter une terminaison au singulier :
în pour le masculin : مُوَظفين (**mou-waZ-Zafîn**) (*des employés*) ;
ât pour le féminin : حاجات (**Hâgât**) (*des* choses).
Notons que les mots d'emprunts au pluriel sont en général en **ât** : اوتوبيسات (**otobîsât**) (*des bus*).

b) *le pluriel interne* consiste en une transformation du nom singulier (avec maintien de l'ordre des lettres de la racine) :

SINGULIER			PLURIEL	
كتاب	**kitâb**	*livre-s*	كُتُب	**kotob**
دُكتور	**doktôř**	*docteur-s*	دَكَترة	**dakatřa**
جِنينَة	**genêna**	*jardin-s*	جَنايِن	**ganâyen**
مَسْجِد	**masged**	*mosquée-s*	مَساجِد	**masâged**

Le duel

Il existe en arabe un pluriel de deux appelé *duel*. Il s'obtient en ajoutant le suffixe **ên** (*deux*) au nom singulier :

kitâb	كتاب	*un livre*
kitabên	كِتابين	*deux livres*

Le *duel* est employé pour désigner les parties doubles du corps :

el ɛenên	العنين	*les yeux*
eř řeglên	الرجلين	*les jambes*
el idên	اللايدين	*les mains*

On retrouve la marque du duel dans l'expression اليومين دول (**el yomên dôl**) (*ces jours-ci*).

Exception : le duel n'est pas utilisé pour les mots qui se rapportent au poids, à la mesure, à la distance, à l'argent, à la commande de boisson ou de nourriture :

etnên ahwa	اتنين قهوة	*deux cafés*
etnên kîlo	اتنين كيلو	*deux kilos*

L'adjectif

Il s'accorde au masculin, au féminin (en **a**) et au pluriel (en **în**) :

Masculin	Féminin	Pluriel masculin et féminin
mabsouT	**mabsouta**	**mabsoutîn**
مبسوط	مبسوطة	مبسوطين
content	*contente*	*content(e)s*

Une seule forme d'adjectif présente un pluriel différent : lorsque le schéma est CvCîC[1], la première voyelle (**e** ou **a**) est remplacée par la voyelle **o** et le î est remplacé par **â**.

kébîŕ	**kobâŕ**	**gamîl**	**gomâl**
كبير	كبار	جميل	جمال
grand	*grand(e)s*	*beau*	*beaux / belles*

Vous pouvez vous exercer à former ces pluriels avec لطيف (**laTîf**) (*agréable*) ; بعيد (**béεîd**) (*éloigné*) ; خفيف (**khafîf**) (*léger*) ; طويل (**Tawîl**) (*long*) ; رخيص (**ŕékhîS**) (*bon marché*).

L'adjectif s'accorde au pluriel si le nom qu'il qualifie se rapporte à des personnes : **awlâd kwayyesîn** (*des enfants sages*) ; **settât gomâl** (*de jolies femmes*).

L'adjectif s'accorde presque toujours au féminin singulier si le nom qu'il qualifie ne se rapporte pas à des personnes (abstraction, choses, animaux, végétaux) : **kotob rékhîSa** (*des livres bon marché*) ; **layâli gamîla** (*de belles nuits*) ; **bouyout kébîŕa** (*de grandes maisons*).

L'adjectif épithète est toujours placé après le nom ; il porte l'article si le nom qu'il qualifie est déterminé : **bent gamîla** (fille jolie = *une jolie fille*), **el bent el gamîla** (la fille la jolie = *la jolie fille*).

1. C = consonne ; V = voyelle

Grammaire

Il existe un adjectif dérivé d'un nom ou *adjectif de relation* (**nisba**). On le forme en ajoutant un **i** au nom (**eyya** au féminin et **iyyîn** au pluriel). Cet adjectif désigne l'appartenance, l'origine ou la qualité : مصري (**maSŕi**) (*égyptien*) ; لبناني (**lubnâni**) (*libanais*) ; سياحي (**siyâHi**) (*touristique*) ; اقتصادي (**eqtéSâdi**) (*économique*).

Les adjectifs de couleur ont pour la plupart une forme différente au masculin, au féminin et au pluriel :

	Masculin		Féminin		Pluriel	
blanc	**abyaD**	أبيض	**bêDa**	بيضة	**bîD**	بيض
bleu	**azŕa'**	أزرق	**zaŕ-a**	زرقا	**zoŕ'**	زرق
jaune	**aSfaŕ**	أصفر	**Safŕa**	صفرا	**Sofŕ**	صفر
noir	**eswed**	اسود	**sôda**	سودا	**soud**	سود
rouge	**aHmaŕ**	أحمر	**Hamŕa**	حمرا	**Homŕ**	حمر
vert	**akhDaŕ**	أخضر	**khaDŕa**	خضرا	**khoDŕ**	خضر

Certains adjectifs de couleur sont invariables : برتقاني (**boŕtoâni**) (*orange*) ; بني (**bonni**) (*marron*) ; بنفسجي (**banafségi**) (*violet*) ; رمادي (**ŕomâdi**) (*gris*).

On peut leur associer les termes invariables غامق (**râmé'**) (*foncé*) ou فاتح (**fâteH**) (*clair*) : بني فاتح (**bonni fâteH**) (*marron clair*) ; أخضر غامق (**akhDaŕ râmé'**) (*vert foncé*).

Le comparatif et le superlatif

Certains adjectifs prennent une forme invariable qui sert à exprimer le comparatif et le superlatif :

kébîŕ	كبير	*grand*	**akbaŕ**	أكبر	*plus grand*
gamîl	جميل	*beau*	**agmal**	أجمل	*plus beau*
Helw	حلو	*bon/joli*	**aHla**	أحلى	*meilleur*
kwayyes	كويس	*bien*	**aHsan**	أحسن	*mieux*

Si vous ne connaissez pas la forme, vous pouvez toujours employer l'adjectif **aktar** (*plus*), tiré de l'adjectif **kétîr** (*beaucoup*).

1) Pour exprimer une comparaison, on fait suivre l'adjectif de **men** :

Paul agmal men Pierre.
Paul est plus beau que Pierre.

2) Pour exprimer le superlatif, on fait suivre l'adjectif du nom qu'il qualifie sans article ou bien de **wâHed** (*un*):

Paul agmal wâHed
Paul est le plus beau

êh agmal mousem fi maSŕ ?
Quelle est la plus belle saison en Égypte ?

Les démonstratifs

Ils s'accordent en genre et en nombre : **da** ده (masculin) ; **di** دي (féminin) ; **dôl** دول (pluriel).

Placé devant le nom, le démonstratif traduit *c'est*... ou *ceci est*... Placé après le nom déterminé, il traduit *ce*, *cette* ou *ces* :

da walad	ده ولد	*c'est un garçon*	**el walad da**	الولد ده	*ce garçon*
di bent	دي بنت	*c'est une fille*	**el bent di**	البنت دي	*cette fille*
dôl awlâd	دول أولاد	*ce sont des enfants*	**el awlâd dôl**	اللأولاد دول	*ces enfants*

On place dans la catégorie des démonstratifs, أهو (**aho**), أهيه (**ahé**) et أهم (**ahom**) ; ces formes démonstratives traduisent *le voici, le voilà, la voici, la voilà, les voici, les voilà* ; elles précèdent ou suivent les noms :

eg gońnâl aho	الجرنال أهو	*voici le journal*
ahé‿l mouDîfa	أهيه المضيفة	*voici l'hôtesse*
el fallaHîn ahom	الفلاحين أهم	*voilà les paysans*

Les pronoms

L'arabe possède trois types de pronoms : le pronom sujet indépendant, le pronom suffixe et le pronom sujet intégré au verbe (voir pour ce dernier la partie sur les verbes). Le pronom indéfini français « on » n'existe pas en égyptien. Notons également qu'il existe un « tu » masculin et un « tu » féminin.

Les pronoms sujets indépendants

ana	انا	*moi, je suis*
enta	انت	*toi, tu es* (masculin)
enti	انت	*toi, tu es* (féminin)
howwa	هو	*lui, il est*
heyya	هي	*elle, elle est*
eHna	احنا	*nous, nous sommes*
entou	انتو	*vous, vous êtes*
homma	هم	*eux, ils sont ; elles, elles sont*

Incontournable dans la phrase nominale dès lors qu'il est sujet, ce pronom devient optionnel avec les verbes.

Les pronoms suffixes

Ils se rattachent à la fin d'un mot (nom-préposition et verbe) :

après consonne	après voyelle[2]		
-i	**-ya**	ـي	*(de) moi*
-ak	**-k**	ـك	*(de) toi* (masculin)
-ek	**-ki**	ـك	*(de) toi* (féminin)
-o	**-h**	ـه	*(de) lui*

2. Les noms féminins ont un **t** muet final qui n'apparaît que si le mot est en construction. Le **a** se transforme en **et** : **shanTa** (*sac* ou *valise*) devient **shanTet** (*la valise de*...) ; **shanTeti** (la valise de moi = *ma valise*).

-ha	ها	*(d')elle*
-na	نا	*(de) nous*
-kom	كم	*(de) vous*
-hom	هم	*(d')eux, (d')elles*

a) rattachés à un nom, ils traduisent les adjectifs possessifs[3] du français : le suffixe **i** ou sa variante **ya** de la 1ère personne traduit à la fois *mon*, *ma* et *mes* :

kitâbi	le livre de moi = *mon livre*
awlâdi	les enfants de moi = *mes enfants*

b) avec une préposition, ils traduisent *moi*, *toi*, etc. : **ɛand** (*chez*) – **ɛandi** (*chez moi*).

c) avec un verbe, ils traduisent les pronoms compléments français : *me*, *te*, *le*, *lui*, *la*, *nous*, *vous* et *leur*. **ashoufak** se décompose ainsi : **a** + **shouf** + **ak** (**a** = sujet, **shouf** = verbe, **ak** = *te*) = je vois toi = *je te vois*.

Attention : pour les verbes, le pronom suffixe de la première personne **i** est précédé de **n** et devient **ni** : **yeshoufni** (*il voit moi = il me voit*).

Le verbe

Sa conjugaison est très simple. Il faut retenir que les temps de la conjugaison en français ne se traduisent pas en arabe par des formes conjuguées différentes. Deux structures de base vont servir à conjuguer les temps du français : une forme pour l'action achevée (*action accomplie*) ; une autre pour l'action en cours, possible, future, conditionnelle ou subjonctive (*action inaccomplie*). Retenez aussi que le pronom sujet est intégré au verbe : suffixé pour la forme passée, et préfixé pour l'action inaccomplie.

3. La possession se traduit également à l'aide du mot بتاع (**betâɛ**) (*appartenant à*) : **el bêt betâɛ Lamya** (*la maison de Lamia*).

Grammaire

Le verbe n'a pas d'infinitif et se présente sous une forme déjà conjuguée. Dans le dictionnaire, les verbes sont donnés à la 3e personne du masculin singulier avec le pronom intégré **yé** (*il*). Cette forme conjuguée sert de structure de base ; il suffit ensuite de permuter le **yé** avec les autres pronoms personnels :

a-kteb	أكْتِب	*j'écris*
te-kteb	تِكْتِب	*tu (homme) écris*
te-ktebi	تِكْتِبي	*tu (femme) écris*
ye-kteb	يِكْتِب	*il écrit*
te-kteb	تِكْتِب	*elle écrit*
ne-kteb	نِكْتِب	*nous écrivons*
te-ktebu	تِكْتِبوا	*vous (pluriel) écrivez*
ye-ktebu	يِكْتِبوا	*ils, elles écrivent*

1) On emploie cette forme après un modal : *volonté* (**εâyez**) ; *obligation* (**lâzem**) ; *possibilité* (**momken**) ; *probabilité* (**yemken**) ; *souhait* (**ya rêt**) :

εâyez akteb	عايز أكتب	*je veux écrire*
lâzem akteb	لازم أكتب	*je dois écrire, il faut que j'écrive*
momken akteb	ممكن أكتب	*je peux écrire*
yemken akteb	يمكن أكتب	*il est probable que j'écrirai*
ya rêt akteb	يا ريت أكتب	*j'aimerais tant écrire*

2) Si le verbe doit indiquer une action habituelle ou une action en train de se faire, on ajoute le préfixe **bé** : **bakteb** (*j'écris*), **bétekteb** (*tu écris*), etc. Notons que la voyelle **é** tombe à la première personne.

3) Si le verbe doit indiquer une action future, on ajoute le préfixe **Ha** : **Hakteb** (*j'écrirai*), **Hatekteb** (*tu écriras*), etc. Notez que la voyelle **a** tombe à la première personne.

L'impératif

Pour exprimer l'impératif, il suffit de supprimer le **te** de la 2e personne (masculin, féminin et pluriel) : **téŕouH** (*tu* - homme - *vas*) – **ŕouH** (*va*) ; **téŕouHi** (*tu* – femme - *vas*) – **ŕouHi** (*va*) ; **téŕouHou** (*vous allez*) – **ŕouHou** (allez).

En égyptien, aucun mot ne commence par deux consonnes ; c'est pourquoi on garde le **e** comme voyelle d'attaque dans l'exemple suivant : **tektebou** (*vous écrivez*) – **ektebou** (*écrivez*).

La négation des formes conjuguées

Ne... pas... se traduit en arabe tantôt par **mesh**, tantôt par **ma...sh** :

1) au *présent* avec **ma...sh** : **bakteb** (*j'écris*) – **mabaktebsh** (*je n'écris pas*) ;

2) au *futur* avec **mesh** : **Hakteb** (j'écrirai) – **mesh Hakteb** (je n'écrirai pas).

En arabe, la forme impérative ne prend jamais la négation. Pour l'exprimer, il faut suivre l'exemple ci-dessous :

ekteb	*écris*	**matektebsh**	*n'écris pas*
ektebou	*écrivez*	**mateteboush**	*n'écrivez pas*

Le *passé* (action accomplie) : le pronom intégré est un suffixe. La négation s'exprime avec **ma...sh** :

katabt	**makatabtésh**	*j'ai écrit*
katabt	**makatabtésh**	*tu as écrit* (masculin)
katabti	**makatabtîsh**	*tu as écrit* (féminin)
katab	**makatabsh**	*il a écrit*
katabet	**makatabetsh**	*elle a écrit*
katabna	**makatabnâsh**	*nous avons écrit*

katabtou	**makatabtoush**	*vous avez écrit*
katabou	**makataboush**	*ils, elles ont écrit*

Observez la forme négative : une voyelle **e** s'est rajoutée pour éviter la succession de trois consonnes, et les voyelles ont subi un allongement.

La phrase nominale

La phrase nominale correspond à celle qui, en français, contient le verbe *être* au présent. Elle se compose donc d'un sujet déterminé et d'un attribut (adjectif sans l'article, groupe nominal, pronom interrogatif, etc.). Cette phrase est « informative » selon les grammairiens arabes.

ana fi maSŕ	moi, en Égypte = *je suis en Égypte*
el awlâd fi agâza	les enfants, en vacances = *les enfants sont en vacances*
es sahŕa gamîla	la soirée, superbe = *la soirée est superbe*

Pour situer les exemples ci-dessus dans le passé, il faut obligatoirement employer le verbe كان (*être* au passé) :

ana kont fi maSŕ	*moi, j'étais en Égypte*
el awlâd kânou fi agâza	*les enfants étaient en vacances*
es sahŕa kânet gamîla	*la soirée était superbe*

La forme inaccomplie (présent/futur) s'emploie quand l'action ne se situe pas au moment où l'on parle :

yemken akoun f‿es sahŕa	*je serai peut-être à la soirée*
lâzem akoun bokra f‿el maTâŕ	*il faut que je sois demain à l'aéroport*

Conjugaison du verbe être

passé		subjonctif	
kont	*j'étais*	**akoun**	*que je sois*
kont	*tu étais*	**tékoun**	*que tu sois* (masculin)
konti	*tu étais*	**tékouni**	*que tu sois* (féminin)
kân	*il était*	**yékoun**	*qu'il soit*
kânet	*elle était*	**tékoun**	*qu'elle soit*
konna	*nous étions*	**nékoun**	*que nous soyons*
kontou	*vous étiez*	**tékounou**	*vous soyez*
kânou	*ils, elles étaient*	**yékounou**	*qu'ils, elles soient*

La négation s'exprimera **ma...sh** : **makontésh**, etc.

Autres formes verbales pour traduire les verbes français

L'adjectif verbal

Trois formes (masculin et féminin singuliers et pluriel) vont servir à traduire toutes les personnes du verbe français. Les deux exemples ci-dessous doivent vous permettre de comprendre le mécanisme. Ensuite, à vous d'être attentifs pour identifier sur place l'usage.

vouloir **ɛâyez (ana – enta – howwa)**
ɛayza (ana – enti – heyya)
ɛayzîn (eHna – entou – homma)

avoir besoin **meHtâg (ana – enta – howwa)**
meHtâga (ana – enti – heyya)
meHtagîn (eHna – entou – homma)

Les constructions avec les pronoms suffixes

Le verbe *avoir* (posséder) n'existe pas en arabe. Pour l'exprimer, on a recours à la préposition **ɛand** (*chez*), qui prend les pronoms suffixes pour traduire les personnes :

ɛandi	عندي	*j'ai*
ɛandak	عندك	*tu as* (masculin)
ɛandek	عندك	*tu as* (féminin)
ɛando	عنده	*il a*
ɛandaha	عندها	*elle a*
ɛandéna	عندنا	*nous avons*
ɛandoko	عندكو	*vous avez*
ɛandohom	عندهم	*ils, elles ont*

La négation s'obtient avec **ma...sh** : **maɛandîsh** (*je n'ai pas*). Le passé se forme avec **kân** invariable : **kân ɛandi** (*j'avais*).

L'interrogation

Quand le pronom n'est pas utilisé, les phrases deviennent interrogatives par l'intonation qui s'élève vers la fin : **fîh mayya** (*il y a de l'eau*) – **fîh mayya ?** (*y a-t-il de l'eau ?*).

Contrairement à l'arabe littéral, le parler égyptien place souvent les pronoms interrogatifs en fin de phrase : **el walad fên ?** (*le garçon est où ?*), **el fetâŕ emta ?** (*le petit déjeuner est quand ?*).

Les pronoms interrogatifs

emta	امتى	*quand*
fên	فين	*où*
menên	منين	*d'où*

mîn	مين	*qui*
êh	ايه	*quoi, quel*
ezzây	ازاي	*comment*
kâm	كام	*combien* (appelle une réponse chiffrée)
addé êh	قدإيه	*combien* (quelle quantité)
békâm	بكام	*à combien* (à quel prix)
lêh	ليه	*pourquoi*

Pour traduire *est ce que… ?*, nous avons souvent fait usage dans ce guide de l'expression **ya taŕa** (*je me demande si*), et parfois du pronom **howwa** :

ya taŕa fîh takhfîD leT Talaba ?
Y a-t-il des réductions pour les étudiants ?

howwa el makân héna hâdi ?
Est-ce que cet endroit est calme ?

Pour finir

- Le vocatif **ya** précède toujours le nom ou le titre de la personne que vous interpellez : **ya Jacques ! ya ostâz !** Si l'on devait traduire cette phrase en français, cela donnerait : *ô Jacques !, ô Monsieur !* Il ne s'agit pas d'une tournure polie, mais d'un automatisme. Le **ya** est employé également dans beaucoup d'expressions : **ya salâm !** (*super !*), **ya khosâŕa !** (*quel dommage !*).
- *Quand* (*lorsque*) se traduit par **lamma** dans une déclarative.
- *Ou bien* et *soit…, soit…* se traduisent par **walla… ?** dans une interrogative, et par **aw…** dans une déclarative.

L'arabe du routard

Guide arabe-français

Villes d'Égypte

القاهرة
el qâ-hé-ŕa
Le Caire

الاسكندرية
el es-ken-dé-rey-ya
Alexandrie

طنطا
tan-Ta
Tanta

دمياط
doum-yâT
Damiette

بورسعيد
bôŕ sa-εîd
Port-Saïd

الاسماعلية
el is-ma-εé-ley-ya
Ismaïlia

السويس
es so-wês
Suez

المنيا
el men-ya
Minya

الفيوم
el fay-youm
El Fayoum

اسوان
as-wân
Assouan

البحرية
el ba-Ha-ŕey-ya
Bahariya

الدخلة
ed dakh-la
Dakhla

الخارجة
el Khaŕ-ga
El Kharga

الفرافرة
el fa-ŕaf-ŕa
Farafra

سيوا
sî-wa
Siwa

لقصر
lo'-Soŕ
Louqsor ou Louxor

راس محمد
ŕâs mo-Ham-mad
Ras muhammad

عين السخنة
εên es sokh-na
Ain Sukhna

اسيوط
as-youT
Assiout

شرم الشيخ
shaŕm‿esh shêkh
Sharm el Sheikh

Pays	Nationalités
الجزائر el ga-zâ-yeŕ *Algérie*	جزايري ga-za-é-ŕi *Algérien*
البحرين el baHŕên *Bahreïn*	بحريني baH-ŕê-ni *Bahreïnien*
جيبوتي ji-bou-ti *Djibouti*	من جيبوتي men ji-bou-ti *Djiboutien*
مصر maSŕ *Égypte*	مصري maS-ŕi *Égyptien*
العراق el εé-ŕâq *Irak*	عراقي εé-râ-qi *Irakien*
اللاردن el oŕ-don *Jordanie*	أردني oŕ-do-ni *Jordanien*
الكويت ek ko-wêt *Koweit*	كويتي ko-wê-ti *Koweïtien*
لبنان loub-nân *Liban*	لبناني loub-nâ-ni *Libanais*
ليبيا lib-ya *Libye*	ليبي lî-bi *Libyen*
موريتانيا mo-ŕi-tan-ya *Mauritanie*	موريتاني mou-ŕi-tâ-ni *Mauritanien*

المغرب
el mar-ŕeb
Maroc

مغربي
mar-ŕé-bi
Marocain

عمان
εo-mân
Oman

عماني
εo-mâ-ni
Omanais

فلسطين
fi-las-Tîn
Palestine

فلسطيني
fi-las-Tî-ni
Palestinien

قطر
qa-Taŕ
Qatar

قطري
qa-Ta-ŕi
Qatarien

العربية السعودية
al εa-ŕa-bey-ya‿s sa-εou-dey-ya
Arabie saoudite

سعودي
sa-εou-di
Saoudien

الصومال
eS So-mâl
Somalie

صومالي
so-mâ-li
Somalien

السودان
es Sou-dân
Soudan

سوداني
sou-dâ-ni
Soudanais

سوريا
souŕ-ya
Syrie

سوري
sou-ŕi
Syrien

تونس
tou-nes
Tunisie

تونسي
tou-né-si
Tunisien

Panneaux

مكتب استعلامات
mak-tab es-teɛ-la-mât
bureau d'information

دخول
dou-khoul
entrée

خروج
khou-ŕoug
sortie

حمام الرجال
ham-mâm eŕ ri-gâl
WC pour hommes

حمام السيدات
ham-mâm es say-yé-dât
WC pour femmes

ممنوع الدخول
mam-nouɛ ed dou-khoul
entrée interdite

جراج
ga-ŕâj
parking / garage

قف
qeff
stop

مدخل خاص
mad-khal khâS
entrée privée

هدي السرعة
had-di es sorɛa
ralentir

مطار
ma-Tâŕ
aéroport

نهر
nahŕ
fleuve

ترعة
ter-ɛa
rivière ou canal

بحيرة
bou-Hay-ŕa (boHê-ŕa)
lac

قناة
qa-nât
canal (pour celui de Suez uniquement)

ممنوع
mam-nouɛ
interdit

حديقة
ha-di-qa
jardin / parc

محطة
ma-HaT-Ta
gare

خدمة ليلية
khed-ma lay-ley-ya
service de nuit

كبري
kob-ŕi
pont

ممنوع الاستحمام
mam-nouɛ el es-teH-mâm
baignade interdite

مواعيد
ma-wa-ɛîd
horaires

فندق
foun-douq
hôtel

بنك
bank
banque

مكتب بريد
mak-tab ba-ŕîd
bureau de poste

جمرك
gom-ŕok
douane

نقطة بوليس الحدود
noq-tat bo-lîs el Hou-doud
police des frontières

مكتب صرافة
mak-tab Sé-ŕâ-fa
bureau de change

صالة السفر
sâ-let es sa-faŕ
salle d'embarquement

الخطوط الداخلية
al khou-TouT ed da-khe-ley-ya
lignes intérieures

شاطئ خاص
shâ-Té' khâS
plage privée

شارع
shâ-ŕéɛ
rue / avenue

مترو
met-ŕo
métro

كوافير
kwâ-fêŕ
coiffeur

سوبر ماركت
sou-baŕ maŕ-ket
supermarché

كنيسة
ke-nî-sa
église

ميدان
mi-dân
place (d'une ville)

جامع
gâ-méɛ
mosquée

نزول
nou-zoul
descente

صعود
sou-ɛoud
montée

Comprendre

المطار الدولي
al ma-Târ ed dawli
aéroport international

وصول الخطوط الداخلية
wou-Soul el khou-TouT ed dâ-khe-ley-ya
arrivée des lignes intérieures

وصول الخطوط الخارجية
wou-Soul el khou-TouT el khâ-ŕi-gey-ya
arrivée des lignes internationales

التداكر
ta-zâ-keŕ
billet

شباك التداكر
sheb-bâk et ta-zâ-keŕ
guichet

تليفون عمومي
ti-li-fôn ɛou-mou-mi
téléphone public

خلف
khalf
derrière

أمام
a-mâm
devant

الزم اليمين
el-zam el yi-mîn
roulez à droite

يسار
ya-sâŕ
gauche

ميناء
mi-nâ'
port

الغرفة التجارية
el-roŕ-fa et-tou-gâ-rey-ya
Chambre de Commerce

محامي
mou-Hâ-mi
avocat

دكتور
dok-tôŕ
docteur

اخصائي
a-kheS-Sâ-i
spécialiste (médecin)

شركة بترول
sheŕ-ket bet-ŕôl
compagnie de pétrole

جزار
gaz-zâŕ
boucher

بقالة
bé-qâ-la
épicerie

مطعم
maT-ɛam
restaurant

محطة بنزين
ma-HaT-Tet ben-zîn
station-service

هدي السرعة
had-di‿s soŕ-εa
ralentir

مستشفى
mous-tash-fa
hôpital

دار الاوبرا
dâŕ al o-bé-ŕa
opéra

مسرح
mas-ŕaH
théâtre

سينما
si-né-ma
cinéma

صيدلية
say-da-ley-ya
pharmacie

شركة مصر للطيران
sha-ri-kat MiSŕ l-eT Ta-ya-ŕân
Egyptair

استراحة
es-té-ŕâ-Ha
salle d'attente

طريق
ta-ŕîq
route / autoroute

شرق
sharq
Est

معرض سيارات
maε-ŕaD say-ya-ŕât
concessionaire de voiture

سوبر
sou-baŕ
super (essence)

ممنوع الوقوف قطعيا
mam-nouε‿el wou-qouf qaT-εey-yan
interdiction absolue de stationner

ممنوع الانتظار
mam-nouε al in-ti-Zâŕ
interdiction de stationner

مدرسة
mad-ŕa-sa
école

مكتب
mak-tab
bureau

مكتبة
mak-ta-ba
librairie-papèterie / bibliothèque

محل للنظارات
ma-Hall len naZ-Za-ŕât
opticien

طبيب اسنان
tabîb as-nân
dentiste

عيادة
εé-yâ-da
cabinet médical

جنوب
ganoub
Sud

غرب
raŕb
Ouest

شمال
shamâl
Nord

أمام
a-mâm
devant / avant

خلف
khalf
derrière / arrière

يسار
ya-sâŕ
gauche

يمين
ya-mîn
droite

وسط
wa-saT
centre

فوق
fôq
dessus

تحت
taHt
dessous

مسرح العرائس
mas-ŕaH al εa-ŕâ-es
théâtre de marionnettes

متحف
mat-Haf
musée

سفارة
si-fâ-ŕa
ambassade

قنصلية
qon-So-ley-ya
consulat

قسم الشرطى
qesm ash shoŕ-Ta
poste de police

جواز سفر
ga-wâz safaŕ
passeport

تاريخ الميلاد
ta-ŕîkh el mi-lâd
date de naissance

محل الميلاد
ma-Hal el milâd
lieu de naissance

رقم جواز السفر
ŕaqam ga-wâz es safaŕ
n° de passeport

تأشيرة
ta'shîŕa
visa

Les fiches du routard

مـطـار Aéroport

1) Où dois-je enregistrer mes bagages ?
▸ tas-**gîl**‿esh **sho**-naT **fên** ?

2) Je voudrais une place côté couloir.
▸ **εâ**-yez ma-**kân** men **naH**-yet‿el ma-**mařř**

3) Où dois-je aller récupérer mes bagages ?
▸ es-té-**lâm**‿esh **sho**-naT **fên** ?

4) Y a-t-il une navette pour le centre-ville ?
▸ ya ta-řa fih o-to-**bîs** biy-**wad**-di **wes**T‿el **ba**-lad ?

بـنـك Banque

1) Je voudrais changer 100 euros.
▸ **εâ**-yez a-**ray**-yař mit **you**-řo law sa-**maHt**

2) En petites coupures, s'il vous plaît.
▸ bé-**wa**-řa' So-**ray**-yař law sa-**maHt**

3) À combien est l'euro ?
▸ bé-**kâm**‿el **you**-řo ?

4) Acceptez-vous les chèques de voyages ?
▸ ya ta-řa bé-te'-**ba**-lou‿sh shi-**kât**‿es si-ya-**Hey**-ya ?

5) Combien coûte la commission ?
▸ bé-kâm **séεř**‿el εo-**mou**-la ?

Aéroport مطار

1) تسجيل الشنط فين؟

2) عايز مكان من ناحية الممر

3) استلام الشنط فين؟

4) ياترى فيه أوتوبيس بيودي وسط البلد؟

Banque بنك

1) عايز أغير ميت يورو لو سمحت

2) بورق صغير لو سمحت

3) بكام اليورو؟

4) يا ترى بتقبلوا الشيكات السياحية؟

5) بكام سعر العمولة؟

محل Boutique

1) Combien ça coûte ?
▸ bé-kâm da ?

2) Est-ce que je peux essayer ce manteau ?
▸ mom-ken a-îs‿el bal-to da ?

3) Est-il possible de l'échanger ?
▸ mom-ken a-bad-dé-l-o ?

4) J'ai déjà payé.
▸ da-**faε**t^{e} kha-**lâS**

الطريق علشان أوصل لـ... Demander son chemin

1) Pouvez-vous me montrer sur le plan où nous sommes ?
▸ **mom**-ken té-waŕ-**ŕî**-ni εa‿l kha-**ŕî**-Ta **eH**-na f**ê**n ?

2) Où est la gare/ le bureau de poste ?
▸ fen‿el ma-**HaT**-Ta/el **bos**-Ta ?

3) Est-ce le bon chemin pour aller... ?
▸ ya ta-ŕa **how**-wa da‿T Ta-**ŕî'** elli‿y-**wad**-di... ?

Boutique محـل

1) بكام ده؟

2) ممكن أقيس البالطو ده؟

3) ممكن أبدله؟

4) دفعت خلاص

Demander son chemin الطريق علشان أوصل لـ...

1) ممكن توريني ع الخريطة احنا فين؟

2) فين المحطة | البوسطة؟

3) يا ترى هو ده الطريق اللي يودي...؟

فـنـدق Hôtel

1) J'ai réservé une chambre au nom de...
▸ Ha-**gazt**e **roŕ**-fa bé-**es**m...

2) Nous voudrions une chambre double ou deux chambres simples.
▸ law sa-**maHt** ɛay-**zîn roŕ**-fa mez-**da**-wag **aw** roŕ-fé-**tên** mef-ŕed

3) À quelle heure est le petit déjeuner ?
▸ el fé-**Târ**‿es **sâ**-ɛa **kâ**m ?

4) Pourriez-vous me réveiller à sept heures ?
▸ **mom**-ken té-saH-**Hou**-ni‿s **sâ**-ɛa **sab**-ɛa ?

ألاقــي فيـن... Je cherche...

1) Nous cherchons un hôtel.
▸ ɛay-**zîn fon**-do'

2) Où se trouve la pharmacie/la banque/la poste la plus proche ?
▸ fen **a'**-ŕab Say-da-**ley**-ya/b**a**nk/**bos**-Ta ?

3) Pourriez-vous me recommander un médecin ?
▸ **mom**-ken té-del-**lé**-ni **ɛa**-la dok-**tôŕ** ?

Hôtel فـنـدق

1) حجزت غرفة باسم...

2) لو سمحت عايزين غرفة مزدوج أو غرفتين مفرد

3) الفطار الساعة كام؟

4) ممكن تصحوني الساعة سبعة؟

Je cherche... ألاقـي فين...

1) عايزين فندق

2) فين أقرب صيدلية| بنك | بوسطة؟

3) ممكن تدلني على دكتور؟

صيدلية Pharmacie

1) Je voudrais un médicament contre le mal de gorge/les maux de tête.
▸ ana **εâ**-yez men **faD**-lak **da**-wa lé-**wa**-gaε‿ez **zôr**/ l‿eS So-**dâε**

2) J'aurais besoin d'un sirop contre la toux.
▸ ana **εâ**-yez **da**-wa sha-**ŕâb** l‿ek **koH**-Ha law sa-**maHt**

3) Je voudrais de l'aspirine.
▸ ana **εâ**-yez men **faD**-lak as-bi-**ŕîn**

4) Je suis allergique à la penicilline.
▸ **εan**-di Ha-sa-**sey**-ya **men**‿el as-bi-**ŕîn**

مكتب بريد Poste

1) Je voudrais dix timbres pour la France.
▸ ana **εâ**-yez men **faD**-lak **εa**-shaŕ Ta-**wâ**-béε lé-fa-**ŕan**-sa

2) Je voudrais envoyer ce paquet en recommandé.
▸ **εâ**-yez **ab**-εat eT **Taŕ**d^{e} da mou-**sag**-gal law sa-**maHt**

3) Combien de temps ça va mettre pour arriver en France ?
▸ Ha-**ya**-khod **wa'**t^{e} **ad**-dé **ê**h εa-shân **yew**-Sal fa-**ŕan**-sa ?

Pharmacie صيدلية

1) أنا عايز من فضلك دوا لوجع الزور | للصداع

2) أنا عايز دوا شراب للكحة لو سمحت

3) أنا عايز من فضلك اسبيرين

4) عندي حساسية من الاسبيرين

Poste مكتب بريد

1) أنا عايز من فضلك عشر طوابع لفرنسا

2) عايز أبعت الطرد ده مسجل لو سمحت

3) حياخد وقت قد ايه عشان يوصل فرنسا؟